O CÓDIGO DA MENTE EXTRAORDINÁRIA

# VISHEN LAKHIANI

FUNDADOR DA MINDVALLEY

# O CÓDIGO DA MENTE EXTRAORDINÁRIA

**10 LEIS** PARA SER FELIZ E BEM-SUCEDIDO FAZENDO **O QUE VOCÊ ACREDITA**

tradução EDITE SIEGERT

SÃO PAULO, 2017

O código da mente extraordinária: 10 leis para ser feliz e bem-sucedido fazendo o que você acredita

*The code of the extraordinary mind: ten unconventional laws to redefine your life & succeed on your own terms*

Copyright © 2016 by Vishen Lakhiani

Copyright © 2017 by Novo Século Editora Ltda.

**EDITOR** Luiz Vasconcelos
**COORDENAÇÃO EDITORIAL** João Paulo Putini
**TRADUÇÃO** Edite Siegert
**PREPARAÇÃO** Beatriz Simões
**DIAGRAMAÇÃO E CAPA** João Paulo Putini
**REVISÃO** Daniela Georgeto

Texto de acordo com as normas do Novo Acordo Ortográfico da Língua Portuguesa (1990), em vigor desde 1º de janeiro de 2009.

**Dados Internacionais de Catalogação na Publicação (CIP)**

Lakhiani, Vishen
O código da mente extraordinária : 10 leis para ser feliz e bem-sucedido fazendo o que você acredita
Vishen Lakhiani ; tradução de Edite Siegert.
Barueri, SP: Novo Século Editora, 2017.

Bibliografia
Título original: The code of the extraordinary mind: ten unconventional laws to redefine your life & succeed on your own terms

1. Sucesso 2. Autorrealização (Psicologia) 3. Mudança (Psicologia)
I. Título II. Siegert, Edite

17-0435            CDD-158.1

**Índices para catálogo sistemático:**
1. Sucesso pessoal 158.1

Alameda Araguaia, 2190 – Bloco A – 11º andar – Conjunto 1111
CEP 06455-000 – Alphaville Industrial, Barueri – SP – Brasil
Tel.: (11) 3699-7107 | Fax: (11) 3699-7323
www.gruponovoseculo.com.br | atendimento@gruponovoseculo.com.br

*Para minha família: Kristina, Hayden e Eve.
Vocês são a coisa mais importante da minha vida.*

*E a nossos pais, Mohan e Roopi, Virgo e Ljubov, por nos permitir que moldássemos nossas próprias crenças e questionássemos as Regras Estúpidas, desde crianças.*

*Antes de começar: Saiba que este não é seu livro típico*  9

INTRODUÇÃO  13

## PARTE I – VIVENDO NA PAISAGEM CULTURAL: COMO VOCÊ FOI MOLDADO PELO MUNDO AO SEU REDOR

### CAPÍTULO 1: Transcenda a paisagem cultural  27
*Onde aprendemos a questionar as regras do mundo em que vivemos*

### CAPÍTULO 2: Questione as Regras Estúpidas  45
*Onde aprendemos que grande parte do funcionamento do mundo se baseia nas Regras Estúpidas passadas de geração a geração*

## PARTE II – O DESPERTAR: O PODER DE ESCOLHER A SUA VERSÃO DE MUNDO

### CAPÍTULO 3: Pratique a engenharia da consciência  77
*Onde aprendemos a acelerar nosso crescimento escolhendo conscientemente o que aceitar ou rejeitar na paisagem cultural*

### CAPÍTULO 4: Reescreva seus modelos de realidade  101
*Onde aprendemos a escolher e atualizar nossas crenças*

### CAPÍTULO 5: Aprimore seus sistemas de vida  128
*Onde descobrimos como melhorar nossa vida aprimorando constantemente nossos sistemas diários*

## PARTE III – RECODIFICANDO O SEU EU: TRANSFORMANDO O SEU MUNDO INTERIOR

### CAPÍTULO 6: Dobre a realidade  151
*Onde identificamos o estado supremo da existência humana*

### CAPÍTULO 7: Pratique a disciplina do contentamento  168
*Onde aprendemos a importante disciplina de manter o contentamento diário*

### CAPÍTULO 8: Crie uma visão para o seu futuro  189
*Onde aprendemos a garantir que as metas que perseguimos realmente levem à felicidade duradoura*

**PARTE IV – TORNANDO-SE EXTRAORDINÁRIO: MUDANDO O MUNDO**

    CAPÍTULO 9: Seja invulnerável   213
    *Onde aprendemos a ser imunes ao medo*

    CAPÍTULO 10: Abrace sua jornada   230
    *Onde aprendemos a reunir tudo e viver uma vida significativa*

APÊNDICE – Ferramentas para sua jornada   253

O Código da Mente Extraordinária: A Experiência On-line   287

GLOSSÁRIO   291

REFERÊNCIAS   295

AGRADECIMENTOS   301

## ANTES DE COMEÇAR: SAIBA QUE ESTE NÃO É SEU LIVRO TÍPICO

Na verdade, eu hesitaria em chamar isso de livro de desenvolvimento pessoal. É mais um livro de interrupção pessoal. Ele força você a repensar aspectos de sua vida que podem ter sido executados no piloto automático durante anos.

O que significa que, meses depois de ler esta obra, você pode se encontrar já não aceitando certos aspectos de sua realidade atual. Seus relacionamentos, sua carreira, seus objetivos, suas crenças espirituais podem ser forçados a mudar conforme você começa a entender que muitas de suas crenças e decisões passadas nunca foram tomadas por escolha – mas foram instaladas por padrão.

Este livro foi projetado para perturbar a forma como você vê o mundo e dar-lhe as ferramentas para mudá-lo por meio de mudanças cognitivas em sua mente. Em suma, cria um despertar. Depois de ver os padrões aqui desvendados, você não pode "desvê-los".

Dependendo de sua visão de mundo, você pode *amar* ou *odiar* este livro. Isso cabe a você. É porque crescemos através de desconforto ou insight. Mas nunca através da apatia.

Além das ideias contidas aqui, ele também é único de várias maneiras:

**NOVAS PALAVRAS**: Este livro contribui com mais de 20 novas palavras para a língua inglesa. Eu tive que criar palavras novas para descrever (às vezes de maneira bem-humorada) os modelos novos para viver aos quais você será introduzido. As palavras são poderosas, pois influenciam o modo como vemos o mundo. Uma vez que você as compreende, sua perspectiva sobre determinadas coisas mudará.*

---

\* Adaptações se fizeram necessárias nessa edição brasileira, pois muitos trocadilhos e expressões dos quais o autor se utilizou para criar as novas palavras não faziam sentido no nosso idioma. (N.E.)

**A EXPERIÊNCIA ON-LINE**: Este livro vem com um aplicativo personalizado com horas de conteúdo adicional, práticas, treinamento e muito mais. Você gosta especialmente de uma ideia particular de um dos pensadores que eu mencionei no livro – como Peter Diamandis? Você pode usar o aplicativo para mergulhar mais fundo e ouvir minha entrevista completa com eles. Inspirado por uma técnica particular que eu compartilhei? O aplicativo permitirá que você reproduza um vídeo meu guiando-o através da técnica. Você encontrará belas imagens, fotos, ideias e muito mais, tudo na experiência on-line disponível para web, Android e iOS. Você pode, portanto, ler este livro em algumas horas, ou pode optar por passar dias explorando e mergulhando profundamente no conteúdo completo. Acesse www.mindvalley.com/extraordinary.*

**A PLATAFORMA DE APRENDIZAGEM SOCIAL:** Como este livro trata de questionar a vida, enquanto o escrevia comecei a questionar a maneira como os livros tradicionais são feitos. Um dos meus grandes aborrecimentos com a ideia do "livro" no mundo de hoje é que você não pode interagir facilmente com outros leitores ou com o autor. Para este livro, eu decidi corrigir essa falha. Eu tinha uma equipe desenvolvendo uma plataforma de aprendizagem social para permitir que os autores e leitores interagissem e aprendessem uns com os outros. Tanto quanto eu sei, é a primeira vez que fazem algo assim no mundo. Você pode interagir com outros leitores, compartilhar ideias e até mesmo se comunicar comigo diretamente de seu telefone ou computador quando você se inscrever para a experiência on-line. Isso torna este livro talvez um dos volumes mais tecnologicamente conectados na história. Você pode acessar a Social Learning Platform (Plataforma de Aprendizagem Social) através da Experiência On-line em www.mindvalley.com/extraordinary.

**METODOLOGIA DE APRENDIZADO**: Este livro foi projetado para ajudá-lo a aprender através de um aprimoramento de modelo de aprendizagem que eu chamo de Engenharia da Consciência. Depois de entender isso,

---

\* O conteúdo do aplicativo está no idioma inglês, como foi originalmente concebido. (N.E.)

cada uma das ideias do livro começa a se conectar. Além disso, você aprenderá a COMO aprender. Depois de ler este livro, cada outro livro que você lê sobre desenvolvimento pessoal fará mais sentido e você irá absorver suas ideias melhor.

**ESTILO DE ESCRITA:** Minhas melhores e mais significativas conversas tendem a acontecer com os amigos, bebendo algo em um ambiente social. Somos vulneráveis, somos honestos, abertos, transparentes. Quando tenho essas conversas sobre vida e negócios (muitas vezes com um copo de vinho), adoro esboçar em guardanapos para ilustrar ideias. Trago esse mesmo estilo para este livro. Você encontrará as ilustrações do guardanapo, as histórias pessoais, a vulnerabilidade crua. Escrevi coisas que nunca pensei que compartilharia publicamente, mas o faço aqui porque sinto que outros podem aprender com meus erros.

**COLABORAÇÃO:** Este livro contempla mais de 200 horas de entrevistas com muitos dos principais atores no cenário mundial de hoje. Arianna Huffington e Dean Kamen editaram capítulos. Richard Branson, Peter Diamandis, Michael Beckwith e Ken Wilber deram-me horas de discussões e entrevistas individuais. Eu até mesmo cheguei a propor uma pergunta (via minha esposa) para o Dalai Lama. Integro todas essas ideias no Código porque considero esses homens e mulheres como modelos com os quais todos nós podemos aprender.

**QUATRO LIVROS EM UM:** Eu considero o meu tempo (e o seu) precioso, e não gosto de ler livros de desenvolvimento pessoal que se arrastem exaustivamente por 70.000 palavras tentando ensinar um conceito relativamente simples. Não quero esticar uma ideia – isso significa desperdiçar o tempo de leitores ocupados que entendem conceitos rapidamente. Então este livro é realmente cheio de conhecimento. Para oferecer o melhor valor possível, em cada uma das quatro partes do livro tentei fornecer um conjunto de ideias ricamente detalhadas, mas coesas. Cada parte funciona bem sozinha, mas juntas formam uma filosofia de vida. Meu objetivo era entregar a sabedoria máxima, de uma maneira divertida, em um tempo mínimo.

**CONECTE-SE COMIGO:** Eu amo estar em contato com meus leitores.
Facebook.com/vishen
Instagram.com/vishen
Twitter.com/vishen (Use a hashtag #codeXmind)

**MEUS SITES:** Para aprender mais sobre mim e meu trabalho:
MindvalleyAcademy.com
VishenLakhiani.com
Mindvalley.com

# INTRODUÇÃO

Acho que é possível que pessoas comuns escolham ser extraordinárias.
[ELON MUSK]

Eu subiria ao palco para falar. Mas não era um palco comum. Nesse evento em especial em Calgary, estava programado para que eu falasse por último – no lugar reservado para os palestrantes menos populares. Antes de mim, toda uma procissão de nomes extraordinários tinha subido ao palco. Sua Santidade, o Dalai Lama, que distribuiu sabedoria como Yoda de túnica laranja. Depois, o ganhador do Prêmio Nobel, F. W. de Klerk, ex-presidente da África do Sul. Em seguida, Sir Richard Branson, fundador do Grupo Virgin, seguido por Tony Hsieh, CEO da Zappos.

Finalmente, no terceiro dia, chegou minha vez. Eu estava ali para "tapar um buraco" – não um nome famoso que atraía pessoas para uma conferência daquelas, mas sim um palestrante desconhecido, designado a ocupar um lugar depois que a verba para palestrantes notáveis tinha sido gasta.

Subi ao palco diante do maior público para o qual já tinha falado: 600 pessoas, esperando atentas. Eu estava nervoso, mas tinha secretamente tomado um gole de vodca na esperança de que ele me acalmasse. Meus jeans rasgados e camisa para fora da calça indicavam nada além do fato de que eu era um homem sem noção de moda. Eu tinha 33 anos de idade.

Quando entrei no palco, falei sobre uma ideia muito querida para mim – sobre como os seres humanos encaravam a vida, os objetivos, a felicidade e o significado. Ao terminar, vi que o público estava feliz e em lágrimas. Até mais surpreendente, no final da conferência, o público me escolheu o melhor palestrante (empatei com Tony Hsieh, da Zappos). Foi um grande acontecimento, considerando os grandes nomes com que dividi o palco e o fato de que eu tinha pouca experiência e não era, de modo algum, muito habilidoso. Mas eu tinha vencido o Dalai Lama! (Um fato que me causa um pouco de orgulho enquanto ele provavelmente não se importa, visto que seu título é Sua Santidade, e o meu é apenas Sr.)

Naquele dia, falei sobre o que significa ter uma vida extraordinária, o que não ocorre por sorte, por trabalho duro ou pela oração. Existe, na verdade, uma metodologia que qualquer um pode empregar – um código que se pode aprender – que vai lançar a sua vida para a esfera do extraordinário.

Essas ideias funcionaram não apenas para alguns indivíduos, mas também para centenas de milhares de pessoas. Esse código está sendo usado em escolas no mundo todo, em corporações para treinar seus funcionários e por pessoas que querem encontrar significado e felicidade em sua vida. É um código que aprendi por tentativa e erro, e ao prestar muita atenção às pessoas mais extraordinárias no mundo.

Meu discurso teve quase meio milhão de visualizações no YouTube, apesar de ter quase uma hora de duração, e recebi sugestões para escrever um livro. Mas eu não sentia que estava pronto. Quem era eu para ser um autor?

Então, três anos depois, aconteceu outra coisa. Eu estava sentado com Richard Branson em Necker Island após uma festa, e, quando a maioria dos outros convidados já tinha saído e só ficamos nós dois, compartilhei com ele algumas das minhas ideias e teorias sobre o que fez dele e outros extraordinários. Branson virou-se para mim e disse: "Você deveria escrever um livro". Ele não era apenas um empresário que eu admirava. Por causa de seu livro *Perdendo minha virgindade*, era também meu autor favorito. Este foi o impulso de que eu precisava para começar a lapidar *O Código da Mente Extraordinária*. Ainda levaria mais três anos antes do primeiro capítulo ser escrito. Mas o livro está agora completo, e tenho a honra de colocá-lo em suas mãos.

Compartilho estes pensamentos apenas para gravar em você quão poderosas as ideias deste livro podem ser. Este não é o seu típico livro de desenvolvimento pessoal. Na verdade, não é um livro regular de não ficção de qualquer tipo. Ele foi projetado e escrito de modo a tomar ideias realmente complexas (as chaves para o sucesso, significado e felicidade, por exemplo) e quebrá-las em estruturas e modelos que qualquer um pode compreender. E eu quero dizer qualquer um (enquanto escrevia isso, recebi um vídeo que mostra um professor na Índia ensinando algumas das ideias deste livro a várias centenas de alunos indianos).

## INTRODUÇÃO

E essas ideias funcionam. Se você soubesse meu histórico completo (mais sobre isso nos próximos capítulos), saberia que eu nunca deveria ter conquistado o sucesso que tenho hoje. As probabilidades contra mim eram gigantescas, você poderia até empilhá-las. No entanto, tenho sido abençoado por viver uma vida que é "extraordinária" – em suma, uma vida que, por probabilidades razoáveis, eu nunca deveria ter experimentado, incluindo:

- Transformar um hobby – crescimento pessoal – em uma empresa, a Mindvalley, com 500.000 alunos, dois milhões de assinantes e uma base de fãs entusiasmados que adoram o que defendemos.
- Começar a Mindvalley sem empréstimos bancários ou capital de risco e, apesar das probabilidades que mostravam o contrário, transformá-la na empresa mais inovadora em nossa área.
- Criar um premiado local de trabalho que emprega pessoas de mais de 40 países e que foi eleito um dos escritórios mais legais do planeta em 2012 em uma pesquisa entre os leitores de uma revista especializada.
- Casar com uma mulher incrível e agora criar dois filhos maravilhosos.
- Lançar meu próprio festival, A-Fest, que se realiza em locais exóticos do mundo e atrai milhares de pessoas incríveis em busca de entradas muito concorridas.
- Experimentar despertares espirituais que mudaram minha compreensão da realidade física.
- Angariar e doar milhares de dólares para instituições de caridade.
- Receber uma oferta incrível para escrever este livro.

No entanto, posso lhes dizer com certeza que não nasci extraordinário. Minha vida deveria ter sido razoavelmente comum. Cresci na Malásia antes de me mudar para os Estados Unidos. Sempre me considerei um geek e enfrentei problemas de autoestima a maior parte da vida.

Quase fui expulso da Universidade de Michigan e, só dois anos depois da formatura em 1999, tive a grande honra de ser despedido duas vezes, perder meus negócios duas vezes e ficar totalmente duro em várias ocasiões.

Mais de uma dezena de ideias de novos negócios fracassou antes que uma ideia – Mindvalley – desse certo. Então, aos 28 anos de idade, tive de deixar o país em que sonhei viver e voltei para a casa dos meus pais. Passei os seis anos seguintes lutando para fazer meu pequeno negócio funcionar enquanto morava com minha mulher em um quarto na casa dos meus pais e dirigia um pequeno Nissan March.

Um ano antes de minha palestra em Calgary, eu estava longe de atingir minhas metas. Eu tinha mais dívidas do que teria se nunca tivesse aberto a empresa.

Então, aos 32 anos, experimentei uma mudança tão intensa que, em poucos anos, minha vida passou por uma transformação total e radical. Tudo isso aconteceu porque, apesar das primeiras tentativas comuns, possuo uma habilidade única que me foi útil diversas vezes. É uma habilidade que usei para desenvolver a estrutura deste livro – uma estrutura que desenhei para que você saia de qualquer circunstância comum em que se encontre e siga adiante.

Se eu tivesse de resumir essa habilidade, seria assim: sou uma esponja quando se trata de aprender com os outros e ligar os pontos. Sou feliz por ter a capacidade de assimilar conhecimento e sabedoria com facilidade de todos os tipos de pessoas – de bilionários a monges – e então "codificar" essas ideias e conectar esses fragmentos de conhecimento a fim de construir novos modelos excepcionais para compreender o mundo. Esta é minha dádiva.

No mundo dos computadores, você pode chamar isso de ser um hacker. Ser um hacker é cortar, penetrar no núcleo e, então, no mundo da informática, reagrupar algo para torná-lo melhor que antes.

É isso que faço. Fui treinado como engenheiro de computação, mas nasci com uma mente que adora aprender como ser um hacker na vida. Vejo padrões que outros não veem e conecto os pontos de maneira muito incomum.

Neste livro, vou lhe contar quais são alguns desses pontos – dez em especial. Não levo crédito por descobri-los. Eu os reuni por meio de experiências de vida e ouvindo pensadores, líderes, criadores e artistas brilhantes que buscam a grandeza em sua vida diária.

À medida que aprendia com essas pessoas extraordinárias, minha vida crescia exponencialmente. Tornei-me quem sou porque, quando estava lutando e sem dinheiro, fiz questão de, consistentemente, procurar e ouvir pessoas que estavam um passo à minha frente. Eu compreendia sua sabedoria, assimilava as lições e crescia. Então passava para outro nível, fazia novas conexões e aprendia com pessoas que estavam um passo à frente desse nível... e assim por diante.

Por fim, consegui fazer perguntas para pessoas como Elon Musk, Richard Branson, Peter Diamandis, Arianna Huffington e Ken Wilber. Neste livro, divido a sabedoria deles juntamente com a sabedoria destilada de mais de 200 horas de entrevistas com cerca de 50 mentes extraordinárias que vivem a vida de acordo com as próprias regras enquanto criam um notável impacto no planeta.

Também fundei a Mindvalley, que cresceu e se transformou em uma das empresas líderes no mundo em transformação humana. Com mais de 20 autores e dois milhões de assinantes, estivemos à frente de muitas das novas ideias que surgiram globalmente sobre desenvolvimento humano. O acesso à sabedoria e às mentes que consigo na rede da Mindvalley é o que me dá uma vantagem única para escrever este livro.

O meu talento é pegar todas essas ideias e conhecimento e unificá-los em um único caminho, que você pode seguir para ultrapassar o limite do comum e que o levará a todos esses lugares maravilhosos que sonha em conhecer desde criança.

Segue um panorama daquilo que exploraremos.

## DEZ LEIS PARA UMA VIDA EXTRAORDINÁRIA

Há um código invisível que determina como o mundo funciona – como os seres humanos interagem entre si, como tomamos parte de cultos religiosos, como nos comunicamos com nossos pais, como nos desempenhamos no trabalho, nos apaixonamos, ganhamos dinheiro e ficamos saudáveis e felizes. Comecei minha carreira como programador de computação, passando horas diante de uma tela verde tentando compreender o código das máquinas. Hoje, estou mais obcecado com o código de funcionamento do mundo humano e, acredite, esse código é igualmente passível de ser hackeado.

Assim como um programador pode hackear um computador para realizar tarefas específicas com uma boa compreensão de seu código, você também pode hackear a sua vida para melhorá-la e aprimorá-la.

Mas, primeiro, você precisa *ver* o código. E é aí que este livro entra.

A obra é dividida em quatro partes e dez capítulos. Cada parte analisa um nível diferente do código e representa uma expansão de seu estado de consciência. Cada capítulo fornece e descreve uma lei que te leva cada vez mais longe no caminho da expansão.

**PARTE I:** Vivendo na paisagem cultural: como você foi moldado pelo mundo ao seu redor

**PARTE II:** O despertar: o poder de escolher a sua versão do mundo

**PARTE III:** Recodificando o seu eu: transformando o seu mundo interior

**PARTE IV:** Tornando-se extraordinário: mudando o mundo

Essas quatro partes representam uma expansão gradual dos seus níveis de consciência sobre quem você é e do que você é capaz. A ilustração abaixo mostra esses níveis como um círculo crescente de consciência.

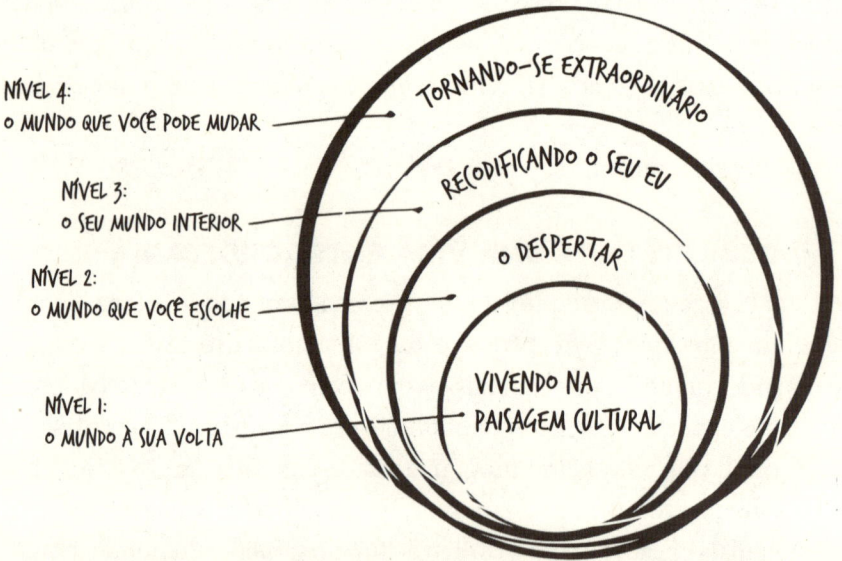

Dentro desses quatro mundos compartilharei 10 leis, cada uma delas construída sobre a anterior. Este é o Código da Mente Extraordinária.

INTRODUÇÃO

## Parte I – Vivendo na paisagem cultural: como você foi moldado pelo mundo ao seu redor

Esta seção examina o mundo em que vivemos com todas as suas confusas e conflituosas ideias, crenças e padrões que inventamos numa tentativa de manter a humanidade segura e sob controle. O problema é que muitos desses padrões e regras passaram bastante da data de validade. Nesta seção, você aprenderá a questionar as regras do mundo ao seu redor – de sua religião a seus relacionamentos com carreira e educação. Aqui nós apresentamos a você as Leis 1 e 2.

1. TRANSCENDA A PAISAGEM CULTURAL. Vamos examinar a intrincada teia de regras e condições da humanidade em relação à vida, que eu chamo de paisagem cultural. Essas são as regras que lhe dizem como agir, o que fazer, o que ser quando crescer e como definir o sucesso e a felicidade. Este é o caminho certo para ser comum e ficar em segurança, mas eu vou estimulá-lo a tomar a arriscada, muitas vezes incerta, mas certamente empolgante jornada de uma vida *irrestrita*. Tudo começa respondendo a algumas questões disruptivas.

2. QUESTIONE AS REGRAS ESTÚPIDAS. Você vai descobrir como identificar as Regras Estúpidas que deveriam ter sido extintas há gerações, mas que ainda contaminam a nossa vida. Quando começar a vê-las, passará a desenvolver a habilidade para ultrapassá-las. É como se livrar de velhas roupas sujas e vestir algo novo. É libertador. Pessoas extraordinárias costumam ser alérgicas a Regras Estúpidas. Você também vai ser.

## Parte II – O despertar: o poder de escolher a sua versão do mundo

À medida que você aprende a questionar as Regras Estúpidas da paisagem cultural, você também aprende que pode *escolher* suas próprias regras. Aqui olhamos para a interface entre você e o mundo ao seu redor. Em que ideias e valores você escolhe acreditar? O que você escolhe para rejeitar? Você aprenderá a moldar conscientemente as crenças, hábitos e práticas que moldam sua vida enquanto descarta velhas crenças e sistemas de que não precisa mais. O método para fazer isso é um processo chamado "engenharia da consciência".

3. PRATIQUE A ENGENHARIA DA CONSCIÊNCIA. Aqui é onde você vai aprender a pensar como um hacker e descobrir o quadro crucial para compreender como suas crenças e práticas moldam você. Você vai aprender a ver crenças como "modelos de realidade" e hábitos e práticas como "sistemas de vida". Você

vai penetrar o cerne de quem você é e aprender a reconstruir e refazer-se continuamente por meio deste poderoso modelo mental de crescimento e despertar.

4. REESCREVA SEUS MODELOS DE REALIDADE. Essas são as crenças arraigadas em você desce quando era criança. Muitas delas são incapacitantes e o mantêm preso em formas incômodas, dolorosas ou medíocres de encarar o mundo. Aqui você aprenderá a trocar esses modelos destituídos de poder e substituí-los por novos, mais poderosos. O mundo reflete suas crenças – imagine o que acontece quando você assume as crenças de mentes extraordinárias.

5. APRIMORE SEUS SISTEMAS DE VIDA. Seus sistemas de vida são suas práticas diárias para seguir em frente com a vida, de comer a trabalhar, de trabalhar a educar os filhos, de educar os filhos a fazer amor. Novos sistemas de vida estão sendo descobertos o tempo todo. A maior parte deles simplesmente nunca adentra nosso sistema de educação formal. Assim, a maioria de nós aprende, ama, trabalha, medita e se reproduz usando modelos que são subóptimos ou mesmo danosos. Você vai aprender a observar os sistemas que operam o mundo (e sua vida) e como otimizá-los para serem mais poderosos do que nunca. Você também aprenderá como fazer curadoria e instalar sistemas atualizados para a vida a fim de se tornar um ser humano muito mais otimizado.

E então chegamos à metade do livro.

Até aqui, o livro tem sido sobre o seu funcionamento no mundo exterior e como primeiro quebrar as regras para, em seguida, criar novas que levam a um maior crescimento e felicidade para si mesmo. À medida que você melhorar, o próximo passo é explorar seu mundo interior. Como você pode transformar o mundo *dentro* de você? Vamos trazer uma bela ordem e equilíbrio para este mundo.

### Parte III – Recodificando o seu eu: transformando o seu mundo interior

Na Parte III, exploramos a ideia de hackear a própria consciência, incluindo ideias alternativas do que é ser humano, ser feliz e conquistar objetivos que finalmente conduzirão a uma vida plena. Também exploramos a ideia de que a consciência pode moldar o mundo que você experimenta – uma ideia que eu chamo de "torcer a realidade".

6. DOBRE A REALIDADE. Este é um modelo de realidade que sugere que existe um estado ótimo de vida em que tudo parece simplesmente dar certo, em que você pode controlar tudo. Conheci muitas pessoas notáveis que parecem existir nesse estado. Algumas eram monges; outras, bilionárias. Vou dissecar esse estado de existência e lhe contar como você também pode chegar lá.

7. PRATIQUE A DISCIPLINA DO CONTENTAMENTO. A felicidade pode ser hackeada, e a Disciplina do Contentamento é maravilhosa para melhorar o nível de nossa felicidade todos os dias e aprender a dobrar a realidade. Vamos explorar a felicidade e por que ela pode ser tão indefinível. E então vamos descobrir três das melhores práticas que encontrei para hackear a felicidade e outras emoções positivas.

8. CRIE UMA VISÃO PARA O SEU FUTURO. Quase todos nós somos treinados pelas Regras Estúpidas do mundo para perseguir objetivos errados. Mas eu acho que a maioria dos objetivos estabelecidos atualmente é uma droga. Eu vou lhe mostrar como estabelecer metas que realmente, de maneira profunda, vão conduzir à felicidade.

## Parte IV – Tornando-se extraordinário: mudando o mundo

Nesta seção, você aprenderá a criar suas próprias regras para o mundo e dominar o seu eu interior a fim de ir adiante e realmente *mudar* o mundo. Este é o ponto em que você pode realmente dizer que se tornou extraordinário. Você não apenas dominou seus mundos interior e exterior, mas está usando este poder de empurrar a humanidade para a frente e fazer um entalhe positivo no universo. Para fazer isso, você precisa de duas coisas: ser invulnerável e abraçar sua jornada.

9. SEJA INVULNERÁVEL. Aqui você vai aprender como tornar seu próprio eu tão sólido quanto uma rocha que os julgamentos dos outros ou o medo de perda não vão mais afetá-lo. Você vai ficar imperturbável em sua jornada pelo mundo. Mudar o mundo é difícil. Este capítulo te mostrará como ser forte o suficiente para enfrentar a tempestade.

10. ABRACE SUA JORNADA. E então chegamos ao Capítulo 10. Aqui você aprenderá a ir além de viver no mundo para realmente *mudá-lo* abraçando sua

*jornada*. Quando você a encontrar (e eu vou te ensinar um método para fazer isso), dará esse passo final para viver uma vida extraordinária.

Depois de terminar os 10 capítulos que revelam e ensinam o código, não quero mantê-lo suspenso enquanto você desbrava o mundo. Então incluí dois capítulos de bônus sobre como pegar todas as ideias, ferramentas e exercícios deste livro e unificá-los em uma prática diária.

### Seção bônus: Ferramentas para sua jornada

PRATIQUE A TRANSCENDÊNCIA. Nesta seção eu vou ensinar uma prática diária de 20 minutos chamada Fase-Seis. É um treino para a mente que ajuda a guardar os elementos do código e acelerar o seu despertar. É uma das maiores ferramentas de crescimento pessoal e produtividade que descobri.

SEGUINDO O CÓDIGO DA MENTE EXTRAORDINÁRIA. Nesta seção eu sintetizo em apenas um lugar todas as ferramentas e práticas chaves que você pode trazer à sua vida para viver o código.

As seções de bônus têm suporte da experiência on-line. Você pode fazer o download do aplicativo para obter treinamentos específicos, entrevistas mais profundas e outros modelos a ser aplicados. Você também pode participar da comunidade de aprendizado on-line para ficar em contato comigo e aprender e compartilhar com outros leitores. Tudo isso vem grátis com este livro e está disponível em www.mindvalley.com/extraordinary.

## MINHA PROMESSA PARA VOCÊ

As ideias e técnicas que você vai aprender neste livro se baseiam nos melhores modelos e sistemas que encontrei para desempenho, crescimento e sucesso trabalhando, durante anos, com especialistas em desenvolvimento de pessoas e transformação humana.

Vou lhe dar as ferramentas para modificar o universo a fim de obter o sucesso, o prazer e o propósito que podem ter fugido de você apesar de seus melhores esforços. Sei que esses métodos funcionam porque eu mesmo os usei, e ajudei milhões de pessoas em todo o mundo a adotá-los por meio de vários programas, apps e conversas on-line. É a primeira vez em que reúno esses sistemas em um só lugar.

## INTRODUÇÃO

Você vai descobrir modelos mentais para mudar radicalmente a sua compreensão do mundo e seu papel dentro dele. Capítulo após capítulo, você aprenderá sistemas que lhe permitirão dar grandes saltos em sua vida – com o corpo, a mente, o coração e a alma.

Agora, vamos começar.

PARTE I — VIVENDO NA PAISAGEM CULTURAL

## COMO VOCÊ FOI
## MOLDADO
## PELO MUNDO
## AO SEU REDOR

Todos nós nadamos em um grande mar de crenças, ideias e práticas humanas. Algumas são maravilhosas e geram alegria; outras são desnecessárias, limitando-nos e, às vezes, até incapacitando-nos. Um peixe é o último a ver-se nadando em uma substância chamada água. Da mesma forma, muitas vezes somos os últimos a ver como essa massa de pensamentos humanos – que chamo de paisagem cultural – satura e influencia totalmente a nossa vida.

A paisagem cultural estabelece regras para amar, comer, casar, conseguir um emprego. Ela cria padrões para medir seu valor. Você é bom o suficiente se não tem um diploma universitário? Você precisa sossegar e ter filhos? Adotar uma religião? Escolher determinada profissão?

Nesta seção, mergulhamos na paisagem cultural, e você perceberá aspectos absurdos sobre ela que talvez não tenha notado antes.

No Capítulo 1, você vai aprender como a paisagem cultural tem governado nossa vida com uma série de "deveria". Você *deveria* estar fazendo isso. Você *deveria* estar vivendo daquele jeito. Você vai ver por que a vida é mais bem vivida fora dos "deveria" e como pode haver beleza na viagem mais agitada de uma vida sem limites.

No Capítulo 2, você vai aprender como detectar regras ultrapassadas que refreiam tantas pessoas, impedir que elas o contaminem (a você e aos seus filhos) e avançar criando suas próprias regras. Vamos dar uma olhada em algumas das regras mais sufocantes sobre o trabalho, a espiritualidade, a cultura e a vida e faremos questionamentos importantes para ver se elas ainda devem ser aplicadas em nossas vidas.

Vai ser uma jornada divertida – um pouco controversa sob alguns aspectos, porque vamos contestar algumas ideias que existem há mais de 2.000 anos. Mas quando terminarmos, você vai poder caminhar na direção de uma nova versão do mundo – uma versão que *você* vai poder escolher baseado na sua verdade e na sua visão.

# 1 TRANSCENDA A PAISAGEM CULTURAL

## ONDE APRENDEMOS A QUESTIONAR AS REGRAS DO MUNDO EM QUE VIVEMOS

Quando você cresce, costuma ouvir que o mundo é do jeito que é e a sua vida se resume apenas a viver a sua vida dentro do mundo. Tentar não bater demais contra as paredes. Tentar ter uma vida familiar agradável, ser feliz, poupar dinheiro. É uma vida muito limitada. A vida pode ser muito mais ampla se você descobrir um único fato: isto é, tudo a sua volta que você chama de vida foi criado por pessoas com inteligência semelhante a sua. E você pode mudá-la. Você pode influenciá-la... Quando você aprender isso, nunca mais vai ser o mesmo.
[STEVE JOBS]

As águas cintilantes do lago Washington, vistas do gramado de uma mansão em que eu me encontrava, eram formidáveis. Conversas zumbiam a minha volta. Copos tilintavam enquanto o vinho era servido. O aroma doce e picante de churrasco enchia o ar.

Bem atrás de mim estava Bill Gates, proprietário da casa. Um dos homens mais ricos do mundo e lendário fundador da gigante da tecnologia Microsoft conversava com seus outros jovens convidados.

Eu tinha 22 anos e trabalhava há algumas semanas como estagiário na Microsoft, e me divertia no churrasco anual na casa de Bill Gates para dar as boas-vindas aos novatos da empresa. Naquela época, trabalhar para a Microsoft era como trabalhar para a Apple ou a Google atualmente. E eu estava *lá*!

Havia muita empolgação no ar – éramos como alunos da Hogwarts (escola de magia do filme Harry Potter) encontrando Dumbledore pela primeira vez.

Durante anos, eu tinha me esforçado para alcançar esse objetivo. Primeiro, estudei feito louco para tirar boas notas na escola e poder entrar em uma das melhores faculdades de engenharia do mundo – a Universidade de Michigan, onde estudei engenharia elétrica e ciência da computação. Na Malásia, onde vivi até os 19 anos, assim como em outras partes da Ásia, a norma era que famílias e educadores promovessem a ideia de se tornar um engenheiro, advogado ou médico. Quando criança, lembro-me de me dizerem que, se você era inteligente, é o que faria. Era simplesmente a maneira pela qual o mundo funcionava.

No entanto, a triste verdade era que eu detestava as aulas de computação na faculdade. O que eu realmente queria era ser fotógrafo ou ator de teatro. Fotografia e artes cênicas eram as únicas aulas em que eu tirava nota 10. Mas, segundo as regras, aquelas não eram carreiras aceitáveis, de modo algum. Assim, desisti delas em favor da programação. Eu tinha de ser prático e realista. Conseguir boas notas. Trabalhar das nove às cinco. Poupar dinheiro para uma aposentadoria saudável. Se eu fizesse tudo certo, seria um "sucesso".

E eu estava começando a ter êxito. Ter a honra de estar na casa de Bill Gates e trabalhar em sua empresa em seu apogeu era fantástico. Meus professores ficaram entusiasmados por mim. Meus pais estavam empolgados. Aquilo fazia as horas de estudo e os sacrifícios de meus pais valerem a pena. Eu tinha feito tudo que me pediram. Agora era hora de colher as recompensas. Eu tinha chegado. E eu estava parado na casa do fantástico Bill Gates com uma carreira estendida a minha frente.

Mas, no fundo, eu sabia que tinha um problema.

Naquele fatídico dia, no verão de 1998, eu tinha conseguido duas coisas: primeiro, completar uma jornada longa de muitos anos; e, segundo, compreender com dor no coração que tinha caminhado na direção errada todo o maldito tempo.

Veja, eu realmente desgostava do meu trabalho. Eu ficava sentado na minha sala particular na sede da Microsoft, olhando para o meu monitor de três telas, e contava os minutos até poder escapar. Eu tinha tanta aversão ao trabalho que, apesar de Bill Gates estar parado a uma curta distância de mim, cercado por meus colegas, eu me senti envergonhado em apertar sua mão. Eu sentia que não deveria estar ali.

Assim, algumas semanas depois, eu me demiti.

Ok, fui demitido.

Eu fui covarde demais para assumir e pedir demissão. Estudar em uma faculdade de engenharia de computação de primeira linha, conseguir a cobiçada entrevista e então abocanhar o ainda mais cobiçado emprego na empresa na qual meus colegas estavam loucos para entrar – chegar tão longe e então desistir desapontaria muitas pessoas.

Assim, fiz a próxima melhor coisa que um fracote de 22 anos poderia fazer. Deliberadamente fiz de tudo para ser demitido. Eu simplesmente dei uma mancada e fui pego jogando videogames na minha mesa vezes demais durante o horário de trabalho até que meu gerente se viu obrigado a me demitir. Assim, como dizem, *aconteceu*.

Voltei à faculdade e fui cambaleando até a reta final. Eu não tinha ideia do que faria depois da formatura e me sentia um idiota por ter perdido a grande oportunidade na Microsoft.

Acontece que sair de lá foi uma coisa boa. Eu não estava somente deixando um emprego (e um caminho profissional). Eu também tinha decidido parar de seguir as regras socialmente aprovadas de como a vida deveria funcionar.

## VAMOS ADMITIR QUE NÃO ESTÁ FUNCIONANDO

Não achei que havia algo errado em ser um engenheiro de computação quando segui meu próprio caminho em vez de escolher o caminho do emprego prático e realista. Mas eu achava – e ainda acho – que há algo errado com a ideia de que devemos trabalhar com algo que não nos desperta nenhuma paixão só porque é a norma ou a regra do mundo em que nascemos.

No entanto, muitos fazem exatamente isso. Segundo um estudo do Gallup, que escutou mais de 150.000 americanos, 70% dos entrevistados disseram que não "se sentiam compromissados" com o trabalho. Considerando a quantidade de tempo que passamos no emprego, um trabalho pelo qual não temos paixão faz com que nos arrisquemos a *uma vida* pela qual não sentimos paixão. Mas não são apenas nossas ideias sobre carreiras que estão erradas. Pense nas seguintes estatísticas:

- 40 a 50% dos casamentos americanos acabam em divórcio.

- Uma pesquisa da Harris mostrou que somente 33% dos americanos entrevistados alegaram ser "muito felizes".
- Segundo a CNBC, "um relatório recente elaborado pela Pew Charitable Trusts, que analisou a dívida ao longo das gerações, constatou que oito em dez americanos estão endividados de alguma forma, geralmente devido a uma hipoteca".
- Segundo os Centros de Controle e Prevenção de Doenças, mais de 1/3 dos adultos nos Estados Unidos são obesos atualmente.

Assim, nossas carreiras, nossa vida amorosa, nossa felicidade, nossa situação financeira e nossa saúde estão em condições bastante inadequadas. Como chegamos aqui, e como podemos escapar?

Há muitos motivos pelos quais essas coisas acontecem. Mas eu digo que um dos principais é a tirania das regras – regras que sugerem que "deveríamos" viver de uma determinada maneira porque todos os outros também parecem estar fazendo a mesma coisa:

Eu *deveria* aceitar esse emprego.

Eu *deveria* namorar/casar com esse tipo de pessoa.

Eu *deveria* frequentar essa faculdade.

Eu *deveria* escolher essa matéria.

Eu *deveria* morar nessa cidade.

Eu *deveria* ter essa aparência.

Eu *deveria* me sentir dessa maneira.

Não me entenda mal. Às vezes, as pessoas precisam aceitar empregos de que não gostam para poder pagar as contas. Elas vivem em lugares que não escolheriam porque é o que podem pagar no momento ou porque têm responsabilidades familiares.

Mas há uma grande diferença entre se curvar diante das necessidades da vida e aceitar cegamente que se deve vivê-la de acordo com regras preconcebidas. Uma das chaves para ser extraordinário é saber quais regras seguir e quais quebrar. Com exceção das regras da física e das regras da lei, todas as outras estão abertas a questionamentos.

Para compreender isso, primeiro temos de compreender por que essas regras existem.

## O ALVORECER DAS REGRAS

Afinal, quem criou as regras do mundo moderno? Para tentar responder a essa pergunta, vamos dar um rápido salto para o princípio da história da humanidade.

Em seu fascinante livro, *Sapiens*, o historiador Yuval Noah Harari, PhD, apresenta a ideia de que, em certo ponto da história, pode ter havido seis diferentes tipos de seres humanos vivendo no planeta ao mesmo tempo. Havia o *Homo sapiens*, o que todos nós somos. Mas havia também o *Homo neanderthalensis*, o *Homo soloensis* e o *Homo erectus*, entre outros.

Contudo, ao longo do tempo, todos os não sapiens, como os neandertais, foram extintos, deixando o *Homo sapiens* como nossos avós pré-históricos.

O que ajudou os sapiens a sobreviver?

O motivo para o nosso domínio exclusivo, segundo Harari, foi o uso da linguagem – e, especificamente, sua complexidade em comparação à de outros. Primatólogos que estudaram macacos descobriram que eles podem alertar outros do grupo para o perigo, com algo como, digamos, "Cuidado – tigre!".

Mas os nossos antepassados sapientes tinham cérebros muito diferentes. Em contraste, sapientes podiam realmente dizer, "Ei, esta manhã vi um tigre perto do rio. Vamos ficar aqui até ele sair para caçar, e então podemos ir até lá para comer, certo?".

Nossos ancestrais sapientes tinham a capacidade de comunicar informações complexas e importantes à sobrevivência pelo uso efetivo da linguagem. A linguagem nos permitiu organizar grupos de pessoas – a fim de partilhar notícias sobre perigos ou oportunidades. Para criar e ensinar práticas e hábitos: comunicar não apenas onde estavam as frutas silvestres na beira do rio, mas também como colhê-las, cozinhá-las e conservá-las, o que fazer se alguém comesse demais e até quem deveria se servir da primeira porção mais generosa. A linguagem nos permitiu reter o conhecimento passando-o de uma pessoa a outra, de pais para filhos, de geração a geração.

Não podemos subestimar o poder que sucessivas gerações obtiveram por literalmente não ter de reinventar a roda. A linguagem deu origem a uma maravilhosa complexidade em todos os níveis.

Mas a maior vantagem da linguagem é que ela nos possibilitou criar todo um mundo novo em nossa cabeça. Podíamos usá-la para criar coisas que não existiam no mundo físico, mas simplesmente como "entendimentos" em nossa mente: para formar alianças, criar tribos e desenvolver diretrizes de cooperação dentro e entre grupos cada vez maiores. Ela nos permitiu formar culturas, mitologias e religiões e, então, nos mobilizar para ir à guerra por causa dessas culturas, mitologias e religiões.

Essas e outras mudanças, impulsionadas por avanços em nosso raciocínio e melhoradas por nossa capacidade de usar a linguagem para partilhar o que sabíamos, foram realmente revolucionárias – na verdade, reunidas, Harari as chama de revolução cognitiva.

## VOCÊ PODE VER UMA COISA QUE NÃO TEM UM NOME?

Se você não acredita na intensidade com que a linguagem moldou a nós e ao nosso mundo, aqui está um fato intrigante mostrando a sua força.

A cor azul existia em culturas antigas? Segundo um vídeo da Radiolab intitulado "Why isn't the sky blue?" (Por que o céu não é azul?), conforme relatado na *Business Insider*, na antiguidade não havia uma palavra para "azul" em diversos idiomas – "nem em grego, nem em chinês, nem em japonês ou hebraico". Homero, na Odisseia, não mencionou a cor azul ao se referir ao céu ou ao mar Egeu, que ele chamou de vinho-escuro. A palavra azul tampouco apareceu em outros escritos antigos ricos em descrições e detalhes visuais.

Assim, surge a pergunta: você consegue ver uma coisa que não tem nome?

O pesquisador Jules Davidoff estudou essa questão em uma determinada tribo chamada Himba, na Namíbia. Os Himba têm várias palavras diferentes para verde, mas nenhuma para azul.

Como parte da pesquisa, foi mostrado aos membros da tribo um padrão circular de quadrados. Todas as praças eram verdes, exceto uma, que era evidentemente azul, como na imagem a seguir:

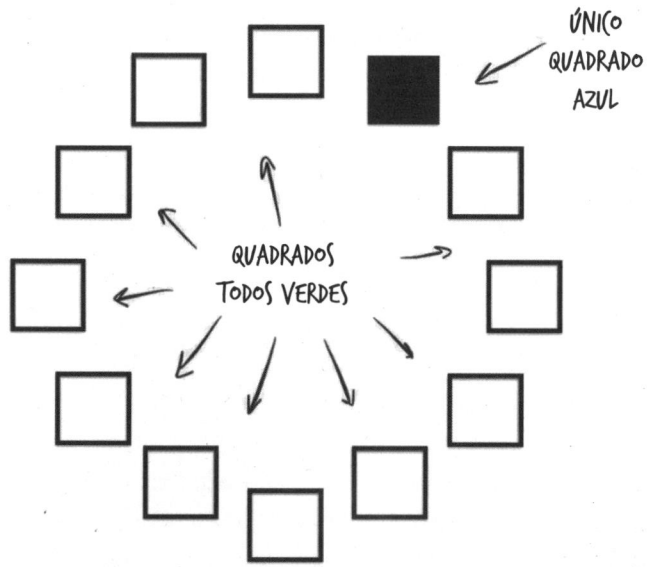

Estranhamente, quando os membros da tribo viram a imagem e foram solicitados a apontar o dissidente, não conseguiram selecionar o quadrado azul como sendo diferente, foram lentos ao fazê-lo, ou escolheram o quadrado errado.

Mas quando lhes foi mostrado um padrão circular de quadrados verdes com um quadrado com um tom sutilmente diferente (e, para muitos de nós, difícil de discernir) de verde, eles o encontraram rapidamente.

O que seria fácil para nós não foi fácil para eles. O que seria difícil para nós foi fácil para eles. Os Himba não tinham uma palavra para "azul" e, assim, não conseguiram identificar com facilidade um quadrado azul entre vários quadrados verdes – uma tarefa muito fácil para a maioria de nós. No entanto, eles puderam discernir nuances de verde que nunca notaríamos.

Assim, parece que podemos discernir mais facilmente o que a linguagem delineia. Nossa linguagem molda o que "vemos".

## OS MUNDOS DUPLOS EM QUE VIVEMOS

Como foi milagrosa essa capacidade que a linguagem nos conferiu para recuar e observar nossas vidas – avaliar a margem do rio, avaliar risco e oportunidade e, então, buscar não apenas vantagens para nós mesmos, mas também algo para retornar à nossa tribo e partilhar nossos pensamentos com os outros. Juntos nós ficamos mais conscientes, mais capazes de planejar e vencer os desafios, de inventar soluções para os problemas e, então, poder ensinar essas soluções para outras pessoas. A linguagem se tornou o elemento básico da cultura.

Essas diretrizes para viver, desenvolvidas e passadas adiante pela linguagem, acabaram evoluindo e se transformando nas regras que regem nossas culturas. Nossas culturas nos ajudaram a compreender o sentido de nosso mundo, processar os acontecimentos com rapidez, criar religiões e Estados-nações, treinar nossos filhos para que tenham maior probabilidade de progredir e abrir a nossa gama de frequências mentais e físicas para poder realizar mais com nosso grande cérebro do que apenas tentar sobreviver até o dia seguinte.

Naturalmente, a cultura tem um lado mais sombrio: quando ficamos tão focados em nossas regras e as transformamos em leis sobre como a vida "deveria" ser e rotulamos pessoas ou processos como bons ou ruins quando não as seguem. Você deveria viver assim. Você deveria se vestir desse jeito. É dessa maneira que as mulheres, as crianças, os doentes, os idosos ou os "diferentes" deveriam ser tratados. A minha tribo é superior à sua tribo. Meu modo de ser é correto, o seu é errado. Meu Deus é o único Deus. Criamos esses mundos complexos e, então, literalmente os defendemos com nossa vida. A linguagem e as regras que definem a nossa cultura podem custar vidas, assim como cultivá-las.

## BEM-VINDO À PAISAGEM CULTURAL

Com essa vasta estrutura de crenças e práticas que desenvolvemos para navegar no mundo, realmente criamos um novo mundo colocado em cima do que vivemos todos os dias na conhecida margem do rio. Desde então, temos vivido em dois mundos.

Existe o mundo físico da verdade absoluta. Este mundo contém coisas com que provavelmente todos concordarão: esta é a margem do rio; rochas são duras; água é molhada; fogo é quente; tigres têm dentes grandes e dói quando eles te mordem. Não há o que discutir aqui.

Mas também há o mundo da verdade relativa. É o mundo mental das ideias, dos constructos, conceitos, modelos, mitos, padrões e regras que desenvolvemos e passamos de uma geração a outra – às vezes por milhares de anos. É aqui que residem conceitos como casamento, dinheiro, religião e leis. Essas são verdades relativas porque essas ideias são verdadeiras somente para uma determinada cultura ou tribo. O socialismo, a democracia, nossa religião, ideias sobre educação, amor, carreira e todos os outros "deveriam" não são nada mais que verdades relativas. Elas simplesmente não são verdadeiras para TODOS os seres humanos. Chamo esse mundo de verdade relativa de *paisagem cultural*.

Nadamos na paisagem cultural a partir do momento em que nascemos. Nossas crenças sobre o mundo e nossos sistemas de funcionamento no mundo são implantados em nosso cérebro de bebê por meio do fluxo e progressão da cultura da mente das pessoas que nos rodeiam. Mas há um problema. Muitas dessas crenças e sistemas são disfuncionais, e, embora a intenção seja a de nos orientar, na verdade elas nos mantêm trancados em vidas muito mais limitadas do que as que seríamos verdadeiramente capazes de viver. O peixe é o último a descobrir a água na qual nadou a vida inteira. Da mesma forma, poucas pessoas descobrem o quanto o mundo secundário da paisagem cultural é de fato penetrante e poderoso. Não somos tão independentes, tampouco somos tão dotados de um livre pensamento quanto gostaríamos de acreditar que somos.

*O mundo da verdade absoluta baseia-se em fatos. O mundo da paisagem cultural baseia-se em opiniões e convenções. No entanto, apesar de existir somente em nossas cabeças, ele é muito, muito real.*

Como pode um mundo que existe em nossa cabeça ser real? Pense nesses exemplos ou constructos mentais que criamos que não existem no mundo físico – mas que são muito reais para nós:

- Não posso desenhar uma caloria ou apontar para uma, mas sei que ingerir muitas delas vai me deixar com "pneuzinhos".
- Não posso tocar ou ver a *meditação*, mas mais de 1.400 estudos científicos mostram que ela influencia o corpo e a mente de formas positivas, do aumento da longevidade à melhora da criatividade.
- Você e eu podemos não concordar sobre como definir *Deus*, mas Deus existe em formas únicas e diferentes para muitas pessoas e grande parte da humanidade se baseia n'Ele. Mesmo que alguém seja da opinião de que Deus é imaginário, Ele continua sendo uma sintaxe poderosa no cérebro que influencia o modo de vida de bilhões de pessoas.

- *Corporações* não existem realmente no mundo físico – você preenche formulários e recebe um pedaço de papel que declara a formação da entidade. Mas esse pedaço de papel estabelece uma série de leis e constructos que permitem que um grupo de pessoas se reúna e construa algo que não poderiam construir sozinhas.
- Não podemos ver ou tocar *leis* – elas são apenas acordos entre grupos reunidos em comunidades chamadas *cidades, estados* e *países*. Mas elas permitem que imensos grupos de pessoas vivam em relativa harmonia.
- Existe um constructo muito difundido chamado *casamento*, no qual se espera que duas pessoas se comprometam uma com a outra pelo resto da vida e, mesmo assim, cada cultura tem ideias diferentes sobre o que esse comprometimento deve significar – física, emocional e financeiramente.
- Em muitas culturas, há um constructo chamado *aposentadoria*, em que se espera que as pessoas alterem drasticamente suas atividades após certa idade.
- Não existem fronteiras reais desenhadas na Terra, e a subjetividade das fronteiras se torna dolorosamente óbvia quando sumariamente as desenhamos, como acontece com frequência em tempos de tratado. Mesmo assim, bilhões de pessoas pertencem a lugares definidos por fronteiras chamados *nações*.

Dessa forma, nossos pensamentos literalmente constroem nosso mundo. Criamos e recebemos esses constructos. Nós os transmitimos de geração a geração. Eles podem ser incrivelmente capacitantes ou totalmente demolidores. Pela conveniência de operar sem pensar em um mundo complexo, aceitamos muitos desses constructos da paisagem cultural como verdadeiros. O problema é que muitos deles passaram há muito tempo de sua data de validade.

## SAINDO DA PAISAGEM CULTURAL

Se tanto do que chamamos vida é criado, em grande parte, por nossos pensamentos e crenças, então muito do que aceitamos como real – todos os constructos, regras e "deveria" da paisagem cultural – não é nada mais do que uma alteração acidental da história. Quase sempre não há uma base racional que prove que o que estamos fazendo é o jeito certo ou apenas o único jeito de fazer as coisas. Muitos dos fatos que você acredita serem verdadeiros estão na sua cabeça.

Como eles foram parar lá? Como Steve Jobs disse, eles foram "criados por pessoas não mais inteligentes que você". Quando você compreender que as regras não são absolutas, vai poder aprender a pensar fora da caixa e viver além dos limites impostos pela paisagem cultural.

Compreender que o mundo em que você vive existe dentro de sua cabeça o coloca na posição de comando. Você pode usar sua própria mente para desconstruir as crenças, os sistemas e as regras de acordo com as quais tem vivido. As regras são muito reais na medida em que realmente influenciam a ação das pessoas e sociedades, mas muito real não significa muito *certo*.

A paisagem cultural é tão forte, tão autorrecompensadora que nos convence de que a vida deve se desenvolver de determinada maneira. Está tudo bem se você pretende viver uma vida regular e segura. Não há nada de errado com isso. O problema acontece quando a "segurança" dá lugar ao tédio e, finalmente, à estagnação.

Começamos a vida com intensidade; quando crianças, aprendemos, crescemos e mudamos em um ritmo estimulante. No entanto, para a maioria das pessoas, quando elas se formam na faculdade e começam suas carreiras, esse crescimento desacelera e acaba por levar a uma estagnação insidiosa e entediante. Se representássemos isso em forma de gráfico, ele se pareceria com algo semelhante a isso:

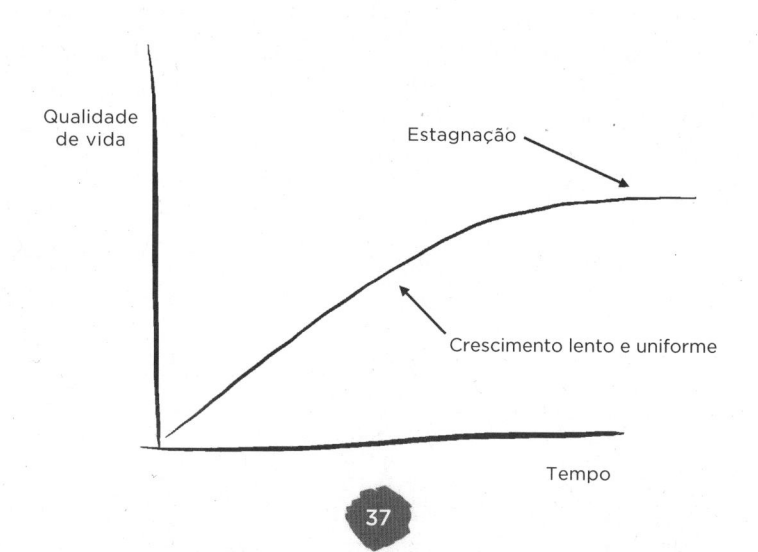

Mas se mudássemos a definição de vida do gráfico anterior para o que está a seguir:

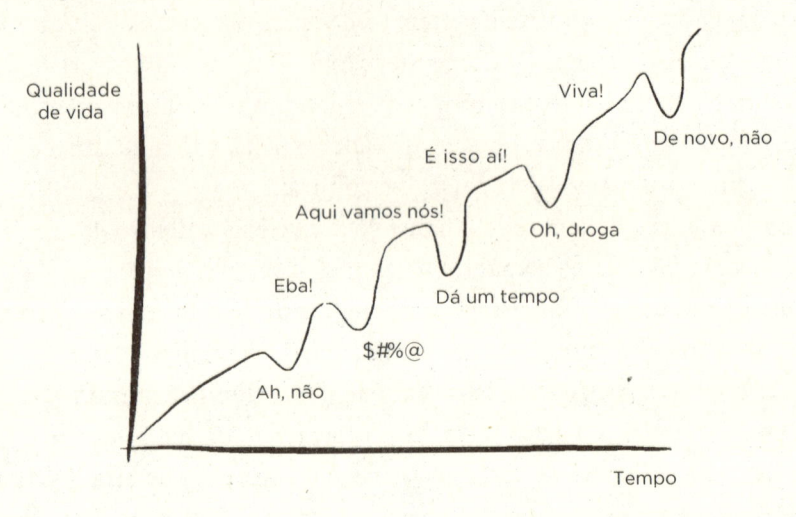

*Qualidade de vida* (eixo y)
*Tempo* (eixo x)

Rótulos no gráfico: Ah, não; Eba!; $#%@; Aqui vamos nós!; Dá um tempo; É isso aí!; Oh, droga; Viva!; De novo, não

Note a mudança do crescimento lento e uniforme para o crescimento irregular com altos e baixos. Diferente, não é mesmo? E se a vida não devesse ser segura? E se, em vez disso, ela devesse ser uma jornada maravilhosa e alegre, com altos e baixos enquanto levantamos o trem de pouso da paisagem cultural e tentamos coisas fora do que é prático ou realista?

E se aceitássemos que as coisas *vão* dar errado – mas que isso simplesmente faz parte do maravilhoso desenrolar da vida, e até os maiores fracassos podem carregar dentro deles as sementes do crescimento e da possibilidade?

Nossa paisagem cultural evoluiu para nos manter seguros – mas atualmente não precisamos mais temer tigres na margem do rio. A segurança é superestimada; é muito menos provável morrer ao correr riscos do que em qualquer época anterior, e isso significa que é mais provável que cuidar da segurança nos afaste das emoções de uma vida cheia de significado e descobertas.

*Dê-me a emoção e a empolgação do risco, do rompimento das regras, da vida que questiona dogmas a qualquer momento em vez de uma vida segura que transcorre de maneira entediante.*

O ponto comum entre cada indivíduo extraordinário de que falamos neste livro é que todos questionaram sua paisagem cultural. Eles questionaram o significado das carreiras, dos diplomas, das religiões, dos modos de vida e outras regras "para ficar em segurança". Em muitos casos, sua disposição de romper com a paisagem cultural resultou em inovações e novos começos que mudarão o futuro da humanidade. Uma dessas pessoas é Elon Musk.

Em 2013, pude visitar a sede da SpaceX, em Hawthorne, Califórnia, onde conheci o lendário Elon Musk. Elon é um ícone vivo – um homem que está mudando o curso da história humana com inovações em carros elétricos na Tesla Motors, energia solar com a Solar City, transporte com sua ideia Hyperloop e viagem espaciais com a SpaceX. Ele provavelmente é o maior empreendedor no planeta hoje em dia.

Eu tinha uma pergunta simples a fazer a Elon. Estar na presença de uma lenda viva me deixou um pouco nervoso, de modo que minha pergunta saiu desajeitada: "Elon, você realizou algumas coisas bastante grandiosas, coisas com que a maioria das pessoas nunca sonhou. No entanto, quem é Elon Musk? Isto é, se pudéssemos colocá-lo em um processador e processá-lo para destilar sua essência, qual seria ela?".

Elon riu diante da estranha pergunta e da ideia de ser "processado", mas então contou a seguinte história:

"Logo no início, eu entrei na Netscape para pedir emprego. Fiquei sentado na recepção segurando meu currículo, esperando calmamente que alguém falasse comigo. Ninguém falou. Esperei, esperei e esperei."

Elon mencionou que não tinha ideia de que protocolo seguir. Ele apenas esperou, imaginando que alguém se aproximaria e o convidaria para uma entrevista.

"Mas ninguém falou comigo", ele disse. "Então pensei: Que se dane! Vou começar a minha própria empresa."

O mundo mudou totalmente naquele dia.

Elon prosseguiu e começou uma pequena empresa de anúncios classificados em 1995 chamada Zip2 com $28.000. Ele a vendeu em 1999 e embolsou $22 milhões. Ele então usou a receita inesperada e fundou uma empresa para desafiar as regras do sistema bancário comercial on-line – que se desenvolveu e se transformou no PayPal. Mas ele não parou ali.

Em 2002, ele fundou a SpaceX para construir um foguete melhor. E, em 2008, ele assumiu a liderança da Tesla Motors para ajudar a construir carros elétricos comerciais.

Do sistema bancário para exploração do espaço a carros elétricos, Elon desafiou regras que poucas pessoas ousariam questionar e, no processo, deixou um legado enorme ao planeta.

Elon também partilhou muitas coisas. Nós vamos explorar essas outras porções de sabedoria em outros capítulos.

Mas, primeiro, deixe-me apresentar a Lei 1.

> **LEI 1: TRANSCENDA A PAISAGEM CULTURAL**
> Mentes extraordinárias são boas em ver a paisagem cultural e são capazes de escolher seletivamente as regras e condições a seguir em comparação com aquelas que devem questionar ou ignorar. Portanto, elas tendem a tomar o caminho menos percorrido e inovar sobre a ideia do que significa *viver* verdadeiramente.

## POR QUE SEGURANÇA É SUPERESTIMADA

A paisagem cultural destina-se a nos manter em segurança. Mas, como mencionei, a segurança é superestimada. Elon Musk respondeu a minha pergunta; ele falou longamente sobre sua jornada e o que o impulsionou – mas ele terminou com uma frase memorável: "Tenho alta tolerância à dor".

Elon submergiu de profundos mergulhos à medida que construía suas empresas. Ele contou como, em 2008, os três primeiros foguetes da SpaceX explodiram. Um quarto fracasso acabaria com a empresa. Ao mesmo tempo, a Tesla Motors não conseguiu obter financiamento e estava ficando sem dinheiro. Elon teve de usar a maior parte dos lucros obtidos da venda da PayPal para financiar essas empresas e teve de pedir dinheiro emprestado a fim de pagar o aluguel. No entanto, ele passou essa fase difícil.

Embora quebrar as regras da paisagem cultural possa realmente parecer amedrontador, notei um padrão que se repetia com frequência. Os tropeços propiciam um aprendizado e uma sabedoria fantástica que gera grandes aumentos na qualidade de vida posterior. Mas você vai ser corajoso diante da dor momentânea provocada por esses tropeços. Asseguro que vai valer a pena, e neste livro você vai aprender a ter o poder de superar esses momentos difíceis.

Cada experiência infeliz que vivi – de ter o coração partido, de quase ter que deixar minha própria empresa devido a um conflito com um sócio, de ter sofrido de depressão e de ter de olhar para os imensos buracos escuros de minha mente – levou a uma descoberta ou um despertar pequeno-mas--significativo que melhorou a minha qualidade de vida e me fez mais forte. Hoje recebo esses tropeços com um prazer interior: "Uau, isso é uma droga! Mal consigo esperar para ver o que vou aprender aqui".

Um desses tropeços, é claro, foi o "acidente infeliz" na Microsoft, seguido pela formatura medíocre. Sem outras perspectivas de emprego depois de perder a oportunidade na Microsoft, mudei para Nova York e fui trabalhar para uma organização sem fins lucrativos com um salário abaixo da linha da pobreza. Minha família e meus amigos pensaram que eu tinha enlouquecido.

Ganhar um salário tão baixo significava que eu não podia pagar o aluguel de um apartamento. Na Microsoft, eu tinha um apartamento incrível com o meu próprio quarto. Na cidade de Nova York, eu dividia um estúdio em Chelsea com um colega chamado James – um pequeno apartamento sujo com móveis que inquilinos anteriores tinham pegado na rua. Nosso sofá e os colchões estavam cobertos por manchas escuras que podiam ser de sangue, mofo ou coisa pior. Eu não ousava pensar o que poderia ser. Mas eu me lembro vivamente de uma noite em maio de 2000.

Eu tinha convencido a ruiva da Estônia que conheci em uma viagem de trabalho à Europa a me visitar em Nova York. O único problema era que ela ia ficar comigo no horrível apartamento em Chelsea – algo que me deixava profundamente constrangido. Kristina chegou ao apartamento e estava tão empolgada por estar em Nova York que imediatamente correu para a cama de James e começou a pular entusiasmada por finalmente estar visitando a cidade.

"Ahn... essa é a cama do meu companheiro de apartamento", eu disse. "A minha fica daquele lado."

"Você divide apartamento? Então você não mora aqui sozinho? Mas como nós... você sabe... vamos ter alguma privacidade?", ela perguntou, chocada e um pouco atordoada.

Apontei para a solução inspirada que eu tinha encontrado para que tivéssemos privacidade: uma cortina para box cor-de-rosa, com alguns buracos, criava uma parede "de mentirinha" separando meu cantinho no estúdio do resto do espaço dividido com James. (Sim, eu estava duro demais para comprar uma cortina de verdade.) Ela era de plástico e feia, mas oferecia privacidade suficiente para, ahn, tornar nossas noites memoráveis.

Realmente, não sei o que Kristina viu em mim, mas três anos depois nós nos casamos. Hoje temos dois filhos maravilhosos e uma casa com cortinas muito bonitas.

Eu nunca teria conhecido minha mulher se não tivesse saído da Microsoft, perdido todas as outras opções de trabalho e acabado falido em Nova York – uma série de tropeços infelizes enfileirados lado a lado que resultou no estrondoso e fantástico ponto alto: conhecer a mulher com quem me casaria e teria os filhos que tenho hoje.

---

Vejam, há beleza nos fracassos. Nós tentamos evitá-los, aderindo às regras transmitidas pela paisagem cultural, só para acordar um dia perguntando como perdemos tanto. Não deixe que aconteça com você. A vida tem uma maneira de cuidar de você, não importa quão sombria ela possa às vezes parecer – eu prometo. Há mais, naturalmente. Você precisa aprender a mudar as regras (Capítulo 2), a curar sua mente (Capítulo 3), a remover crenças perigosas (Capítulo 4), a descobrir novas coisas de modo incrivelmente rápido (Capítulo 5), a ser afortunado (Capítulo 6), a encontrar a felicidade (Capítulo 7), a saber o que procurar (Capítulo 8). E então há a tempestade inevitável (Capítulo 9), a descoberta da sua vocação (capítulo 10), e muito, muito mais. Mas quando nos lançamos neste caminho, qualquer um pode tornar-se verdadeiramente extraordinário.

Eu amo esta citação do jogador de futebol americano e ator Terry Crews: "Eu estou constantemente fora de minha zona de conforto. Uma vez que você se empurra em algo novo, um novo mundo de oportunidades se abre. Mas você pode se machucar. Porém, incrivelmente, quando você se cura, está em algum lugar que nunca esteve".

Você pode ter 12 ou 80 anos – nunca é tarde demais para questionar as regras e sair da sua zona de conforto.

## O QUE VEM A SEGUIR

Nos próximos capítulos, vou ajudá-lo a analisar as crenças e os sistemas em sua vida e decidir quais estão levando você para frente e quais o estão impedindo de avançar. Vou fornecer as chaves para destrancar seu potencial para se tornar extraordinário. Isso significa sacudir os grilhões da bagagem cultural do passado, expandindo sua visão do futuro, e experimentar uma mudança radical em como você encara a vida, funciona no mundo, persegue metas e interage com os outros.

Juntos, vamos buscar um nível de consciência avançada na qual poderemos ver nossos padrões e ultrapassá-los, e compreender que, apesar de pertencermos a uma determinada cultura, nação ou religião, somos apenas parte delas porque nascemos em uma determinada família em um determinado tempo e local, e que o mesmo se aplica a todos os outros seres humanos na Terra. Nossas experiências individuais na paisagem cultural nos transformaram em quem somos. Mas o que vai acontecer se aprendermos a transcender a paisagem cultural? Quando aprendermos que ninguém está em melhores condições que ninguém? Que nenhum de nós é superior aos demais? E que cada um de nós pode ser extraordinário?

## UM AVISO IMPORTANTE

Antes de continuarmos, preciso dar um aviso. Questionar muitas regras da paisagem cultural não vai ser fácil. Aqui está uma lista parcial de todas as coisas que podem dar "errado" se você continuar a ler este livro:

- Você pode irritar pessoas amadas ao decidir questionar suas expectativas em relação a você.
- Você pode decidir terminar um relacionamento atual.
- Você pode decidir criar os filhos de acordo com crenças diferentes.
- Você pode resolver questionar sua religião ou criar o seu próprio sistema religioso personalizado.

- Você posse repensar sua carreira.
- Você pode ficar obcecado em ser feliz.
- Você pode decidir perdoar alguém que o magoou no passado.
- Você pode rasgar a sua lista de metas atuais e fazer uma nova.
- Você pode começar uma prática espiritual diária.
- Você pode se desapaixonar de alguém e se apaixonar por si mesmo.
- Você pode decidir deixar sua carreira e começar um negócio.
- Você pode decidir deixar seu negócio e começar uma carreira.
- Você pode encontrar uma missão que o deixe muito empolgado e um tanto amedrontado.

Tudo começa em questionar as regras aceitas da paisagem cultural. Meu amigo Peter Diamandis, fundador e presidente da X Prize Foundation, disse:

*Se você não consegue vencer, mude as regras.*
*Se você não consegue mudar as regras, ignore-as.*

Adoro esse conselho. Mas antes que você possa desafiar as regras da paisagem cultural, você precisa identificar as regras limitantes que podem estar impedindo você de avançar. É preciso começar a descobrir as que o prendem e o fazem funcionar nesse momento (quer você saiba quais são, quer não).

Talvez você não se surpreenda em saber que o processo começa com a linguagem – com uma nova expressão, para ser mais exato. Podemos discernir com mais facilidade o que a linguagem descreve.

A nova expressão é Regra Estúpida.

## 2 QUESTIONE AS REGRAS ESTÚPIDAS

ONDE APRENDEMOS QUE GRANDE PARTE DO FUNCIONAMENTO DO MUNDO SE BASEIA NAS REGRAS ESTÚPIDAS PASSADAS DE GERAÇÃO A GERAÇÃO

Você vai descobrir que muitas das verdades a que nos apegamos dependem grandemente do nosso próprio ponto de vista.
Quem é mais idiota: o idiota ou o idiota que o segue?
[DITADOS DE OBI-WAN KENOBI, *GUERRA NAS ESTRELAS*]

### MENTIRAS QUE ESCOLHEMOS ACEITAR

No Capítulo 1, analisamos como os seres humanos existem simultaneamente em dois mundos. Há o mundo físico da verdade absoluta e a paisagem cultural da verdade relativa. Na paisagem cultural, todas as ideias que nos são queridas – nossa identidade, nossa religião, nossa nacionalidade, nossas crenças sobre o mundo – não são nada mais do que constructos mentais que escolhemos aceitar. E como todos os constructos mentais, muitas são apenas opiniões nas quais acreditamos porque foram instiladas em nós quando crianças e aceitas pela paisagem cultural em que crescemos.

Os seres humanos são muito menos racionais do que imaginamos. Muitas ideias que consideramos importantes e às quais nos apegamos como sendo a "verdade" desmoronam sob inspeção atenta. Nossos constructos mentais sobre o mundo podem mudar, virar, expandir e encolher à medida que as culturas, ideologias e opiniões humanas colidem, dançam e se chocam umas com as outras. Assim como doenças se espalham pelo contágio com o hospedeiro, as ideias também se espalham. Muitas vezes, aceitamos ideias não por uma escolha racional, mas por "contágio social" – o ato de uma ideia se espalhar de uma mente a outra sem o devido questionamento.

Assim, as nossas "verdades" raramente são ótimos meios de vida. Como o psicólogo do consumidor Paul Marsden, PhD, da London School of Economics (Escola de Economia de Londres), escreveu em um trabalho chamado "Memetics and Social Contagion: Two Sides of the Same Coin?" (Memética e o contágio social: dois lados de uma mesma moeda?):

> Embora possamos gostar de acreditar que decidimos consciente e racionalmente como responder às situações, evidências de contágio social indicam que em alguns momentos isso simplesmente não ocorre. Em vez de gerar e "ter" crenças, emoções e comportamentos, a pesquisa do contágio social indica que, em um senso muito real, essas crenças, emoções e comportamentos nos "têm"... Quando não temos certeza de como reagir a um estímulo ou situação, essas teorias indicam que procuramos ativamente orientação nos outros e conscientemente os imitamos.

É uma declaração atordoante. O dr. Marsden está afirmando que quando tomamos decisões, temos maior probabilidade de nos submetermos ao consciente coletivo do que tomar uma decisão baseada inteiramente em nossos pensamentos e melhores interesses. *Não temos crenças tanto quanto as crenças nos "têm".*

O dr. Marsden continua:

> As evidências mostram que herdamos e transmitimos comportamentos, emoções, crenças e religiões não por escolha racional, mas por contágio.

Talvez esta seja a frase mais importante no ensaio do dr. Marsden. Nós *pensamos* estar tomando uma decisão racional, mas, muitas vezes, a decisão tem pouco a ver com racionalidade e mais com as ideias que nossa família, nossa cultura e nossos semelhantes aprovaram.

Não há nada de errado em aceitar ideias da sociedade em que vivemos. Mas à medida que nosso mundo passa por mudanças exponenciais a um ritmo desconcertante, seguir as massas e fazer o que sempre foi feito não é o caminho que leva a ser extraordinário. Ideias, costumes e cultura devem evoluir e mudar, e ficamos em melhores condições quando os questionamos.

Intelectualmente, sabemos que esse tipo de mudança acontece e, no entanto, bilhões de pessoas se apegam a regras autodestrutivas do passado que não deveriam existir no mundo atual porque a tecnologia, a sociedade e a consciência humana simplesmente evoluíram e as ultrapassaram.

No Capítulo 1, você aprendeu sobre a tribo Himba e sua dificuldade em ver a cor azul por não ter uma palavra para ela. As palavras desempenham um papel importante na cognição. Assim, cunhei uma expressão para essas regras ultrapassadas para podermos enxergá-las melhor: a expressão é Regras Estúpidas.

> **REGRA ESTÚPIDA: UMA DEFINIÇÃO**
> Uma Regra Estúpida é uma regra babaca adotada pela sociedade para simplificar sua compreensão do mundo.

Usamos Regras Estúpidas para categorizar coisas, processos e até pessoas. Regras Estúpidas são entregues por nossa tribo – muitas vezes, nossa família, cultura e sistema educacional. Por exemplo, você se lembra de ter escolhido sua religião? Ou de onde tirou as ideias sobre amor, dinheiro e o modo como a vida funciona? Muitos não lembram. Muitas regras mais formativas sobre como viver vêm dos outros. E essas regras estão fortemente ligadas a ideias do que é bom e ruim, certo e errado.

Cada um de nós vive segundo milhares de regras. Quando não temos certeza do que fazer, seguimos o exemplo dos que nos antecederam. As crianças seguem os pais, que seguiram seus pais, que seguiram os deles, e assim por diante de volta no tempo.

Isso significa que, muitas vezes, não somos cristãos ou judeus ou de direita ou esquerda, politicamente falando, porque decidimos ser, mas simplesmente porque aconteceu de nascermos em uma determinada família em determinada época e, por meio da memética* e do condicionamento social,

---

\* Memética é o estudo formal dos memes. Meme – diferente da designação que se popularizou com as redes sociais – é um conceito criado em 1976 por Richard Dawkins no seu best-seller *O gene egoísta*, e é para a memória o análogo do gene na genética, a sua unidade mínima. É considerado como uma unidade de informação que se multiplica de cérebro em cérebro ou entre locais onde a informação é armazenada (como livros). No que diz res-

adotamos um determinado conjunto de crenças. Podemos decidir aceitar determinado emprego (como aconteceu comigo quando me tornei engenheiro de computação), cursar uma faculdade de Direito, fazer um MBA ou entrar para o negócio da família não porque tomamos uma decisão racional de que esse é o caminho que queremos seguir, mas porque a sociedade nos programou para fazer essa escolha.

De um ponto de vista evolucionário, você pode ver como seria eficiente imitar os padrões moldados por aqueles que vieram antes. Ideias como plantar, caçar, cozinhar e comunicar são passadas de geração a geração, permitindo à civilização crescer constantemente em complexidade e escala. Mas isso significa que talvez estejamos vivendo a vida segundo modelos que não foram atualizados durante anos, décadas, e até séculos. Seguir cegamente pode ser eficiente, mas nem sempre é inteligente.

Quando analisamos com atenção as Regras Estúpidas, frequentemente constatamos que elas nos foram impostas por conveniência. Questionar e dissecar essas Regras Estúpidas é dar um passo na direção do extraordinário.

Minha vida questionando as Regras Estúpidas começou quando eu tinha 9 anos. Aconteceu quando um McDonald's foi aberto perto de minha casa. Parecia que, para todos os lugares para os quais eu me virava, havia anúncios mostrando fotos de irresistíveis cheeseburguers do McDonald's. Cara, eles pareciam ótimos. E assim fiquei ansioso por um McLanche Feliz. Mas eu tinha sido criado como hindu e, portanto, aprendi que absolutamente, de jeito nenhum poderia comer carne bovina. Nunca.

O McDonald's tinha criado um fenômeno de demanda fabricada. Eu nunca tinha experimentado carne bovina, mas, graças a todos aqueles anúncios e imagens de pessoas "adorando aquilo", concluí que os sanduíches do McDonald's seriam a melhor refeição que eu poderia provar nos meus nove anos de vida na Terra. Eu não devia comer carne bovina, pois isso irritaria os deuses (ou algo igualmente assustador).

---

peito à sua funcionalidade, o meme é considerado uma unidade de evolução cultural que pode de alguma forma autopropagar-se. Os memes podem ser ideias ou partes de ideias, línguas, sons, desenhos, capacidades, valores estéticos e morais, ou qualquer outra coisa que possa ser aprendida facilmente e transmitida como unidade autônoma. Memética, portanto, é o estudo dos modelos evolutivos da transferência de informação. (N.E.)

Meus pais sempre me encorajaram a questionar as coisas, de modo que me senti à vontade para perguntar a minha mãe por que eu não podia comer carne bovina. Ela respondeu que isso fazia parte da cultura e religião de nossa família. "Mas outras pessoas comem carne. Por que os hindus também não podem comê-la?", insisti.

Mestra sábia como era, ela disse: "Por que você não tenta descobrir?". Na época não havia internet, mas me debrucei sobre a Enciclopédia Britânica e desenvolvi uma teoria sobre a Índia antiga, hindus, vacas e consumo de carne bovina que contei para minha mãe. Basicamente, ela transcorria dessa forma: "Mãe, acho que os antigos hindus adoravam criar vacas como animais de estimação porque elas são delicadas e têm olhos grandes e bonitos. As vacas também eram muito úteis: elas podiam arar os campos e fornecer leite. Assim, talvez seja por isso que os hindus daquela época não comiam carne bovina, já que podiam facilmente comer carne de cabra, de porco ou qualquer outro animal não tão incrível. Mas, pelo que verifiquei, temos um cachorro, e não uma vaca, e então acho que eu deveria ter a permissão de comer hambúrgueres de carne no McDonald's".

Não sei o que se passou na cabeça de minha mãe, mas ela concordou, e foi assim que experimentei meu primeiro hambúrguer de carne. Francamente, ele era superestimado. Contudo, mesmo assim, boom! Simples assim, um modelo dogmático de realidade com que eu tinha crescido seguindo cegamente foi destruído.

Comecei a questionar tudo mais. Aos 19 anos, descartei a religião – não porque não era uma criatura espiritualizada, mas porque sentia que me chamar de hindu me separava de bilhões de pessoas espiritualizadas que não eram hindus. Eu queria abraçar a essência espiritual de todas as religiões, não apenas a de uma. Mesmo quando adolescente, eu não compreendia o conceito de estar ligado a uma única religião por toda a vida.

Fui feliz por ter pais que me desafiavam e permitiam que eu criasse minhas próprias crenças. Mas, se um garoto de nove anos pode derrubar uma Regra Estúpida, as outras pessoas definitivamente também podem.

Tome um momento para pensar sobre as religiões ou normas culturais que foram transmitidas para você. Quantas delas você diria que são realmente racionais? Elas podem ter sido descartadas como modelos ou provadas como sendo falsas por pensadores ou pesquisadores modernos. Muitas podem até causar um terrível sofrimento. Não estou defendendo a ideia de que você rejeite instantaneamente todas as regras que sempre obedeceu, mas você deve questionar suas regras constantemente a fim de viver pelo código que seja mais autêntico no que se refere às suas metas e às suas necessidades. "Minha família/cultura/povo sempre agiu assim" não é um argumento aceitável.

## REGRAS ESTÚPIDAS COMUNS QUE VALE A PENA CONTESTAR

Enquanto caminha em direção ao extraordinário, você deve lembrar que na paisagem cultural não há vacas sagradas que não possam ser questionadas. Nossos modelos de política, educação e trabalho, nossas tradições e cultura e até nossa religião contêm Regras Estúpidas que vale a pena ignorar.

Abaixo estão algumas Regras Estúpidas segundo as quais vivemos, muitas vezes até sem perceber, e algumas formas diferentes de pensar que passei a adotar sobre elas. Elas estão entre as maiores Regras Estúpidas que desafiei. Escapar delas mudou minha vida e a fez progredir de modo extraordinário. Essas são as quatro áreas em que decidi eliminar uma Regra Estúpida de minha visão sobre o mundo:

1. A Regra Estúpida da faculdade
2. A Regra Estúpida da lealdade para com nossa cultura
3. A Regra Estúpida da religião
4. A Regra Estúpida do trabalho duro

Enquanto você lê isso, pergunte-se se pode estar sendo refreado por alguma dessas Regras Estúpidas.

### 1. Deveríamos conseguir um diploma universitário para garantir nosso sucesso

Além de sobrecarregar muitos jovens com uma dívida enorme durante décadas, estudos mostram que uma educação universitária realmente não garante o sucesso. E um diploma universitário garante ótimo desempenho no trabalho? Não necessariamente. Os tempos estão mudando depressa. Embora o Google, gigante da internet, procure boas notas em habilidades técnicas específicas para posições que as exigem, um artigo do *New York Times* de 2014 que detalha uma entrevista com Laszlo Bock, vice-presidente sênior de operações pessoais da Google, observa que "diplomas universitários não são tão importantes como já foram". Bock afirma que "Quando se observa pessoas que não vão à escola e progridem no mundo, estamos vendo seres humanos excepcionais. E deveríamos fazer todo o possível para encontrar essas pessoas". Ele observou em um artigo de 2013 do *New York Times* que "a proporção de pessoas sem uma formação universitária no Google aumentou ao longo do tempo" – em certas equipes, somam até 14%.

Outras empresas estão observando atentamente. Segundo um artigo de 2015 no iSchoolGuide, Ernst e Young, "o maior recrutador no Reino Unido e uma das maiores consultorias financeiras do mundo, anunciou recentemente que eles não vão mais considerar as notas como o principal critério de recrutamento". O artigo citou Maggie Stilwell, sócia-gerente de Talentos da Ernst e Young: "Qualificações acadêmicas ainda serão levadas em consideração e realmente continuam a ser uma consideração importante ao avaliar candidatos como um todo, mas não mais representarão uma barreira para ingressar na empresa".

Eu pessoalmente entrevistei e contratei mais de 1.000 pessoas para minhas empresas ao longo dos anos e simplesmente parei de olhar para os diplomas universitários ou até para o nome da faculdade em que o candidato se formou. Eu simplesmente constatei que eles não tinham relação com o sucesso do empregado.

Diplomas universitários como um caminho para uma carreira bem-sucedida podem, dessa forma, não ser nada mais que uma Regra Estúpida social em massa que está desaparecendo rapidamente. Isso não quer dizer que cursar uma faculdade seja desnecessário – minha vida na faculdade é uma das melhores lembranças e experiências de desenvolvimento que já tive. Contudo, pouco disso tem a ver com minha verdadeira formação atual ou com o que estudei.

## 2. Deveríamos nos casar com alguém com a mesma religião ou etnia

Venho de uma etnia minoritária muito pequena do oeste da Índia. Minha cultura é chamada Sindhi. Os Sindhis deixaram a Índia depois de 1947 e estão vivendo como uma diáspora; isto é, espalhados por todo o mundo. Como muitos povos que vivem como uma diáspora, há um firme desejo de proteger e preservar a cultura e a tradição. Como parte disso, em minha cultura, é considerado tabu absoluto casar com alguém de fora de nossa etnia – nem mesmo com outro indiano. Assim, você pode imaginar como minha família ficou chocada quando eu lhes disse que queria me casar com Kristina (hoje minha mulher), que é estoniana. Eu me lembro de meus bem-intencionados pais perguntando: "Você quer mesmo fazer isso?... Os seus filhos vão ficar muito confusos!... Por que quer desapontar sua família dessa forma?".

No início, temi seguir meu coração por sentir que causaria um grande desapontamento para aqueles que eu amava. Mas eu me dei conta de que, com uma decisão de vida importante como essa, eu não deveria fazer algo que deixasse outras pessoas felizes e me deixasse infeliz. Eu queria estar com Kristina. Assim, casei-me com ela. Rejeitei a Regra Estúpida, tão comum em minha geração, de que deveríamos nos casar somente com pessoas de nossa etnia, religião e raça, já que era o meio mais seguro para atingir a felicidade e a coisa "certa" a fazer para a família ou crença. Kristina e eu estamos juntos há 15 anos, e casados há 12. Nossos dois filhos, longe de estarem "confusos", estão aprendendo várias línguas e alegremente se tornando cidadãos do mundo (meu filho, Hayden, tinha viajado para 18 países quando completou 18 meses de idade). Meus filhos participam das tradições ortodoxas russas, luteranas e hindus com os avós. Mas eles não estão limitados a uma religião. Eles podem experimentar toda a beleza das religiões humanas sem ficarem presos em um só caminho. O que nos leva à próxima Regra Estúpida.

## 3. Deveríamos aderir a uma única religião

Ok, esse é um tema delicado. Realmente precisamos da religião? Pode a espiritualidade existir em dogmas religiosos? Essas são apenas algumas das perguntas feitas sobre religião hoje em dia. Juntamente com o crescimento do fundamentalismo, estamos vendo um crescimento no questionamento dos fundamentos. Você se lembra do dia em que escolheu sua religião? Poucas pessoas se lembram porque poucas pessoas podem escolher a religião. Geralmente, é uma série ou amontoado de crenças implantadas em nossa mente quando somos muito novos, baseadas nas crenças religiosas de nossos pais. E, para muitos, o desejo de pertencer a uma família ou tribo supera nosso processo racional de tomada de decisões e nos faz adotar crenças que talvez sejam altamente prejudiciais.

Embora a religião possa ser dotada de imensa beleza, ela também pode apresentar um dogma poderoso que gera uma visão do mundo com culpa, vergonha e baseada no medo. Hoje, a maioria das pessoas no planeta Terra que são religiosas escolhe uma única religião à qual se dedicar. Mas essa porcentagem está encolhendo à medida que um número cada vez maior de pessoas, especialmente as milenárias, está adotando o modelo "Espiritual, Mas não Religioso."

Acho que a religião foi necessária para a evolução humana, ajudando-nos a desenvolver diretrizes para uma boa conduta moral e cooperação dentro das tribos centenas e milhares de anos atrás. Hoje em dia, porém, isso se torna cada vez mais irrelevante. Acredito que a aceitação cega do dogma religioso impede o progresso de nossa evolução espiritual enquanto espécie.

O núcleo de uma religião pode ser composto de maravilhosas ideias espirituais. Mas ao seu redor geralmente há séculos de Regras Estúpidas ultrapassadas que poucos se incomodam em questionar.

Uma pessoa pode ser um bom muçulmano sem jejuar durante o ramadã? Um bom cristão sem acreditar no pecado? Um bom hindu que come carne? A religião é um modelo envelhecido que precisa ser atualizado?

Em minha opinião, uma alternativa melhor é não se ligar a nenhuma religião, mas escolher e adotar crenças do todo o panteão de religiões e práticas espirituais globais.

Eu nasci em uma família hindu, mas, com os passar dos anos, criei meu próprio conjunto de crenças derivadas do melhor de cada religião e de cada livro espiritual com que tive contato. Não escolhemos um tipo de alimento para comer todos os dias. Por que devemos escolher uma religião? Por que não podemos acreditar no modelo de amor e bondade ensinado por Jesus, doar 10% de nossa renda à caridade como um bom muçulmano e também achar que a reencarnação é fantástica?

Há muita beleza nos ensinamentos de Cristo, no sufismo do Islã, no Bhagavad Gita, ou nos ensinamentos budistas do Dalai Lama. No entanto, a humanidade toda decidiu que a religião deve ser absolutista; resumindo: escolha uma e siga-a pelo resto da vida. E pior: passe-a aos seus filhos por meio da doutrinação na infância, para que eles sintam que devem se apegar a um único verdadeiro caminho pelo resto da vida. E então repita por gerações.

Sem dúvida, escolha uma religião se ela lhe proporcionar significado e satisfação, mas saiba que você não precisa aceitar todos os seus aspectos para fazer parte dela. Você pode acreditar em Jesus e não acreditar no inferno. Você pode ser judeu e saborear um sanduíche de presunto. Não fique preso a definições preestabelecidas e rígidas de um único caminho, achando que precisa aceitar todas as crenças de uma determinada tribo. A sua espiritualidade deve ser descoberta, não herdada.

### 4. Precisamos trabalhar duro para sermos bem-sucedidos

Isso pode começar como uma ideia valiosa e se transformar em uma Regra Estúpida tirânica. Pais querem encorajar os filhos a se apegar aos desafios, trabalhar para alcançar as metas e não desistir. Mas isso pode ser distorcido e se transformar em uma Regra Estúpida: se você não estiver trabalhando duro o tempo todo, você é preguiçoso e não vai ter sucesso.

Essa Regra Estúpida também leva a um corolário que afirma que o trabalho precisa ser estafante. Ele não pode ser estimulante ou significativo e, certamente, nem divertido. No entanto, um estudo do Gallup mostra que pessoas que trabalham em atividades que lhes proporcionam uma sensação de significado e alegria se aposentam muito mais tarde do que as que trabalham em empregos que não lhes proporcionam nenhuma sensação de significado. Quando você não está lutando pelo holerite, é provável que você seja mais comprometido e envolvido com o que está fazendo. E quanto tempo você pode se dar ao luxo de não gostar do que faz considerando que quase todos nós passamos a maior parte do tempo no trabalho? Como escreveu o educador e pastor Lawrence Pearsall Jacks:

> Um mestre na arte de viver não cria uma forte distinção entre seu trabalho e suas diversões; seu emprego e seu lazer; sua mente e seu coração; sua educação e sua recreação. Ele mal sabe qual é qual. Ele simplesmente persegue sua visão de excelência em tudo o que faz, e deixa que os outros determinem se ele está trabalhando ou brincando. Para ele, ele sempre parece estar fazendo ambos.

Em minha vida eu sempre fiz uma escolha consciente para trabalhar em campos em que amo tanto o que faço que deixa de parecer trabalho. Quando você ama o que faz, a vida parece muito mais bonita – de fato, a própria ideia de "trabalho" se dissolve. Em vez disso, ele parece mais como um desafio, uma missão ou um jogo. Encorajo todos a tentar encontrar um trabalho que o faça se sentir assim. Não faz sentido gastar a maior parte de nossas horas no trabalho a fim de ganhar a vida, para que possamos continuar vivendo uma vida onde passamos a maior parte de nossas horas no trabalho. É uma roda humana de hamster. Portanto, procure sempre o trabalho que você ama. Qualquer outro modo de viver ignora o sentido da própria vida. Não vai acontecer da noite para o dia, mas é factível. À medida que você progride através deste livro, vou compartilhar alguns modelos mentais e práticas para chegar lá mais rápido.

## CINCO FORMAS PELAS QUAIS ACEITAMOS AS REGRAS ESTÚPIDAS

Como podemos encontrar Regras Estúpidas que nos limitam e nos libertar? O primeiro passo é saber como elas se instalaram dentro de você. Acredito que existam cinco formas pelas quais aceitamos Regras Estúpidas. Quando você entender esses *mecanismos de infecção*, vai poder identificar melhor quais regras da paisagem cultural podem ser usadas sensatamente a fim de planejar sua vida e quais podem ser Regras Estúpidas.

### 1. Doutrinação na infância

Absorvemos a maioria das crenças sem criticar quando somos crianças e durante nosso tempo de amadurecimento extremamente longo. Enquanto outros animais amadurecem relativamente depressa ou podem correr ou nadar para salvar a vida logo após o nascimento, os seres humanos são indefesos quando nascem e permanecem altamente dependentes durante vários anos. Durante esse tempo, nós somos, conforme o autor de *Sapiens*, Yuval Harari, descreve, como "vidro derretido" – altamente moldáveis pelo ambiente e pelas pessoas que nos cercam:

> A maioria dos mamíferos sai do útero como barro vidrado saindo de um forno – qualquer tentativa de moldá-lo novamente somente vai arranhá-lo ou quebrá-lo. Os humanos emergem do útero como vidro derretido de um forno. Eles podem ser virados, esticados e moldados com um surpreendente grau de liberdade. É por isso que hoje podemos educar nossos filhos para se tornarem cristãos ou budistas, capitalistas ou socialistas, amantes da guerra ou da paz.

Nossos cérebros maleáveis quando crianças nos tornam alunos fantásticos, receptivos a todas as experiências e preparados para assumir qualquer forma que nossa cultura decretar. Por exemplo, pense em como uma criança nascida em um lar multicultural pode crescer e falar duas ou três línguas com fluência. Mas isso também faz com que aceitemos todas as formas de condicionamento infantil.

Já notou quantas vezes uma criança pergunta por quê? A resposta habitual dos pais ao ataque contumaz de "por que, por que, por que" é geralmente algo do tipo:

"Porque eu disse".

"Porque é assim".

"Porque Deus quis desse jeito".

"Porque papai disse que você precisa fazer assim".

Frases como essas podem fazer com que as crianças fiquem presas em um emaranhado de Regras Estúpidas que elas nem percebem que estão abertas à discussão. Essas crianças crescem e se tornam adultos presos por restrições e regras que foram aceitas como "verdades".

Dessa forma, absorvemos as regras transmitidas pela cultura e agimos no mundo com base nessas crenças. Muito desse condicionamento está instalado antes dos nove anos, e nós podemos carregar muitas dessas crenças até morrer – a menos que aprendamos a desafiá-las.

Como pai, sei como pode ser difícil responder com honestidade e sinceridade a todas as perguntas apresentadas por uma criança. Eu estava no carro com meu filho no verão de 2014 quando a canção de Nicki Minaj, "Anaconda", tocou no rádio sem eu perceber. Enquanto a letra falava de uma determinada "anaconda" que não "quer nada menos" que você "tenha um bundão", meu filho de sete anos, Hayden, perguntou: "Pai, por que a anaconda só quer um bundão?".

Fiquei vermelho, como quase todos os pais ficariam. E então, em uma atitude que sei que você vai perdoar, fiz o que acho que qualquer outro pai na minha situação faria. Eu menti.

"É uma música sobre uma cobra que só gosta de picar bundas grandes", respondi.

Hayden acreditou. Ufa. Mais tarde, naquele dia, ele me disse que queria escrever uma música sobre uma cobra com hábitos alimentares mais saudáveis.

Meus filhos me forneceram minha quota de perguntas difíceis de "por que"; eu certamente fiz muitas delas aos meus pais. Aposto que você também. E os seus pais provavelmente fizeram o melhor para responder. Mas algumas das respostas, principalmente frases como "porque é assim", às vezes podem ter instalado Regras Estúpidas que você ainda está seguindo.

## 2. Figuras de autoridade

Homens e mulheres de nossa tribo que encaramos como figuras de autoridade, geralmente pessoas das quais dependemos de alguma forma, são poderosos instaladores de regras. Certamente isso inclui nossos pais, mas também parentes, cuidadores, professores, integrantes do clero e amigos. Muitos podem ser pessoas sensatas que têm nossos melhores interesses em mente e que querem transmitir regras que nos servirão bem durante a vida – como a regra de ouro sobre tratar os outros como gostaríamos de ser tratados. Mas, por lhes darmos autoridade, também ficamos vulneráveis àquelas que transmitem Regras Estúpidas com que pretendem nos manipular ou nas quais acreditam genuinamente, apesar de estarem erradas.

A autoridade mostrou exercer uma influência assustadora e potencialmente perigosa sobre nós.

Durante nossa evolução como espécie senciente, precisamos de líderes e figuras de autoridade para ajudar a nos organizar e sobreviver. Com a chegada da alfabetização e outras habilidades para adquirir, reter e partilhar informações, o conhecimento é hoje distribuído de forma muito mais uniforme e amplamente disponível. É hora de parar de nos comportarmos como membros submissos de tribos pré-históricas e começar a questionar algumas coisas que nossos líderes dizem.

Tomemos como exemplo a política baseada no medo. É comum no mundo de hoje os políticos ganharem apoio criando medo de outro grupo. Judeus, muçulmanos, cristãos, imigrantes mexicanos, refugiados, gays são todos culpados em um país ou outro por um político que procura votos. Precisamos parar de comprar esse tipo de abuso de autoridade.

Mas, naturalmente, não são apenas figuras de autoridade em uma escala mais ampla que nos dominam. É interessante notar que algumas pessoas alegam ser tomadas por uma sensação de liberdade depois que seus pais morrem, porque finalmente se sentem capazes de seguir seus desejos, opiniões e metas, livres das expectativas paternas e da pressão de obedecer às regras que os pais aprovavam.

### 3. A necessidade de se integrar

Costumamos aceitar Regras Estúpidas porque queremos nos integrar. Somos uma espécie tribal que evoluiu para encontrar segurança e afinidade dentro dos grupos. Era mais seguro do que andar sozinho. Assim, a sobrevivência dependia de ser aceito pela tribo. Às vezes, porém, a fim de ser parte de uma tribo, aceitamos as suas crenças, por mais irracionais que elas sejam. Desse modo, em troca de aceitação, pagamos o preço com a individualidade e independência. É quase um clichê, por exemplo, que adolescentes lutem para equilibrar individualidade e sucumbir à pressão dos semelhantes.

Tribo, aqui, não se refere a qualquer tipo de grupo com um conjunto de crenças e tradições – pode ser uma religião, um partido político, um clube, um time, e assim por diante. Assim que nos definimos em relação a um ponto de vista em especial, mesmo que seja algo com que concordemos de verdade, automaticamente temos a probabilidade de começar a aceitar outras crenças do grupo – mesmo que elas desafiem fatos e a ciência.

Testemunhamos essa necessidade de integração com mais intensidade quando vemos as crenças irracionais que as pessoas aceitam quando se ligam a seitas. O desejo de ser aceito faz com que elas desliguem sua capacidade de questionar e aceitem crenças altamente ilógicas e irracionais.

Tim Urban, que dirige o fantástico blog waitbutwhy.com, chama isso de tribalismo cego. Tim escreve:

> Os humanos também desejam o conforto e a segurança da certeza, e em nenhum lugar a convicção está mais presente do que no pensamento grupal do tribalismo cego. Enquanto opiniões baseadas em dados de um cientista são apenas tão fortes quanto as provas que ela tem e inerentemente sujeitas a mudanças, o dogmatismo tribal é um exercício de fé, e sem dados com que contar, os membros cegos da tribo acreditam no que acreditam com certeza.

Você pode assimilar as crenças de sua tribo, mas você não tem de aceitar *todas* as suas crenças, especialmente se elas não tiverem fundamento científico, não forem úteis ou verdadeiras.

## 4. Prova social

Quando aceitamos regras porque alguém diz que, de fato, "todo mundo está fazendo", estamos adotando crenças por meio da prova social. Pense nisso como aprovação por procuração: acreditamos no que alguém nos diz para nos poupar do esforço de avaliarmos nós mesmos a verdade. Se formos levados a pensar que "todos" estão fazendo determinada coisa, acreditando nela ou adotando-a, então decidimos que nós devemos fazer o mesmo. Um exemplo atual é a propaganda: todos comem isso; compram isso; usam isso; isso é saudável, isso não é saudável; isso é o que você precisa para que as pessoas o notem; e assim por diante. Você viu os anúncios. A era da publicidade moderna se tornou incrivelmente hábil no uso da prova social para criar o que chamo de demanda fabricada. Ninguém precisa realmente de xarope de milho com altos níveis de frutose embalada como a felicidade em uma Lata Vermelha. Tampouco precisamos de milhares de outros produtos que existem somente para preencher um vazio que os próprios anúncios criam. Mas a demanda fabricada transforma produtos não saudáveis em algo que se precisa ter pelo uso eficiente da prova social para criar desejo. Se todos estão fazendo, deve ser legal.

## 5. Nossas incertezas interiores

Suponha que você tem um encontro com alguém que realmente o atrai. Depois do encontro, a pessoa não liga para você. Para muitas pessoas, a incerteza interior fica exacerbada: "não estava bem vestido...", "talvez eu tenha falado demais...", "eu não deveria ter contado aquela piada...", e assim por diante. Então, sem realmente descobrir por que a pessoa não telefonou, inventamos uma série de Regras Estúpidas sobre amor, encontros, modo de comportamento em encontros, e homens e mulheres em geral. Mas a realidade pode contar uma história diferente. Talvez a pessoa tenha perdido o telefone e não tem seu número. Talvez ela tenha tido uma semana muito difícil ou tenha precisado lidar com uma crise familiar.

No entanto, em vez de considerar essas ideias lógicas, começamos a criar "significados" para os acontecimentos. A máquina criadora de significados em nossa cabeça está funcionando constantemente, criando significado para eventos que observamos em nossas vidas – especialmente quando eles envolvem sermos magoados por pessoas que gostaríamos que nos dessem amor ou atenção.

Você já criou significado em sua cabeça sobre a atitude ou os sentimentos de alguém em relação a você por causa de algo que lhe fizeram? Essa é a máquina de significados em ação.

---

Talvez você já tenha percebido como algumas Regras Estúpidas da sua vida foram instaladas. Você pode pensar em figuras de autoridade que exerceram muita influência em você? Você se lembra de fazer algo de que não gostava só para seguir o grupo? Você se comportou de acordo com as regras que o ajudariam a se encaixar no grupo?

Não estou fazendo nenhum julgamento. Lembre-se, isso faz parte de como os seres humanos aprendem. É como todas as informações das gerações passadas nos são oferecidas – incluindo coisas boas como acender um fogo, fabricar uma roda, contar uma piada, fazer churrasco, fazer RCP (reanimação cardiopulmonar) e enfeitar uma árvore de Natal. Nem tudo é ruim; é só que muitos de nós precisam de ajuda para perceber que nem tudo é bom também. Algumas regras não são mais úteis ou nunca foram verdadeiras. É chegada a hora de desinstalar o que não está funcionando.

## COMO FAZER UM ENTALHE NO UNIVERSO

Nossa paisagem cultural está cheia de muitas ideias poderosas por causa da grande quantidade de pessoas que acreditam nelas. Pense em ideias como estados-nação, dinheiro, transporte, nosso sistema de educação e mais. Mas de vez em quando aparece um rebelde e decide que alguns desses constructos colossais não são nada mais do que Regras Estúpidas. A maioria desses rebeldes fala em mudar as coisas e são rotulados como idealistas, na melhor das hipóteses, ou loucos, na pior, mas, de vez em quando, um rebelde agarra a realidade pelos chifres e, devagar e sempre, muda as coisas.

O desenho a seguir ilustra esse ponto. O círculo é a paisagem cultural. A massa de pontos no meio representa a maioria das pessoas. Primeiro, certa pessoa, talvez você, decide não mais encarar o mundo como todos os outros. Você recebe o rótulo de desajustado, rebelde, encrenqueiro.

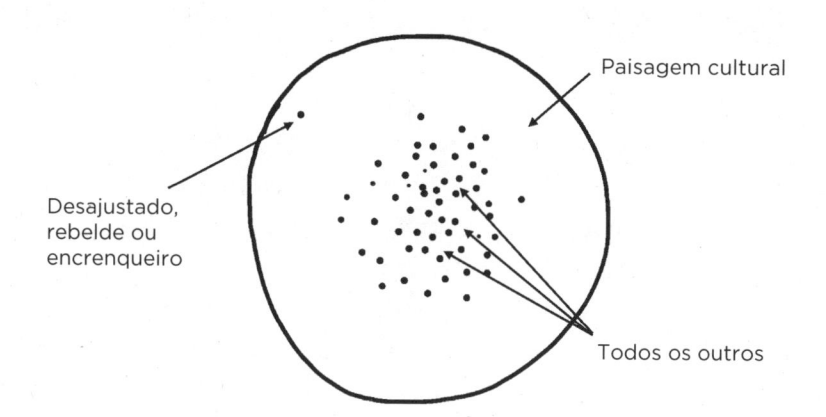

Mas então você faz algo original e extravagante. Talvez você escreva um novo tipo de livro infantil, como J. K. Rowling fez com a série Harry Potter.

Ou, como os Beatles, decide se afastar dos sons tradicionais e criar um tipo de música original. Ou, como o empreendedor Elon Musk, decide popularizar o carro elétrico. Alguns desajustados vão fracassar, mas alguns vão ter êxito e vão deixar uma marca na paisagem cultural.

E é quando o desajustado é rotulado de visionário.

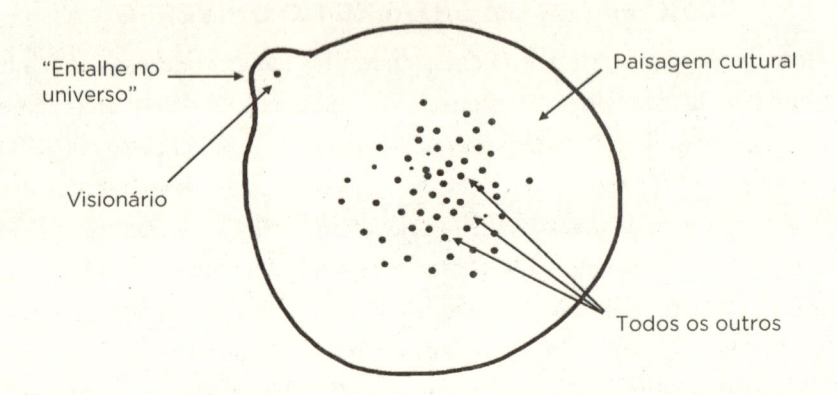

Um desses visionários é Dean Kamen. Eu o visitei em 2015 e ele me contou uma das histórias de Regra Estúpida sendo quebrada mais incríveis que já ouvi.

Dean Kamen é um Thomas Edison dos tempos modernos. Ele registrou mais de 440 patentes. Ele revolucionou a tecnologia da cadeira de rodas com o dispositivo móvel iBot, esteve à frente do desenvolvimento do sistema de diálise doméstica e tornou-se um ícone da engenharia com a invenção do Transportador Humano Segway. Ele recebeu a Medalha Nacional de Tecnologia e é membro do Hall da Fama dos Inventores Nacionais. Com o Segway, Dean questionou a Regra Estúpida do transporte: as cidades poderiam ser planejadas sem precisar de carros? Mas, pessoalmente, estou mais impressionado com o questionamento de Dean sobre a Regra Estúpida da nação-estado. Ele é, por decisão própria, Lorde Dumpling, presidente de North Dumpling Island – uma ilha-nação minúscula em Long Island Sound que ele transformou em seu próprio país –, somente o terceiro país na América do Norte depois dos Estados Unidos e do Canadá.

Dean Kamen nunca obedeceu a regras bobas. Como um dos maiores inventores da América, ele adotou uma rígida atitude antiburocrática. Uma desconsideração saudável por regras sem sentido e uma mente inovadora podem ser explosivas quando combinadas. E, enquanto ele explicava para mim e um pequeno grupo de pessoas convidadas para visitá-lo em maio de 2015, uma gigantesca turbina eólica animava todo o evento.

Começou com o que você poderia chamar de pegadinha, mas se tornou algo muito maior. Como forte proponente de energia alternativa, Dean queria construir uma turbina eólica em North Dumpling Island, seu lar a poucos quilômetros da costa de Connecticut, para ajudar a fornecer energia para sua casa. Mas os burocratas de Nova York (embora seja perto de Connecticut, a ilha realmente faz parte da jurisdição de Nova York) disseram que a turbina proposta era muito grande, e o barulho incomodaria os vizinhos. "É uma ilha", Dean disse. "Não *há* vizinhos!" Os burocratas não mudaram de ideia. Era um beco sem saída.

Dean Kamen não é homem de recuar. Como ele nos contou, ele estava realmente aborrecido com o fato de que o estado de Nova York, que se encontrava a vários quilômetros de distância de North Dumpling, tivesse o poder de lhe dizer como administrar sua ilha. Assim, Dean decidiu que não aceitaria mais a situação. Ao conversar com um amigo em Harvard, especialista em direito constitucional, Dean descobriu uma brecha que lhe permitiria separar-se – não só de Nova York, mas de todos os Estados Unidos. E, dessa forma, em 22 de abril de 1988, o *New York Times* publicou um artigo: "Do canal de Long Island, surge uma nova nação".

Dean não só criou sua ilha-nação. Ele criou a própria constituição de North Dumpling, o próprio hino e a própria moeda chamada (o que mais poderia ser?).

Esse é um excelente exemplo de como dobrar as Regras Estúpidas. Poucos de nós crescem pensando em criar a própria nação. Ou moeda. Dean, porém, não é uma pessoa comum. Talvez tenha sido essa mesma mente inquisitiva que o levou a questionar as Regras Estúpidas do transporte e inventar o Segway. Ele então questionou o próprio conceito de nação. Mas Dean ainda não tinha terminado.

Nova York não cedeu. Seus burocratas continuaram a enviar cartas de advertência para Dean sobre a turbina eólica. Ele simplesmente enviou as cartas para a imprensa de Nova York com uma declaração: "Vejam como os burocratas de Nova York podem ser desrespeitosos – eles ousam ameaçar o chefe de uma nação independente". As cartas de advertência pararam.

Alguns meses depois, enquanto visitava a Casa Branca (Dean tem amigos nos altos escalões), por brincadeira ele fez o presidente George H. W. Bush assinar um pacto de não agressão com North Dumpling.

Como você pode imaginar, tudo isso causou grande publicidade. Um talk show matutino local decidiu visitar North Dumpling para uma transmissão a partir da ilha. Durante a filmagem, Dean explicou, ele perguntou a um dos apresentadores do show se gostaria de converter seus dólares em dumplings. O apresentador perguntou, em tom de zombaria, se o dumpling era uma moeda real. Dean respondeu que os dólares americanos eram a moeda que deveria ser questionada. Afinal, o dólar tinha sido retirado do padrão ouro décadas atrás e agora era sustentado pelo ar. Por outro lado, o dumpling era sustentado pelo sorvete Ben & Jerry. (É sério, Dean conhece seus fundadores.) E, como Dean ressaltou, visto que o sorvete fica congelado a 0 ºC, ele tinha uma sustentação "sólida como uma rocha".

Enquanto eu explorava a casa de Dean, descobri em uma parede um documento que considero o mais importante de todos. Era um documento emoldurado em nome do presidente Bush, intitulado "Título do Tesouro Nacional para Ajuda Internacional" em que North Dumpling Island realmente fornecia ajuda externa aos Estados Unidos – no valor de $100.

Perguntei a Dean qual era a história por trás daquele quadro. Ele me disse que North Dumpling tinha se tornado a primeira nação do mundo a oferecer ajuda externa aos Estados Unidos. E aqui está o motivo, segundo o certificado:

> Antes os líderes tecnológicos do mundo, os cidadãos americanos escorregaram para a ignorância lamentável sobre a desalentadora indiferença em relação às maravilhas da ciência e tecnologia. Esse fato ameaça os Estados Unidos com a terrível queda para o analfabetismo científico e tecnológico... Por esse motivo, a nação de North Dumpling se compromete a ajudar a salvar a nação vizinha de tal destino apoiando os esforços da Fundação para Inspiração e Reconhecimento da Ciência e Tecnologia a promover a excelência e valorização dessas disciplinas entre o povo dos Estados Unidos da América...

Dean não estava dando $100 para uma superpotência como brincadeira. Ele estava prestes a realizar outra jogada anti-Regra Estúpida usando seu papel recém-adquirido como nação independente para fazê-lo. Ele estava procurando mudar o sistema de educação global para dar mais atenção à ciência e engenharia.

A doação de Dean para os Estados Unidos foi para criar a FIRST (Fundação para Inspiração e Reconhecimento da Ciência e Tecnologia), uma organização com uma missão: "Transformar nossa cultura pela criação de um mundo em que a ciência e tecnologia sejam exaltadas e onde os jovens sonhem em se tornar líderes em ciência e tecnologia". A FIRST faz isso por meio de grandes competições em que a garotada constrói robôs de todos os tipos que competem em situações semelhantes às das Olimpíadas.

Quando assisti ao desafio de robótica da FIRST em St. Louis, Missouri, em 2015, cerca de 37.000 equipes de escolas de todo o mundo competiram para levar seus robôs às finais. Foi fantástico ver o que aqueles garotos conseguiram construir.

Dean acha que um dos problemas do mundo atual é o fato de as crianças crescerem idolatrando astros do esporte, embora não haja nada de errado em idolatrar a força atlética, quando também deveríamos idolatrar o poder do cérebro – os engenheiros, os cientistas, as pessoas que fazem a humanidade avançar por meio da inovação. Foi o que ele fez com a FIRST. E North Dumpling Island certamente ajudou a alimentar a publicidade para a organização.

Se a Ilha de North Dumpling é mesmo uma nação não é relevante. Importante é o fato de que Dean é um sujeito que atua em um nível diferente do da maioria das pessoas. Ele está constantemente dobrando e quebrando as regras em busca de um jeito melhor de viver, hackeando crenças e normas culturais que a maioria de nós aceita sem discutir:

- Com a invenção do Segway, ele redefiniu os modelos aceitos de transporte.
- Com North Dumpling Island, ele redefiniu com bom humor o conceito de Estado-nação.
- Com a FIRST, ele redefiniu o conceito da educação científica ser tão legal para os adolescentes quanto o esporte.

Pessoas extraordinárias pensam diferente, e elas não deixam que as Regras Estúpidas da sociedade as impeçam de defender um mundo melhor para elas. Você também não deve. Todos nós temos a habilidade e a responsabilidade de jogar fora as Regras Estúpidas que nos impedem de perseguir nossos sonhos. Tudo começa com uma coisa: questionar as crenças herdadas.

Você pode usar o mesmo cérebro fantástico que aceitou essas Regras Estúpidas para desinstalá-las e substituí-las por crenças que realmente lhe permitam progredir. Essa ideia pode ser altamente libertadora. O que nos leva à Lei 2:

> **LEI 2: QUESTIONE AS REGRAS ESTÚPIDAS**
> Mentes extraordinárias questionam as Regras Estúpidas quando sentem que elas não estão alinhadas com seus sonhos e desejos. A diferença entre ser um simples rebelde e ser um visionário é o tamanho da Regra Estúpida que se está disposto a questionar e as medidas que serão tomadas para mudá-la.

## AGARRANDO AS REGRAS ESTÚPIDAS PELOS CHIFRES

Temos de pressionar nossos sistemas – interna e externamente, pessoal e institucionalmente – para ficar em dia. Fazemos isso dando o primeiro passo para desinstalar as Regras Estúpidas de nossas mentes e então pressionando nossos sistemas para que evoluam e nos alcancem. Pode-se ter a impressão de uma queda livre quando se começa – e isso ocorre porque você está tirando sua vida do piloto automático. Às vezes, as coisas parecem caóticas quando você assume o controle, mas tenha fé em si mesmo. Você nasceu para fazer isso. O grande dom de ser humano é a nossa capacidade de ver o mundo de outra forma, de inventar novas soluções – e então usar o que sabemos para transformar nossas vidas e mudar nosso mundo. A cultura não é estática. Ela vive e respira, feita por nós em tempo real no fluxo da vida, destinada a mudar à medida que nosso mundo muda. Assim, vamos em frente! Tudo começa em casa, com você. A sua vida, nos seus termos.

## EXERCÍCIO: O TESTE DA REGRA ESTÚPIDA

Então, que aparência suas Regras Estúpidas podem ter? Não estou falando de se livrar de padrões morais ou éticos que sustentam a Regra de Ouro. Mas pode valer a pena dar uma olhada em certas regras que nos prendem em hábitos antigos e em um autojulgamento irracional (por exemplo: *eu deveria trabalhar até ficar exausto todas as semanas ou não vou estar trabalhando o suficiente... Eu deveria ligar para meus pais todos os dias ou não estou sendo um bom filho... Eu deveria observar minha religião da forma que faz a minha família, ou não sou uma pessoa espiritual... Eu deveria me comportar de determinada maneira em relação ao meu companheiro ou não sou um bom cônjuge...*) para ver se uma Regra Estúpida está agindo. Responda às cinco perguntas do Teste das Regras Estúpidas para uma checagem de realidade, e decida se é uma regra pela qual você quer viver ou uma Regra Estúpida que quer fazer desaparecer.

### *Pergunta 1: Ela é baseada em confiança e esperança na humanidade?*

A regra se baseia na ideia de que os seres humanos são essencialmente bons ou essencialmente maus? Se uma regra se baseia em suposições negativas sobre a humanidade, eu costumo questioná-la.

Por exemplo, no mundo de hoje há uma grande quantidade de culpa e vergonha em relação ao sexo, e muitas regras referentes a ele. Recentemente, a Índia tentou banir o acesso a todos os websites de pornografia – mas houve tantos protestos públicos que a proibição foi suspensa dias depois. Esse é um exemplo de uma Regra Estúpida baseada na ideia de que a humanidade é essencialmente má: dê liberdade às pessoas de acessar sites pornôs e elas vão enlouquecer e se tornar pervertidas sexuais.

A ideia cristã do pecado original é outro exemplo de desconfiança fundamental na humanidade. Ela causou muita culpa e vergonha para muitas pessoas que se consideram desmerecedoras de sucesso e de coisas boas na vida. O pecado original é um exemplo de uma verdade relativa. Ela é adotada por um segmento da população mundial; isto é, não é aceita universalmente em todas as culturas. Não há provas científicas de que nascemos pecadores, portanto não é uma verdade absoluta. No entanto, ela afeta negativamente milhões de pessoas.

Tenha sempre fé e confiança na humanidade. Eu gostaria de lembrar as palavras de Gandhi: "Você não deve perder a fé na humanidade. A humanidade é um oceano; se algumas gotas do oceano estão sujas, o oceano não se torna sujo".

### Pergunta 2: Ela viola a Regra de Ouro?

A Regra de Ouro determina que você faça aos outros o que gostaria que fizessem para você. Regras que elevam alguns enquanto desvalorizam outros são suspeitas de serem Regras Estúpidas – como regras que concedem ou limitam oportunidades com base na cor da pele, orientação sexual, religião, nacionalidade, se uma pessoa tem um pênis ou uma vagina, ou qualquer outro critério arbitrário ou subjetivo.

### Pergunta 3: Eu a assimilei de uma cultura ou religião?

Essa é uma regra ou crença que a maioria dos seres humanos não nasceu para acreditar? É uma crença em um determinado tipo de vida ou uma regra sobre um hábito muito específico, como o modo de comer ou vestir? Nesse caso, ela provavelmente é uma regra cultural ou religiosa. Se ela o incomoda, acho que você não precisa segui-la, assim como eu decidi que apreciaria um bife ou um hambúrguer quando quis. Felizmente para mim, minha família permitiu que eu questionasse essas regras, apesar de que às vezes isso a deixava pouco à vontade.

Você não precisa se vestir, comer, casar e venerar de uma maneira de que discorda só porque faz parte da cultura em que nasceu. A cultura deve estar em constante evolução, sempre fluindo – de certo modo, assim como a água. A água é mais bonita e útil quando está se movendo – ela cria rios, cachoeiras, as ondas do oceano. Mas quando a água fica estagnada, torna-se venenosa. A cultura é como a água. Se está estagnada, como no caso do dogma ou das regras da religião fundamentalista, pode ser venenosa. Aprecie sua cultura, mas deixe-a fluir e evoluir. Não aceite o dogma de que o modo de orar, vestir, comer ou a conduta sexual de sua cultura deve permanecer o mesmo das gerações anteriores.

***Pergunta 4: Ela se baseia em escolha racional ou contágio?***

Você está obedecendo a uma regra porque ela foi instalada durante a infância? Ela está sendo benéfica para a sua vida, ou você simplesmente nunca pensou em fazer as coisas de modo diferente? Obedecemos a uma série de regras perigosamente prejudiciais apenas por causa da memética e do condicionamento social. Elas estão refreando seu desenvolvimento? Se assim for, tente compreendê-las, dissecá-las e questioná-las. Será que elas servem a um propósito, ou você as segue apenas por imitação? Pergunte a si mesmo se essas regras realmente servem para você e se você quer transmiti-las para seus filhos. Ou se essas ideias – por exemplo, aquelas sobre como se vestir ou ideias tradicionais do que é moral – são sufocantes e restritivas. Se assim for, vamos permitir que elas morram uma morte pacífica e cortar o cordão para que não acabem infectando nossos filhos.

***Pergunta 5: Ela atende a sua felicidade?***

Às vezes, adotamos crenças que não servem a nossa felicidade, mas que dão a impressão de refletir um modo de vida aceito e inescapável. Pode ser seguir uma carreira porque sua família ou sociedade diz que é correto (como aconteceu comigo com a engenharia da computação), ou casar com uma determinada pessoa, ou viver em certo lugar ou de certo modo.

Coloque sua felicidade em primeiro lugar. Você vai poder dar o seu melhor aos outros somente se estiver feliz – na sociedade, em relacionamentos, na família e na comunidade.

---

Vale a pena lembrar essas sábias palavras de Steve Jobs quando foi convidado a dar uma palestra a uma turma de formandos de Stanford:

> O seu tempo é limitado, portanto não o desperdice vivendo a vida de outras pessoas. Não fique preso pelo dogma – que é viver com os resultados dos pensamentos de outras pessoas. Não deixe que o burburinho das opiniões de outros subjuguem a sua voz interior. E, o que é mais importante, tenha a coragem de seguir seu coração e intuição. De alguma forma, eles já sabem o que você realmente quer se tornar. Todo o resto é secundário.

## É HORA DE COMEÇAR A QUESTIONAR

Quais são as crenças em sua vida que você quer questionar? Escolha algumas e tente aplicar ao Teste das Regras Estúpidas. Depois, tente com algumas outras. Não se apresse e não espere acordar no dia seguinte livre de todas as suas Regras Estúpidas só porque descobriu quais são. Regras Estúpidas são poderosas e pode ser difícil olhar friamente para as que exerceram a maior influência em você. Em todo este livro, eu vou falar de estratégias para se livrar de suas Regras Estúpidas e substituí-las por projetos novos que inspirarão maior felicidade, conexão e sucesso. Mas antes de pular direto para a nova vida, você precisa se desembaraçar da velha. Gosto de lembrar as palavras de L. P. Hartley em seu romance de 1953, *O Mensageiro* (*The Go-Between*): "O passado é um país estrangeiro: lá eles fazem as coisas de um jeito diferente".

Enquanto você avança nessa busca ao questionamento, lembre-se disso: certas pessoas vão lhe dizer que você está errado, que você está sendo desleal com sua família, ou com sua tradição, ou com suas normas culturais. Ou que você está sendo egoísta. Alguns dizem que o coração é o órgão mais egoísta do corpo porque ele conserva todo o sangue bom para si mesmo. Ele toma todo o sangue bom, o sangue mais oxigenado, e então distribui o resto para todos os demais órgãos. Assim, de certa forma, talvez o coração seja egoísta.

Mas se o coração não mantivesse o sangue bom para si mesmo, ele morreria. E se o coração morresse, levaria todos os outros órgãos com ele. O fígado. Os rins. O cérebro. O coração, de certo modo, tem de ser egoísta para sua própria preservação. Assim, não deixe que as pessoas lhe digam que você é egoísta e está errado por seguir seu próprio coração. Eu o encorajo, eu lhe dou permissão para quebrar as regras, para pensar fora das normas da sociedade tradicional. As Regras Estúpidas do pai não devem ser passadas ao filho.

## VIVA ALÉM DAS REGRAS ESTÚPIDAS

Quando você começar a hackear a sua vida dessa forma, você vai ganhar um novo sentido de poder e controle. Com eles vêm a transparência e a responsabilidade por suas ações. Desde que é você quem decide quais regras seguir, a sua vida depende de você. Você não pode se esconder atrás de desculpas sobre quem ou o que o está impedindo de se desenvolver. Também depende de você hackear a responsabilidade, aplicando o Teste das Regras Estúpidas para garantir que você não transgrida a Regra de Ouro enquanto avança.

É necessário um pouco de coragem para viver dessa forma. Quando você atinge um determinado ponto doloroso com uma Regra Estúpida e se dá conta de que não pode continuar a viver com ela, parte do ato de abandoná-la pode parecer com o abandono de uma estrutura social importante de sua vida. A vida além das Regras Estúpidas pode ser assustadora, surpreendente e divertida – muitas vezes tudo ao mesmo tempo. As pessoas podem puxá-lo de volta ou perturbá-lo, mas você deve estar preparado para ficar firme em seu propósito de perseguir a felicidade.

Gosto de lembrar o conselho de minha amiga Psalm Isadora, uma atriz e conhecida professora de tantra: "As pessoas que o fazem sentir-se culpado por seguir o seu caminho e escolher a sua vida estão simplesmente dizendo: 'Olhe para mim. Eu sou melhor do que você porque minhas correntes são maiores'. É preciso coragem para quebrar essas correntes e definir a própria vida".

Portanto, ouse viver sua preciosa vida na Terra ao máximo, fiel a si mesmo, com o coração aberto e a mente atenta, e com coragem para mudar o que não funciona e aceitar as consequências. Talvez você descubra que pode voar mais alto do que jamais imaginou.

E se... todas as regras e caminhos que colocamos em nossas cabeças nem sequer existam, afinal? E se nós apenas acreditarmos que eles estão lá, porque queremos pensar que eles estão lá? Todas as formalidades da moralidade e as decisões que nos vemos fazendo para sermos melhores (ou os melhores)... E se acharmos que temos tudo sob controle – mas não temos? E se o caminho para você é um que nunca ousaria tomar porque nunca viu a si mesmo seguindo dessa maneira? E então, se você percebesse isso um dia, tomaria esse caminho? Ou escolheria acreditar em suas regras e razões? Suas moralidades e esperanças? E se sua própria esperança e sua própria moralidade estiverem seguindo o outro caminho?

[C. JOYBELL C.]

PARTE II

# O DESPERTAR

## O PODER DE ESCOLHER A SUA VERSÃO DE MUNDO

Quando eu era criança, meu pai me inscreveu em aulas de Taekwondo. Taekwondo é uma espécie de caratê coreano que ensina disciplina e autodefesa. Eu adorava. Todos os anos, nós nos esforçávamos para aperfeiçoar os movimentos e atingir a próxima faixa. Eu comecei como faixa branca e lentamente passei para amarelo, verde, azul, marrom e, finalmente, a muito ambicionada faixa preta.

As faixas eram um sistema elegante originado séculos antes que permitia aos alunos atingir níveis de maestria em etapas atingíveis. Ele facilitava o crescimento e motivava os alunos muito mais do que uma meta vaga como "tornar-se um mestre". Cada faixa era uma validação muito apreciada de nosso trabalho duro e progresso.

Este livro está dividido como faixas para a consciência. À medida que você passar da Parte I para a Parte II, você vai avançar para a próxima faixa em termos de percepção. Atualmente, a humanidade funciona grandemente dentro da paisagem cultural, ou Nível 1 – presos por Regras Estúpidas de gerações passadas.

Quando você começar a ver a paisagem cultural como ela é, algo dentro de você vai começar a mudar. Em vez de seguir o **status quo**, você vai começar a fazer suas próprias regras. Você vai começar a questionar. E quanto mais questionar, mais a sua consciência vai se expandir. Quanto mais a sua consciência se expandir, mais você vai crescer. E quanto mais você crescer, mais extraordinária a sua vida vai se tornar.

Neste ponto, você atingiu o Nível II: O Despertar. Se eu fosse fazer um desenho em um guardanapo, ele se pareceria com isso:

**NÍVEL 1**
A vida dentro da paisagem cultural.
Os Xs representam as Regras Estúpidas.

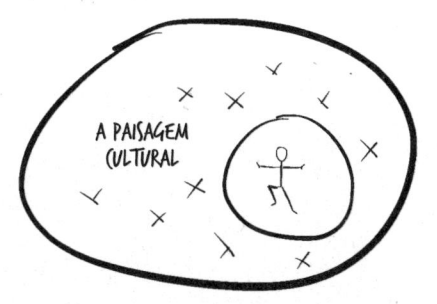

**NÍVEL 2**
Você aprende a criar sua própria versão de mundo dentro da paisagem cultural. Dentro de seu mundo (a bolha à sua volta), você pode escolher eliminar e filtrar as Regras Estúpidas que aparecem.

Pense nos pequenos Xs como as Regras Estúpidas da paisagem cultural. Você está se elevando além dela ao criar sua própria bolha dentro da paisagem cultural onde VOCÊ faz as regras.

Neste nível mais elevado, a sua ferramenta para influenciar o mundo e criar o seu próprio crescimento é uma prática que chamo de engenharia da consciência. Pense nela como a interface entre você e a paisagem cultural a sua volta. Você decide o que deixar entrar ou rejeitar. Você planeja como formar e influenciar a sua consciência.

Em que ideias e valores (vamos chamá-los de seus modelos de realidade) você escolhe acreditar? Como você escolhe viver, aprender e crescer (vamos chamá-los de seus sistemas de vida)? Nos capítulos a seguir, você vai selecionar os modelos e sistemas que vão impulsionar sua jornada na direção de uma vida extraordinária.

# 3

## PRATIQUE A ENGENHARIA DA CONSCIÊNCIA

### ONDE APRENDEMOS A ACELERAR NOSSO CRESCIMENTO ESCOLHENDO CONSCIENTEMENTE O QUE ACEITAR OU REJEITAR NA PAISAGEM CULTURAL

Se você quiser ensinar às pessoas uma forma nova de pensar, não se incomode em tentar ensiná-las. Em vez disso, dê-lhes uma ferramenta cujo uso vai levar a novas formas de pensamento.
**[BUCKMINSTER FULLER]**

## DA ENGENHARIA DA COMPUTAÇÃO À ENGENHARIA DA CONSCIÊNCIA

Por pior que eu me sentisse como engenheiro de computação, o treinamento me deu uma vantagem: uma forma de pensar que se mostrou perfeita para desafiar as Regras Estúpidas da paisagem cultural. Isso se chama pensamento computacional.

O pensamento computacional o treina para analisar um problema de todos os ângulos – para dividir os problemas em processos e partes (decomposição), encontrar padrões (reconhecimento de padrões), e solucioná-los de uma forma muito lógica e linear (algoritmos). O objetivo não é apenas encontrar uma solução, mas também uma que seja replicável, ou seja, que qualquer pessoa – homem, mulher ou criança da Índia, Malásia ou da América do Norte – possa conseguir os mesmos resultados. O pensamento computacional o torna uma pessoa muito lógica – e um solucionador de problemas muito bom. Isso é o que confere vantagem aos programadores e hackers.

Desde o dia em que detonei a Regra Estúpida da carne bovina aos 9 anos de idade, eu quis hackear tudo sobre a vida. Com a permissão de meus pais para questionar, comecei a olhar tudo na vida dentro do contexto de "Por que fazemos isso?".

Mas nunca imaginei que o estaria aplicando à mente humana.

## DO FRACASSO TOTAL A SUPER-REALIZADOR EM DEZ MESES

Para explicar como encontrei as ferramentas para a vida extraordinária que você vai aprender a usar neste e nos capítulos posteriores, tenho de levá-lo de volta aos anos de escassez na minha vida.

Entrei em uma fase de crescimento pessoal porque estava passando por um período difícil. Em 2011, recém-saído da faculdade, mudei-me para o Vale do Silício para começar um negócio. Eu tinha 25 anos. Isso foi antes de Y-Combinator, 500 Startups ou qualquer uma das dezenas de programas que dão fundos para jovens e inspirados engenheiros e seus sonhos ponto.com. Dinheiro, principalmente para jovens de 25 anos, não era fácil de encontrar. Peguei minhas economias, pedi algum dinheiro emprestado ao meu pai e saí para tentar a sorte.

Resumindo, a escolha do momento foi péssima. Alguns meses depois de me mudar para o Vale do Silício, a bolha ponto.com estourou. Lembro-me de ler que 14.000 pessoas tinham sido despedidas em abril de 2001. Festas pink slip – de que desempregados participam para se relacionar e beber para se consolar – passaram a ser comuns. Duro e desesperado, enviei meu currículo para todos os empregos que consegui encontrar na craigslist.com (rede de comunidades on-line com anúncios gratuitos), mas não obtive nenhum resultado. O dinheiro era tão pouco que eu não podia alugar um quarto, muito menos um apartamento. Então aluguei um sofá.

E nem ao menos era um sofá de três lugares. Era um de dois lugares, de modo que minhas pernas ficavam penduradas de noite quando eu ia dormir. Eu o aluguei de um aluno de Berkeley que estava tentando melhorar as finanças alugando as peças de mobiliário de que menos gostava. Nesse sofá em Berkeley, e no radiador ao seu lado, estava toda a minha vida. Todas as minhas roupas, meus livros, meu laptop e meus sonhos despedaçados. Eu estava me humilhando ao viver em uma cidade universitária com um diploma de engenheiro de computação e me dando conta de que a maioria dos alunos da faculdade ali estava vivendo em melhores condições do que eu.

Finalmente, certo dia, depois de outra rodada atordoante de envio de currículos para Craigslist, recebi uma resposta. Era de uma empresa que procurava pessoas para ligar para escritórios de advocacia para vender um software para gerenciamento de casos. Era um serviço de caça a dólares. E eu ganharia somente comissões: se não vendesse, não comeria. A economia estava em um estado tão deplorável que novas empresas conseguiam escapar de pagar um salário fixo.

Eu não sabia nada sobre vendas e marketing, mas era o único emprego que apareceu, portanto aceitei.

Na primeira semana no escritório, foram designados territórios para trabalhar. O meu foi San Antonio, Texas.

O trabalho era mais ou menos assim: eu tinha de ir à biblioteca pública de São Francisco, pedir uma cópia das Páginas Amarelas de San Antonio, procurar escritórios de advocacia e começar a ligar para todos os advogados de A a Z para encontrar um entediado o bastante para escutar meus argumentos de venda sem desligar na minha cara. Como meu chefe duvidava de que algum advogado do Texas seria capaz de pronunciar o nome Vishen, por conveniência, eu me tornei o sr. Vincent Lakhiani.

Nos primeiros meses no emprego ganhei cerca de $2.500,00 dólares por mês em comissões – o que mal dava para sobreviver na região da baía.

Mas geralmente é quando nos sentimos por baixo que acabamos por dar um passo adiante em nosso desenvolvimento pessoal. Você se lembra do desenho no Capítulo 1 sobre como se espera que vidas extraordinárias sejam turbulentas? Eu estava para levar outro tombo que me ajudaria a crescer e aprender.

Entediado e ligeiramente deprimido, comecei a procurar on-line aulas para me ajudar a afastar o pensamento do meu trabalho enfadonho. Não lembro exatamente o que eu estava procurando – talvez "esperança", talvez "sucesso", ou talvez "por que minha vida tem que ser essa grande droga". E foi então que a vi.

Encontrei uma aula de meditação e intuição. Era em Los Angeles e parecia interessante, especialmente pelo fato de que a palestrante estava no ramo de vendas de produtos farmacêuticos e falou sobre os métodos que lhe permitiam aumentar o volume de vendas rapidamente. Feito! Meio que impulsivamente decidi voar até lá e assistir à aula. Quando cheguei, eu era o único aluno (meditação não era tão popular naquela época quanto é hoje). Completei a aula de dois dias em um só e voei de volta para São Francisco naquela noite.

Comecei imediatamente a aplicar algumas das técnicas que aprendi, uma das quais era uma técnica simples para meditar e entrar em um estado mental alfa. Alfa é uma onda cerebral comum em meditação em que você entra em um estado de relaxamento. As pessoas que defendem esse tipo de meditação dizem que as ondas alfa o colocam em forte sintonia com sua intuição, criatividade e capacidade de solucionar problemas. Uma parte essencial do que aprendi foi escutar a minha voz interior ou intuição. Eu pratiquei essa técnica quando fazia as ligações. Eu parei de ligar para todos os advogados de A a Z nas Páginas Amarelas, como meus colegas de trabalho faziam. Em vez disso, eu entrava em um estado mental relaxado, corria os dedos pela lista e ligava para os quais sentia um impulso. Muitas vezes, o impulso dava a impressão de ser um palpite, mas eu o seguia. Eu me dei conta de que isso não faz sentido, mas descobri que dar atenção aos impulsos fazia com que, de alguma forma, eu ligasse para advogados com maior probabilidade de comprar. Minhas vendas começaram a subir rapidamente.

Quanta mudança se pode esperar do estudo da meditação? Eu realmente não esperava muito além de aprender a relaxar e eliminar um pouco o estresse. Mas no final da primeira semana depois de voltar de Los Angeles, tive a melhor semana de vendas de todas. Supus que isso era incomum e que não duraria. Mas fechei duas vendas na semana seguinte. E na próxima. E só melhorou. Um mês depois, passei a fechar três negócios. Dar atenção a minha intuição parecia triplicar as probabilidades de ligar para um advogado receptivo.

Outras coisas também melhoraram. Comecei a me sentir mais feliz e mais positivo em relação aos meus dias. Minha confiança e meu relacionamento com as pessoas no trabalho melhoraram. Atribuo isso ao fato de meditar de 15 a 30 minutos todos os dias, ouvir minha intuição e me visualizar fechando vendas com facilidade.

Então comecei a usar outra técnica que aprendi em outra aula: uma técnica simples de empatia para se conectar com mais eficiência às pessoas. Antes de falar com um advogado, eu dizia a mim mesmo que seria capaz de me conectar com o cliente em potencial em um nível subconsciente, teria empatia em relação a suas necessidades, saberia as coisas certas a dizer no momento certo e então – somente se esse fosse um software que realmente beneficiaria a empresa dele – fecharia a venda. Enquanto meditava, eu visualizava o advogado a minha frente e me imaginava irradiando verdadeira generosidade e compaixão em relação a ele. Eu terminava a visualização de três minutos com uma afirmação mental de que fecharíamos negócio se fosse do interesse de todas as partes envolvidas.

Mais uma vez vi um aumento incrível em minhas vendas. Logo eu estava fechando mais negócios do que qualquer outro na empresa. E assim, com 26 anos de idade e sem experiência anterior em vendas, fui promovido três vezes nos quatro meses seguintes e me tornei diretor de vendas. Em setembro de 2002, apenas nove meses depois de ter ingressado na companhia, meu chefe me enviou para a cidade de Nova York para chefiar o escritório local.

Continuei a crescer dentro da empresa. Eu também continuei a experimentar, ajustar e aperfeiçoar a prática da meditação. E a cada aperfeiçoamento, minhas habilidades no trabalho pareciam crescer. Logo, eu estava realizando o trabalho de duas pessoas – gerente de desenvolvimento de negócios (gerenciando a publicidade da empresa gasta na Google AdWords) e chefe do escritório de Nova York – e destacando-me nas duas funções. O meu salário tinha triplicado em poucos meses.

Na época, eu não conseguia explicar por que acontecia todo esse sucesso. Eu só sabia que o que estava fazendo funcionava.

## PENSAMENTO COMPUTACIONAL ENCONTRA O DESENVOLVIMENTO PESSOAL

Meu rápido sucesso no mundo das vendas acendeu minha fascinação pela decodificação da mente humana. Eu compreendi que podemos melhorar nosso desempenho de maneiras lógicas – por exemplo, ao ler um livro de vendas – e não há nada de errado nisso. Mas também há técnicas que podem acelerar extraordinariamente nosso desempenho. As que aprendi mudaram minha vida em apenas *uma semana*.

Meu treinamento em pensamento computacional se manifestou em grande estilo. Eu queria analisar o comportamento humano – que, à primeira vista, parece um imenso nó emaranhado de pensamentos, ações, reações, emoções, impulsos, ímpetos, desejos, hábitos e Deus sabe o que mais – e descobrir o código de como os humanos funcionam.

À medida que eu melhorava a meditação e outras práticas conscientes, comecei a ficar incomodado com o fato de ter sido o único aluno naquela aula em Los Angeles. Havia muito mais para aprender. Eu queria ensinar às pessoas o que tinha funcionado de forma tão fantástica para mim. Assim, saí do emprego de vendas de software e abri uma pequena loja de e-commerce. Eu a chamei de Mindvalley. Nossos primeiros produtos não eram nada mais do que CDs de meditação que consegui com editores reconhecidos. À medida que a Mindvalley crescia, lancei tantas empresas quantas consegui, ensinando às pessoas consciência, meditação, práticas contemplativas, como ter melhores relacionamentos, nutrição, saúde, bem-estar – basicamente, o conhecimento de que realmente precisamos a fim de ter uma vida mais rica, saudável e significativa –, conhecimento que nosso sistema educacional da era industrial falhou em nos transmitir. Logo estávamos publicando muitos dos principais pensadores da América em saúde, bem-estar e consciência, de Ken Wilber a JJ Virgin e a Michael Beckwith. Comecei a Mindvalley com nada mais do que $700 em 2003. Doze anos depois, sem um único empréstimo bancário e sem capital de risco, a empresa tinha crescido para 200 funcionários e mais de 500 mil alunos pagantes.

Nessa época, conheci profundamente muitas das mais elevadas mentes da América em termos de desenvolvimento humano. Passei nove dias como convidado na propriedade do escritor e palestrante motivacional Tony Robbins, em Fiji. Liguei meu cérebro a eletrodos com o famoso bio-hacker Dave Asprey para estudar diferentes níveis de consciência. Conheci mestres e gurus da Índia, bilionários no auge de suas atividades, e lendas dos negócios e da sociedade. E com cada encontro, entrevista e experiência, comecei a dissecar, assimilar e montar a estrutura que ajudou a criar este livro.

Hoje, procuro obsessivamente novos modelos e sistemas de como podemos compreender melhor a nós mesmos e atingir níveis de potencial com que apenas sonhávamos. Minha mentalidade de hacker me estimula a sempre procurar a solução mais eficiente que seja replicável – que traga resultados extraordinários ao alcance do maior número de pessoas. É assim que desenvolvi o modelo que estou prestes a partilhar com você: a engenharia do consciente.

## UM SISTEMA OPERACIONAL PARA A CONSCIÊNCIA HUMANA

Se você tem um computador, provavelmente tem de atualizá-lo com um novo sistema operacional de tempos em tempos. O Windows 95 deu lugar ao Windows 8 nas últimas duas décadas. E os entediantes computadores Macintosh de 1996 que usei quando calouro na Universidade de Michigan deram lugar para o brilhante Mc iOS que vemos rodar os MacBooks atualmente. De tempos em tempos, fazemos um upgrade nos sistemas operacionais de nossas máquinas para que os computadores funcionem mais depressa, melhor e realizem tarefas cada vez mais complexas com facilidade.

Mas quantas pessoas chegam a pensar em fazer o mesmo consigo mesmas? A engenharia da consciência é um sistema operacional para a mente humana. E a beleza disso é que – como os melhores hackeamentos – é realmente simples. Tudo se resume em duas coisas:

### 1. Os seus modelos de realidade (O seu hardware)

Os seus modelos de realidade são suas crenças sobre o mundo. No Capítulo 2, falamos sobre como a maioria das regras que aceitamos como verdadeiras existe em nossas cabeças e foi colocada ali, como Steve Jobs disse, "por pessoas não mais inteligentes do que você". A sociedade humana atual funciona com base em crenças acumuladas de nossos antepassados: nossos sistemas econômicos, definições de casamento, a comida que comemos, nossos métodos de escolaridade e trabalho – essas estruturas foram criadas há muito tempo por pessoas em situações diferentes das que vivemos hoje em dia.

Alguns de nós fomos criados com crenças capacitantes sobre nós mesmos e o mundo que nos permitem progredir. No entanto, alguns também adotam pelo menos algumas crenças prejudiciais que nos impedem de avançar. É importante compreender que, não importa quais sejam essas crenças, elas se tornaram verdadeiras porque agimos e pensamos de acordo com elas. Assim sendo, nossas crenças verdadeiramente moldam nosso mundo em um sentido muito real.

Mas, apesar de as crenças fazerem quem você é, elas NÃO são você. Você pode usar a engenharia da consciência para libertar-se de velhas crenças, trazer novas e aceitar novos modos de compreender o mundo que podem lhe servir melhor.

Usando nossa analogia de computadores, pense em seus modelos de realidade como o seu hardware. Quer uma máquina mais rápida ou um monitor com melhor resolução? Simplesmente troque o modelo antigo e substitua-o por um modelo mais moderno. Precisa de mais espaço? Substitua o seu hard drive de 250 mega por um de 500 mega. Crenças são assim também. Quando uma velha crença não lhe serve mais, você tem o direito de trocá-la. Mesmo assim, não o fazemos. Quando você usar o teste das Regras Estúpidas para desafiar as suas e substituir Regras Estúpidas obsoletas por regras que funcionam melhor, você estará fazendo um upgrade no seu hardware de modo que o sistema operacional funcione da melhor forma possível. Em palavras simples, isso significa que você está escolhendo em que acreditar e o controle de sua vida está em suas mãos.

Substituir modelos ultrapassados de realidade é essencial. Nossos modelos de realidade fazem mais do que apenas criar sentimentos ao redor de um acontecimento ou da vida em geral. De um modo surpreendente, eles parecem influenciar a realidade do mundo que experimentamos todos os dias.

### *O que você pensa é o que você recebe*

Nossos modelos de realidade nos transformam no que somos. O problema é que, como vimos no Capítulo 2, muitos deles não foram aceitos por escolha racional, mas sim por imitação. Nossas crenças sobre vida, amor, trabalho, criação de filhos, nossos corpos e nossa autoestima muitas vezes são resultado da tendência inata de imitar as pessoas e as práticas a nossa volta. O que você pensa e acredita sobre o mundo então molda quem você é e a sua experiência do mundo ao seu redor. Altere os modelos de realidade aceitos e mudanças drásticas podem ocorrer em seu mundo.

Por exemplo, as pesquisadoras Ellen Langer, PhD, e Alia J. Crum, PhD, realizaram um estudo, apresentado em 2007 na revista *Psychological Science*, no qual perguntaram a 84 camareiras de hotel o quanto se exercitavam. Você imaginaria que, com todo o trabalho físico envolvido na limpeza de quartos de hotel, elas teriam respondido: "nos exercitamos muito!". Mas, embora limpassem cerca de 15 quartos por dia, 1/3 declarou que não fazia nenhum exercício e os outros 2/3 disseram que não se exercitavam regularmente. Agora, como alguém que acabou de completar um fim de semana de faxina pode lhe dizer, limpar um quarto, trocar lençóis, passar aspirador de pó e assim por diante é muito trabalho. No entanto, segundo seu modelo de realidade, as camareiras não consideravam suas atividades profissionais como "exercício". Isso pareceu se confirmar quando as pesquisadoras avaliaram as mulheres e descobriram que elas pareciam ter um preparo físico igual ao de pessoas sedentárias.

E é aqui que a coisa fica interessante. Essas pesquisadoras implantaram um novo modelo de realidade na mente das camareiras. Elas informaram a 44 delas que suas tarefas diárias seguiam as diretrizes de atividade do Centro de Controle de Doenças (CDC) e ultrapassavam as diretrizes do Surgeon General. Elas também deram às camareiras um resumo de total de calorias para várias atividades de limpeza e colocaram informações semelhantes onde elas pudessem vê-las no trabalho. Em outras palavras, elas mudaram uma crença. Elas deram às camareiras novas informações sobre seus hábitos existentes que mostraram como o trabalho que faziam era, de fato, exercício.

Um mês se passou. As pesquisadoras fizeram um acompanhamento. Incrivelmente, as camareiras que tinham recebido informações sobre saúde física tinham perdido, em média, um quilo, ficaram com a pressão arterial mais baixa e, em geral, eram "significativamente mais saudáveis" com base nas mensurações da gordura de seu corpo, índice de massa corporal (IMC) e relação quadril/cintura. E adivinhe só: as camareiras contaram às pesquisadoras que não houve mudanças em suas atividades. A única mudança foi na informação que haviam recebido – a verdade que as pesquisadoras haviam apresentado. Elas tinham trocado com sucesso um modelo antigo de realidade e implantado um novo. Elas fizeram com que as camareiras encarassem seu trabalho como "exercício". E os resultados causaram verdadeiras mudanças físicas nos corpos das camareiras.

As pesquisadoras concluíram que o que tinha ficado conhecido como um efeito placebo – resultados que parecem vir somente de uma atitude mental em vez de uma medicação ou tratamento médico específico – desempenha um papel quando se trata de exercícios.

Surpreendente, não é mesmo? Mudança positiva mensurável só por instalar a nova crença de que seu trabalho era, de fato, um trabalho saudável. Imagine as implicações que isso poderia gerar ao estimularmos empregados a ficarem mais envolvidos em seu trabalho ou ao encorajarmos as pessoas a perder peso. Se a mente é tão poderosa que pode realmente mudar a saúde com base na mudança de perspectiva, imagine o que poderia significar em relação ao poder da mente de controlar nosso humor, nossa autoconfiança, nossa felicidade e tudo o mais que determina a qualidade de nosso tempo aqui na Terra.

Como o estudo no hotel mostra vivamente, embora nossos modelos de realidade não sejam você, eles o fazem quem você é. Quando se der conta disso, você vai poder trocar um modelo ruim ou ultrapassado, inserir outro mais saudável e ganhar um poder incrível para mudar o seu mundo. Vamos voltar por um momento para a analogia do hardware do computador. Se o hardware do seu computador não puder lidar com as tarefas que você precisa que ele realize, você compra um computador mais rápido e potente, um monitor de melhor qualidade, um mouse melhor. Veja como os computadores ficaram elegantes e eficientes nos últimos 30 anos. Não seria ótimo pensar com o mesmo nível de elegância, rapidez e eficiência? No entanto, quando se trata de atualizar nossos modelos de realidade, quase todos nós ficamos presos ao Macintosh de 1980 em vez de usar o novo iMac. Nós nos apegamos aos nossos velhos modelos e nos negamos uma atualização.

Quando aprendi sobre o poder das crenças, escolhi modelos de realidade específicos para me ajudar a ficar mais saudável e jovem. Decidi que vou viver até os 100 anos. Escolhi um modelo em que sete minutos de exercício matinal me fornece os mesmos resultados que uma hora na academia. Como resultado, tenho sido capaz de ficar em melhor forma física e desenvolver um corpo melhor aos quarenta do que tinha aos vinte. Também decidi adotar a crença de que o trabalho é uma das coisas mais agradáveis da vida – então eu gosto do que faço diariamente. Todos nós temos a capacidade de decidir quais modelos de crença vamos adotar. Você pode escolher.

Assim sendo, o modelo de realidade mais eficiente que você pode adotar agora é a ideia de que seus modelos de realidade são substituíveis. Você não precisa continuar acreditando e vendo o mundo através das lentes instaladas em você na infância. Eu vou lhe mostrar como adotar um conjunto de crenças novas e melhores no próximo capítulo. Mas, primeiro, há outra parte importante do quadro para analisar.

## 2. Seus sistemas de vida (o seu software)

Os seus hábitos, ou sistemas de vida, são como você coloca seus modelos de realidade em prática. Se os modelos de realidade são o hardware da "máquina" humana, os sistemas de vida são o software. Eles são suas atividades e seus hábitos diários – por exemplo, como você come (baseado em suas crenças sobre nutrição), como você trabalha (baseado em suas crenças sobre que tipo de carreira ou comportamentos profissionais são aceitáveis) e como você lida com dinheiro (baseado em suas crenças sobre a facilidade de adquirir dinheiro ou a culpa ou honra de ter grandes quantias dele). Há muitos outros, de como você cria os filhos a como você faz amor e amigos, pratica exercícios, soluciona problemas, termina um projeto no emprego, faz a diferença no mundo e se diverte.

Sistemas de vida são fáceis de adquirir. Você sempre pode aprender sistemas novos. O problema é que nosso sistema escolar da era industrial não fez um bom trabalho em nos manter atualizados com os melhores sistemas para funcionar no mundo. Ninguém nos ensinou melhores meios de praticar exercícios, de amar, de criar filhos, de comer ou até de fazer leitura dinâmica ou aumentar a longevidade. Penso neles como aplicativos que se pode baixar e atualizar com facilidade, destinados a servir a propósitos específicos ou solucionar determinados problemas. Não está funcionando? Faça o download de uma nova versão que conserta antigas falhas. Encontrou um melhor? DELETE. O segredo está em reconhecer quais sistemas você está usando e fazer muitas verificações para identificar rapidamente os que precisam de atualização.

Tudo isso nos leva à Lei 3:

> **LEI 3: PRATIQUE A ENGENHARIA DA CONSCIÊNCIA**
> Mentes extraordinárias compreendem que seu desenvolvimento depende de dois fatores: os modelos de realidade que adotam sobre o mundo e seus sistemas de vida. Elas avaliam os modelos e sistemas mais capacitantes e se atualizam frequentemente.

## AS LIMITAÇÕES DOS MODELOS DE REALIDADE E SISTEMAS ATUAIS DE VIDA

Nossos modelos e sistemas atuais têm três limitações:

1. Nossos modelos de realidade são programados pelo mundo em que crescemos.
2. Nossos modelos de realidade (bons ou ruins) determinam nossos sistemas de vida. Em resumo, crenças ruins criam hábitos ruins.
3. Falta aos nossos modelos e sistemas modernos a prática da consciência – só estamos começando a compreender o poder de nossa mente.

Para compreender essas três limitações, precisamos analisar o nosso mundo atual de dentro para fora. É mais fácil falar sobre sair de nossa paisagem cultural do que fazer. É por esse motivo, a fim de entender como podemos melhorar nossos modelos e sistemas, que decidi fazer uma viagem para conhecer uma cultura há muito removida do mundo ocidental moderno.

### Lições estranhas da Floresta Amazônica

Kristina e eu chegamos às profundezas da Amazônia equatoriana antes do pôr do sol. Nosso pequeno avião decolou de uma pobre cidade chamada Puyo nas margens da floresta e voamos sobre um mar verde antes de aterrissar em uma faixa de terra aberta no centro da floresta tropical. Uma viagem de bote, uma caminhada e várias horas depois, estávamos em Tingkias, uma vila pertencente a uma família da tribo Achuar. A cidade "civilizada" mais próxima ficava a mais de 100 quilômetros de distância. A nossa volta não havia nada além da floresta verde e úmida e os sons de inúmeros pássaros e animais. Ali passaríamos os próximos cinco dias, vivendo a vida em uma cultura radicalmente diferente, onde muitas das normas da civilização humana – de como dormimos ao modo de cuidarmos do corpo; de como tomamos água ao modo que cultuamos uma força superior – eram totalmente desafiadas.

O povo Achuar da floresta amazônica no Equador evoluiu durante gerações com pouco contato com o mundo externo. Eles só se tornaram conhecidos para o mundo ocidental em 1977, portanto estar com eles é mais ou menos como estar visitando uma cultura relativamente intocada por seres humanos modernos. Com mínima exposição à paisagem cultural moderna, seus modelos de realidade são extraordinariamente diferentes dos nossos. Não estou falando de aspectos convencionais que esperamos que outras culturas façam de modo diferente – como comida, vestimenta, música e dança. Estou falando de coisas tão diferentes que, se fôssemos ler sobre elas em um texto histórico, acharíamos difícil acreditar que eles eram seres humanos normais vivos no planeta de hoje.

Muitas verdades que assumimos como absolutas, como "tomar água", ou "tomar café da manhã", não têm significado para eles. Viver com os Achuar foi revelador. O que eu vi ali mudou profundamente o que eu achava serem verdades aceitáveis.

### Lição 1: Nossos modelos de realidade são programados pelo mundo em que crescemos

Quando se chega à vila, você está pronto para um banho e um bom gole de água. Você pode se banhar em um lago próximo. Mas se você quiser um gole de água, vai se dar mal. Porque a água em que você se banhou – onde todos da tribo se banham e nadam também – é a única água das proximidades. E está cheia de bactérias que não seria sensato ingerir.

Nós supomos que todos os seres humanos tomam água. Você pode até achar que é uma verdade absoluta, conforme discutimos no Capítulo 1, mas os Achuar desenvolveram uma capacidade impressionante pelo fato de não haver água potável na região. As mulheres plantam, fervem e amassam raízes de yucca e então repetidamente mastigam e cospem as raízes mastigadas dentro de uma tigela. Elas misturam essa combinação de yucca e saliva com água do lago e esperam vários dias. A mistura fermenta e se transforma em álcool que mata as bactérias. O resultado final não é água, mas *chicha*, uma espécie de cerveja, feita da saliva fermentada das mulheres da tribo. Cada mulher tem sua infusão, que ela prepara para o marido (os homens podem ter mais de uma esposa) e para os filhos. Cada infusão tem um gosto diferente, por causa do gosto de sua saliva. As mulheres passam várias horas por dia mastigando e cuspindo para fazer *chicha*, enquanto os homens vão caçar. É muito trabalho, visto que isso é tudo que a tribo bebe.

Que gosto tem a *chicha*? Bem, para mim, horrível, só porque não fui treinado para apreciá-la. Para os Achuar, ela tem um gosto delicioso, e os homens vêm de longas caçadas ansiosos para tomá-la. Parece estranho para nós, mas para eles é totalmente normal, e é como eles sobrevivem em um dos lugares mais inóspitos da Terra para se viver.

Tomar água é normal? É, para a maior parte da humanidade. Mas para os Achuar, tomar água é incomum e repugnante. Nossa definição do que é normal nada mais é do que foi programado em nós.

O que vemos como nossa cultura realmente não é nada mais do que um capricho da história. Não é necessariamente certo ou errado. Assim como o modo de vida dos Achuar não é certo ou errado. Nossa cultura é resultado de milhares de anos de ideias emergindo, chocando-se, e se dissolvendo, lutando por dominância. Mas posso assegurar uma coisa: a nossa cultura não foi criada por simples escolha racional. Em muitas maneiras, ela tomou forma meramente por imitação ou oportunidade. No entanto, nós nos apegamos a nossa cultura, às partes boas e ruins, como se fosse o único modo de vida. Quando observamos os Achuar e depois olhamos para nós, vemos que muito de cada aspecto da cultura humana – da vida como a vivemos dia a dia – é maleável, disponível para todos, dentro de nosso controle, e aberto a discussão.

### Lição 2: Nossos modelos de realidade (bons ou ruins) determinam nossos sistemas de vida

Os Achuar não têm um modelo de realidade para Deus do jeito que a maioria dos seres humanos tem. Em vez disso, eles acreditam que os animais e plantas possuem almas humanas e que essas almas têm a capacidade de se comunicar por meio da linguagem e de sinais. Para se comunicar com esse mundo, eles tomam *ayahuasca* (uma droga feita de uma planta) que induz a visões vívidas e experiências metafísicas.

Decidi experimentar a cerimônia da *ayahuasca* com um xamã visitante que estava passando pela vila. Eu me ajoelhei em uma plataforma diante dele. Eu não conseguia ver seu rosto na escuridão, apenas o bruxulear da luz das folhas de tabaco que ele fumava. Foi um momento surreal, como voltar séculos no tempo até uma cultura antiga. O xamã murmurou algumas palavras, soprou fumaça no meu rosto, deu-me batidinhas com um galho e então me deu um minúsculo gole da preciosa *ayahuasca*.

Tudo pareceu ótimo por um momento. Então, de repente: uma dor insuportável no estômago. Caí de joelhos quando a dor se instalou, inclinei a cabeça sobre a borda da plataforma, e comecei a vomitar violentamente enquanto meus guias seguravam meus braços e pernas para que eu não caísse da plataforma para o chão da floresta. Depois de uns cinco minutos, parei de vomitar, mas estava tão fraco que mal podia andar. Ajudaram-me a ir até uma rede. Assim que fechei os olhos, só consegui ver fractais. Foi como se o mundo fosse uma série de triângulos interligados de diferentes cores girando, dando voltas e se fundindo.

Quando abri os olhos e me virei para o lado para olhar para a floresta, as árvores pareciam imensos monstros amigáveis do tipo que se vê em *Onde Vivem os Monstros*, de Maurice Sendak. Foi como se a frase famosa de Sendak – "Vamos começar a bagunça geral!" – tivesse, de algum modo, sido sinalizada para o meu cérebro. Não sei quanto tempo fiquei olhando para as árvores-monstro antes de sentir uma forte vontade de dormir, mas fechar os olhos me lançou para o magnetizante mundo de fractais dançantes que criavam formas aleatórias.

Primeiro senti medo, mas o medo se transformou em uma espécie de paz sublime. Senti uma unidade com a floresta, as árvores, a umidade e o céu. Era uma sensação maravilhosa de estar totalmente no agora sem preocupação com o passado ou o futuro. Era bom estar vivo. Por fim, adormeci e acordei mais tarde ao amanhecer, quando me juntei ao resto do grupo para comer e discutir nossas experiências.

A crença dos Achuar no espírito da floresta levou ao seu sistema de experimentar o divino pela *ayahuasca*. Assim, também, muitos de nossos sistemas de vida evoluíram com a nossa cultura – em resposta a certas crenças da época. Mas, em tempos modernos, eles evoluíram como hábitos por causa do, bem, hábito. Nós os adotamos há tanto tempo que nem mesmo sabemos onde começaram. Aceitamos nossos sistemas atuais como "apenas do jeito que as coisas são", mas olhe mais fundo e você verá que esses sistemas resultam de crenças do passado que você pode ter absorvido por meio da cultura em que foi criado.

### Lição 3: *Faltam práticas de consciência a nossos modelos e sistemas modernos*

Muitos dos nossos modelos e sistemas estão enraizados em aspectos puramente físicos da vida – o que comemos, como cuidamos de nosso corpo, os regimes de beleza e assim por diante. Mas até recentemente, não houve nenhuma inovação nos sistemas que melhoram a forma de funcionamento de nossa mente e de nosso espírito.

Os Achuar acordam todos os dias às 4h e se reúnem ao redor da fogueira para tomar um tipo de chá chamado *wayusa*. Enquanto tomam o chá, eles também contam experiências da vida, problemas, preocupações e sonhos da noite anterior. A maioria de nós não se lembra dos sonhos sem muito esforço. Costumamos vê-los como imagens fugidias, logo esquecidas nas tarefas do dia. Mas os Achuar encaram suas experiências durante o dia e a noite como igualmente importantes e parecem viver simultaneamente no estado desperto e de sono. Na combinação desses dois mundos, eles resolvem problemas, têm aventuras e se comunicam uns com os outros e com o reino espiritual. Eles partilham esses acontecimentos enquanto tomam seu chá, e os idosos ouvem e aconselham. O chá da manhã é um ritual para a purificação mental e espiritual.

Os Achuar simplesmente têm o dom de se lembrar dos sonhos? Possivelmente. Mas pode haver mais. Tínhamos viajado para a selva com a célebre filantropa e humanitária Lynne Twist. Lynne contou-me como tinha entrado em contato com os Achuar. Ela sonhou repetidas vezes com indígenas portando marcas vermelhas distintivas em seus rostos. Eles pareciam estar pedindo socorro a ela. Quando ela descreveu essas visões a amigos, um deles observou que os rostos que ela descrevia pareciam muito com os Achuar. Foi assim que Lynne foi para o Equador a fim de conhecer a tribo. Os Achuar estão enfrentando o despejo de seu centenário lar, devido à exploração madeireira e à devastação de grandes faixas da Amazônia provocadas por empresas de petróleo e gás. Lynne, trabalhando junto do governo equatoriano e dos Achuar, ajudou a criar leis para proteger até quatro milhões de acres de floresta tropical.

E tudo começou com visitantes que pareciam entrar em seus sonhos pedindo socorro. Os sonhos são mais do que aquilo que nós, no mundo moderno, os fazemos ser? Talvez algo do compromisso matutino dos Achuar nos ensine a explorar o mundo dos sonhos.

Então, quantas experiências e capacidades espirituais faltam ao mundo moderno? Talvez, de modo semelhante aos integrantes da tribo Himba, que têm dificuldade em ver a cor azul, estejamos cegos a certas experiências espirituais?

Somos seres físicos e desenvolvemos nossos sistemas físicos muito depressa. Pense em todas as novas dietas e rotinas de exercícios que leu ou de que ouviu falar em aproximadamente um ano. No entanto, nossa evolução espiritual está presa no passado. Muitos de nós estamos insatisfeitos com o dogma da religião convencional; isso não é novidade. Mas apenas recentemente percebemos que a paisagem espiritual é vasta e variada e oferece muitas opções além de participar da religião da família. Acredito que é preciso elevar bastante o nível de nossos sistemas espirituais. É por esse motivo que fiquei tão abalado com o ritual matinal dos Achuar de partilhar seus sonhos e purificar suas mentes enquanto tomam o chá que purifica seus corpos.

Nos próximos dois capítulos, falaremos sobre novos modelos e sistemas que estão evoluindo para ajudar nossas mentes a ficar em dia com nossos corpos.

## A ESTRANHEZA DA CULTURA

Podemos achar que a vida deles é bizarra, mas, para os Achuar, *nós* parecemos bizarros. Saímos correndo para empregos estressantes, deixando os filhos aos cuidados de terceiros. Ficamos sentados olhando para uma tela ligada a maior parte do dia. Então nos exercitamos feito loucos para queimar as calorias consumidas no dia anterior. Internamos nossos idosos em lares comunitários e então nos preocupamos em como cuidar deles. Tomamos pílulas para não sentir medo e outras emoções que consideramos negativas. Tomamos poções para ficar acordados. Então ingerimos pílulas para dormir. Comemos e bebemos demais, em parte porque temos mais do que precisamos e, em parte, porque estamos estressados. Todas as tribos têm seus problemas, mas os Achuar me ensinaram que o que consideramos real, o que definimos como cultura, o que acreditamos ser verdadeiro sobre a vida – o emprego das 9h às 17h, o casamento, o modo de criar os filhos, como tratamos nossos idosos, o que fazemos o dia todo – são apenas coleções de crenças e práticas que reunimos porque, bem, elas pareciam ser boas ideias *na época*. Quando você se torna consciente desse fato, você também ganha a capacidade de transcender e desenvolver essas práticas culturais.

## ELEVANDO O NÍVEL DE NOSSO JOGO INTERIOR

Certa vez conheci um homem que muitos dizem ser uma das mentes mais brilhantes da atualidade. Ken Wilber é o escritor acadêmico mais traduzido na América, com 25 livros traduzidos para cerca de 30 idiomas. Wilber é o criador de uma filosofia extremamente abrangente chamada Teoria Integral, que é uma espécie de teoria de tudo que unifica as disciplinas de estudos culturais, antropologia, teoria dos sistemas, psicologia do desenvolvimento, biologia e espiritualidade, para citar apenas algumas. Ken foi citado por todos desde Bill Clinton a Caco, o sapo, e a Teoria Integral foi aplicada a campos tão diversos quanto os de ecologia, sustentabilidade, psicoterapia, psiquiatria, educação, negócios, medicina, política, esportes e artes. Como parte da pesquisa para este livro, passei cinco horas entrevistando Wilber sobre modelos de desenvolvimento humano e como a consciência evolui.

Uma das perguntas que fiz a Ken foi qual era a sua visão de um currículo escolar ideal para as crianças. Aqui está o que Ken me disse:

> A humanidade está voando muito abaixo de seu potencial porque não educamos para o ser humano inteiro ou completo. Educamos somente para uma pequena parte, uma fatia, um fragmento do que apenas é possível para nós... Porque, segundo as tradições de grande sabedoria ao redor do mundo, os humanos não só possuem estados típicos de consciência como acordar, sonhar, dormir profundamente, eles também possuem estados profundamente altos de consciência como esclarecimento ou despertar. E nossos sistemas educacionais não ensinam NADA disso. Então, todos os fatores que mencionei... nenhum deles é raro, isolado, esotérico, radical, estranho ou oculto. Todos eles são alguns dos potenciais mais básicos e fundamentais de um ser humano em todos os lugares. Eles são simplesmente fatos essenciais do ser humano. No entanto, não ensinamos esses fundamentos. Nós ensinamos algo como 1/10 do que o ser humano necessita. Então, sim, acredito firmemente que pode-

mos gerar saúde neste planeta para o planeta e para os humanos se começarmos a educar a pessoa inteira com todos os seus potenciais, capacidades e técnicas fundamentais e pararmos esse sistema fragmentado, parcial e quebrado que temos agora.

A engenharia da consciência não trata apenas de ser feliz – embora a felicidade seja um de seus subprodutos maravilhosos. Ela trata de ir além de funcionarmos como seres humanos básicos e lutar pelo mais alto nível de seres humanos que podemos ser, para podermos realizar todo o nosso potencial e, como diz o ditado, deixar o mundo um pouco melhor para nossa permanência aqui.

Embora existam muitas formas de ir além dos fundamentos básicos, constatei que a estrutura da engenharia da consciência é a ferramenta mais poderosa, visto que todo o crescimento resulta da mudança dos modelos de realidade ou da atualização de um sistema de vida.

Mudar um modelo de realidade é uma forma de crescimento que, muitas vezes, surge de uma epifania ou da intuição. É uma revelação ou um despertar repentino que muda uma crença. Quando se adota um novo modelo de realidade que é superior ao antigo, não se pode recuar. Foi o que aconteceu comigo quando parei de encarar o trabalho como um emprego e passei a encará-lo como uma vocação. Ou quando alguém para de seguir uma religião para descobrir a espiritualidade.

Mudar um sistema de vida, por outro lado, é uma mudança de processo. É uma atualização passo a passo de um determinado processo – como quando você anda de bicicleta e aprende a dirigir um carro para ganhar mobilidade.

Quando você compreender a abordagem da engenharia da consciência, vai poder se ver como um sistema operacional altamente sintonizado pronto para instalar um novo hardware (modelos de realidade) ou novos aplicativos (sistemas de vida) quando necessário. Você nunca se apegará aos que tem porque sabe que outros mais novos e melhores sempre estarão sendo descobertos.

Em resumo, você vai se ver como sempre pronto para mudar e crescer.

## COMO CRESCEMOS

**Novos modelos de realidade**
Crescimento por meio de mudança de opinião

**Novo sistema de vida**
Crescimento por meio de compreensão repentina

### Como acelerar seu ritmo de aprendizado

A engenharia da consciência lhe permite aprender e crescer muito mais rápido do que antes porque cria um mapa mental em seu cérebro.

Elon Musk foi questionado uma vez em um Reddit.com Q&A:* "Como você aprende tão rápido?".

Ele respondeu: "É importante ver o conhecimento como uma espécie de árvore semântica – certifique-se de compreender os princípios fundamentais, ou seja, o tronco e os ramos grandes, antes de entrar nas folhas/detalhes, ou não haverá nada em que se apoiar".

Ao pensar em seu crescimento pessoal, pense na engenharia da consciência como aquele tronco. Os dois grandes ramos são modelos de realidade e sistemas de vida. Tudo o que você estuda para o crescimento pessoal será um modelo (uma nova crença sobre o dinheiro, por exemplo) ou um sistema (di-

---

\* O Reddit é um site de mídia social no qual os usuários podem divulgar ligações para conteúdo na web. Q&A, ou Questions and Answers (perguntas e respostas), é uma ferramenta bastante utilizada em assessoria de imprensa. (N.E.)

gamos, um novo exercício ou rotina de dieta). Estas coisas aderem aos dois ramos grandes.

Descobri que, mantendo essa ideia em mente, posso aprender e crescer mais rapidamente do que nunca. Depois de internalizar a engenharia da consciência, a cada vez que lê um livro sobre crescimento pessoal ou saúde, ou uma autobiografia de um grande líder, você começa a procurar atualizações de modelos que pode trocar e novos sistemas que pode adotar.

Nos próximos dois capítulos, refinaremos este processo de aprendizado mostrando exatamente como atualizar seus modelos e sistemas da melhor maneira possível.

Cada um de nós tem uma grande quantidade de capacidade não utilizada. Somos lembrados desse fato sempre que ouvimos histórias de triunfos de força de vontade e engenhosidade – seja uma inovação de alguém como Dean Kamen, um dos maiores inventores da América, ou um cidadão recebendo uma honraria da comunidade. Nós lhes damos todos os tipos de nomes – coragem, brilhantismo, visão e até milagre. Mas a engenharia da consciência realizada regularmente nos impele a sermos nós mesmos. E isso, meus amigos hackers, está ao alcance de todos nós.

Aqui vai um exercício importante. A engenharia da consciência funciona melhor quando aplicada de forma holística em nossa vida. Para conseguir isso, precisamos compreender duas coisas: primeiro, precisamos identificar as principais áreas de nossa vida onde podemos aplicar essa engenharia e, segundo, precisamos descobrir quais dessas áreas podem ser reequilibradas.

## EXERCÍCIO: AS DOZE ÁREAS DE EQUILÍBRIO

Meu amigo Jon Butcher é proprietário da Precious Moments, a famosa empresa de compras por catálogo que vende presentes na forma de lindas bonecas de porcelana. Ele é um dos mais bem-sucedidos empreendedores da América hoje, mas o que realmente é excepcional a respeito de Jon é o quanto sua vida é extraordinariamente equilibrada. Ele parece ter tudo – riqueza, sucesso, um casamento perfeito, filhos ótimos e uma vida repleta de aventura. Por exemplo, Jon é avô, mas a saúde dele é tão boa que é confundido com um homem de 40 anos. Segundo ele, seu segredo está em como estabelece as metas em sua vida.

Jon dividiu a vida em 12 categorias, e para cada categoria ele mapeou suas crenças, sua visão, sua estratégia e seu propósito. É estabelecer metas no mais profundo nível. Quando os amigos de Jon lhe perguntaram qual era seu segredo, ele lhes ensinou seu sistema. Por fim, ele evoluiu e se transformou em Lifebook, um seminário de crescimento pessoal de que se pode participar em Chicago, e onde as pessoas passam quatro dias profundamente mergulhadas nos diferentes aspectos de sua vida a fim de criar um plano de vida detalhado.

A ideia que estou partilhando aqui é parcialmente inspirada no seminário Lifebook de Jon Butcher, do qual participei em 2010. Eu adaptei as categorias (as minhas 12 são diferentes das de Jon) para este exercício para ajudá-lo a descobrir os modelos e sistemas que você está aplicando em sua vida para que possa começar a pensar o que deve ser atualizado. Eu as chamo de Doze Áreas de Equilíbrio. Cada área influencia e molda você de forma importante. Este exercício vai ajudá-lo a se elevar em cada nível, sem deixar nenhuma parte de sua vida para trás.

Pronto para começar a sua aventura na engenharia da consciência? Aqui vai:

Quando você pensar em sua vida e onde quer crescer, pense holisticamente. Muitas pessoas vivem a vida sem equilíbrio. Elas podem ter riquezas, mas relacionamentos insatisfatórios com a família. Ou elas podem ser incrivelmente bem dispostas e saudáveis, mas lutar para saldar dívidas. Ou podem ter uma carreira repleta de realizações, mas serem solitárias e estarem com o coração partido. Uma vida extraordinária é equilibrada em todos os níveis. Pensar holisticamente ajudará a garantir que você não termine ganhando em uma área, mas perdendo em outra. Eu uso as Doze Áreas de Equilíbrio para ajudar a manter a estabilidade, e agora é a sua vez.

Para cada categoria abaixo, classifique sua vida em uma escala de 1 a 10, sendo 1 "muito fraco" e 10, "extraordinário". Se você tiver uma caneta à mão, escreva a classificação ao lado de cada categoria agora. Não pense muito tempo em cada item. Muitas vezes o primeiro impulso – a sua verificação interior – é mais preciso.

1. SEU RELACIONAMENTO AMOROSO. Esta é a medida do quanto você é feliz no atual estado de relacionamento, quer você esteja solteiro e adorando o fato, quer em um relacionamento ou desejando estar em um. Sua classificação: _____

2. **SUAS AMIZADES.** Esta é a medida do quanto é forte sua rede de relacionamentos. Você tem ao menos cinco pessoas que o apoiam e que você adora ter por perto? Sua classificação: _____

3. **SUAS AVENTURAS.** Quanto tempo você tem para viajar, conhecer o mundo e fazer coisas que o abram para novas experiências e empolgação? Sua classificação: _____

4. **O SEU AMBIENTE.** Esta é a qualidade de sua casa, seu carro, seu trabalho e os espaços onde passa seu tempo, em geral – mesmo as acomodações em que fica quando viaja. Sua classificação: _____

5. **SUA SAÚDE E BEM-ESTAR.** Como você classificaria a sua saúde, considerando a idade e quaisquer problemas físicos. Sua classificação: _____

6. **SUA VIDA INTELECTUAL.** Quanto e com que rapidez você está crescendo e aprendendo? Quantos livros você lê? De quantos seminários ou cursos você participa no ano? A instrução não deve parar depois da formatura na faculdade. Sua classificação: _____

7. **SUAS HABILIDADES.** Com que rapidez você está melhorando as habilidades que o fazem único e ajudam a construir uma carreira bem-sucedida? Você está crescendo na direção da proficiência ou está estagnado? Sua classificação: _____

8. **SUA VIDA ESPIRITUAL.** Quanto tempo você dedica a práticas espirituais, meditativas ou contemplativas que o mantêm sentindo-se conectado, equilibrado e tranquilo? Sua classificação: _____

9. **SUA CARREIRA.** Você está crescendo, subindo degraus e se destacando? Ou você sente que está preso à rotina? Se você tem um negócio, ele está prosperando ou estacionado? Sua classificação: _____

10. **SUA VIDA CRIATIVA.** Você pinta, escreve, toca algum instrumento ou participa de alguma atividade que o ajuda a canalizar sua criatividade? Você é mais consumidor do que criador? Sua classificação: _____

11. **SUA VIDA FAMILIAR.** Você gosta de voltar para sua família depois de um dia duro de trabalho? Se você não é casado ou não tem filhos, de-

fina essa Área de Equilíbrio em relação aos seus pais e irmãos. Sua classificação: _____

12. SUA VIDA COMUNITÁRIA. Você está dando, contribuindo e desempenhando um papel decisivo na comunidade? Sua classificação: _____

Você já está vendo áreas de sua vida que gostaria de melhorar? É exatamente esse o ponto – agora você tem uma diretriz clara de como começar a sua jornada na direção do extraordinário. Por ora, pense apenas como pode se classificar em cada categoria no momento. Nos próximos capítulos, vamos voltar a essas Doze Áreas de Equilíbrio para ajudá-lo a identificar onde você quer concentrar a atenção para melhorar seus modelos de realidade e sistemas de vida.

# 4 REESCREVA SEUS MODELOS DE REALIDADE

## ONDE APRENDEMOS A ESCOLHER E ATUALIZAR NOSSAS CRENÇAS

Nossas crenças são como comandos não questionados que nos dizem como as coisas são, o que é possível e impossível, e o que podemos ou não fazer. Elas moldam cada ação, cada pensamento e cada sentimento que experimentamos. Como resultado, mudar nossos sistemas de crenças é essencial para fazer qualquer mudança real e duradoura em nossas vidas.

[TONY ROBBINS]

### CONSELHO DE UM MONGE EM UMA BANHEIRA DE ÁGUA QUENTE

"Você tem tempo agora?", o jovem monge me perguntou. "Vamos conversar."

Se eu tinha tempo? Era a nossa última noite em Fiji. Estávamos sentados ao redor de uma grande mesa, apreciando uma das melhores refeições que eu já tinha provado. Era 2009, e meu então sócio, Mike, e eu éramos convidados em um retiro de meditação avançada de nove dias em Namale, um magnífico resort de propriedade do escritor e renomado palestrante Tony Robbins. Nosso grupo era formado por uma interessante variedade que incluía atores de Hollywood, um prodígio da bolsa de valores e uma ex-Miss América – além dos monges da Índia que conduziam o retiro. Tive a honra de ser convidado por Tony e sua esposa para participar desse grupo e conhecer sua maravilhosa casa na ilha.

Foi uma comemoração perto de nove dias de intensa autoexploração, durante os quais tentamos realmente compreender a nós mesmos e ao nosso potencial. E, no último dia, nos foi dito que teríamos uma consulta particular com um monge que nos faria uma "revelação".

Por motivos que nunca vou conhecer, meu monge decidiu fazer a consulta no meio desse suntuoso jantar, imediatamente após o meu terceiro copo de vinho.

Mas quando seu monge chama, você atende.

"Onde você gostaria de ir?", perguntei.

"Vamos para a banheira", ele respondeu.

Naturalmente.

Fomos para a banheira de hidromassagem ao ar livre sob o estrelado céu de Fiji. Entrei na banheira. Ele se sentou na borda, os pés mergulhados na água. Ele me olhou e disse:

"Você sabe qual é o seu problema?"

"Não", respondi.

"Você tem baixa autoestima."

*Mas que raios...?*

"Eu não acho", respondi, da forma mais sensata possível, tentando ocultar minha crescente irritação. "Acho que sou muito confiante. Dirijo uma empresa. Estou entusiasmado com a minha vida..."

"Não, não, não, não e não", ele me interrompeu. "Você tem baixa autoestima. Essa é a causa de todos os seus problemas. Andei observando você. Quando você está debatendo ideias com seu parceiro e ele descarta uma delas, você fica agitado e na defensiva. Aposto que você tem problemas com sua mulher e aposto que você tem problemas com outras pessoas. Você não aceita críticas. E tudo por um motivo: você tem baixa autoestima."

Foi como um tapa no rosto. A água morna da banheira não estava mais tão agradável. O monge acertou em cheio. E após nove dias de meditação e autorreflexão, eu estava mais aberto a esse tipo de revelação, mesmo sendo difícil de ouvir.

Eu era exageradamente defensivo durante os debates, principalmente com meu sócio. Muitas vezes eu me sentia magoado ou incompreendido em situações familiares. Mas o verdadeiro problema não era que alguém estava tentando desmerecer minha ideia, não me dando atenção ou me entendendo mal. Tudo se resumia a uma crença profundamente arraigada de que eu, sozinho, *não era suficiente*.

Por esse motivo, eu ficava na defensiva em reuniões. Eu sentia que desmerecer a minha ideia era o mesmo que desmerecer *a mim*.

Foi por isso que me tornei um empreendedor. Para provar que eu era digno de apreciação e suficiente.

Foi por isso que montei o escritório mais bonito da cidade. Para provar que eu era capaz de fazê-lo.

Foi por isso que fiquei rico. Para provar que eu era capaz.

Pude ver como essa crença de que eu precisava provar que era capaz – esse modelo de realidade a que tinha me apegado por tanto tempo – tinha me jogado nos braços do sucesso. Mas eu também pude ver como a ideia de que tinha de provar minha capacidade tinha causado grande sofrimento em minha vida. Seria possível que sem essa crença limitante eu pudesse ter sido até mais bem-sucedido em meu trabalho e nos relacionamentos – sem pagar um preço pessoal tão elevado?

O que poderia acontecer se eu desenvolvesse a crença de que era capaz e não tinha nada a provar?

Muitas vezes, os nossos modelos de realidade são desconhecidos para nós. Sabemos que adotamos alguns modelos. Por exemplo, sei que acredito na importância de ter uma vocação, no poder da gratidão e em ser gentil com as pessoas com quem trabalho. Mas também temos modelos de realidade encravados em nosso interior dos quais geralmente não temos consciência. As coisas nas quais você sabe acreditar são muito menores do que as que não sabe acreditar.

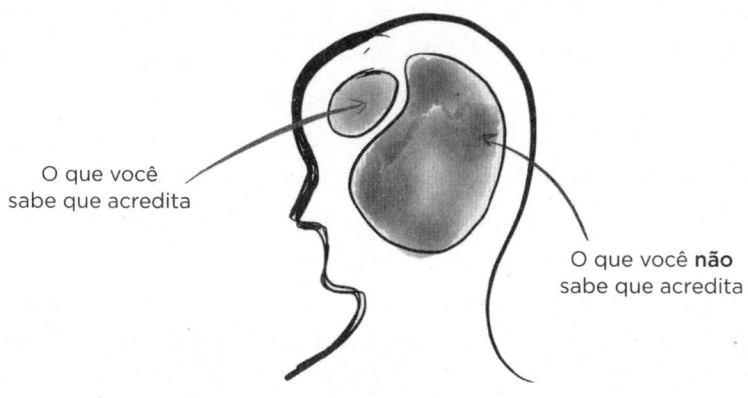

> **LIÇÃO 1:** Nossos modelos de realidade encontram-se abaixo da superfície. Muitas vezes, não percebemos que os temos até que alguma intervenção ou prática contemplativa os revele para nós.

O que você sabe que acredita

O que você **não** sabe que acredita

SUA CONSCIÊNCIA DE SUAS CRENÇAS

Grande parte de ficar mais sábio e caminhar na direção do extraordinário trata realmente de se conscientizar dos modelos de realidade que você carrega sem perceber.

Eu não sabia que carregava a crença de que não era capaz. Identificá-la e aprender a resolvê-la exerceu um impacto imenso na qualidade da minha vida e em como eu me comportava como amigo, parceiro e amante.

Neste capítulo, vamos explorar como nossos modelos de realidade literalmente criam um mundo que corresponda a eles. Também exploraremos como podemos nos tornar mais conscientes dos modelos ocultos e então como trocar os prejudiciais por modelos atualizados. O primeiro passo é descobrir como aceitamos esses modelos.

## A GAROTA DO BAILE

De onde vêm a crença de que "não sou capaz" e outros modelos limitantes de realidade? Para a maioria de nós, eles vêm de nossa infância.

Cresci em Kuala Lumpur, Malásia, mas era originário do norte da Índia, portanto tinha aparência diferente da de outras crianças na escola, que tinham origem na China ou no sudeste da Ásia. Minha pele tinha cor diferente, meu nariz era maior, meu corpo tinha mais pelos. Foi difícil fazer parte da minoria. Na escola elementar, eu era ridicularizado e xingado, inclusive de Menino Gorila, porque tinha as pernas peludas e Nariz de Gancho, por causa do meu grande nariz romano. Como resultado, cresci acreditando que era diferente. Detestava meu nariz comprido e minhas pernas de "gorila".

Quando completei 13 anos, meu pai me inscreveu em uma escola particular para crianças expatriadas. Cercado pela diversidade, com crianças de cerca de 15 países na classe, eu me senti quase normal. Mas a adolescência trouxe outros desafios. Desenvolvi uma acne crônica grave que me fez aterrissar em consultórios de dermatologistas e passei a tomar remédios contra acne frequentemente aos 16. Isso me fez ganhar outro apelido na escola: Cara de Espinha. Piorei. Na adolescência, minha visão deteriorou a ponto de eu ter de usar óculos com lentes supergrossas. Eles quebravam com frequência, e eu os colava com fita adesiva, tornando-se um estereótipo do nerd ambulante com fita nos óculos. Como você pode imaginar, minha adolescência não foi muito fácil.

As crenças negativas sobre minha aparência destruíram minha confiança nas primeiras décadas da vida. Eu era socialmente desajustado. Eu mal saía com amigos. Eu me apaixonava pelas garotas, mas nunca tive coragem de convidar uma delas para sair.

Na faculdade, na Universidade de Michigan, eu me vi como o geek de engenharia, o cara que as garotas podiam querer como amigo, mas que ninguém queria namorar. Assim, eu me encontrei aos 22 anos, jovem aluno da faculdade, sem nunca ter tido uma namorada.

Então algo mudou. E começou com um beijo.

Aconteceu em um baile da faculdade. Eu tinha tomado cerveja demais, o que provavelmente é o único motivo de eu estar dançando com a garota mais bonita do salão. O nome dela era Mary. Eu a conhecia há anos e sempre a admirara, mas ela estava fora do meu alcance.

Até hoje não sei o que me deu, mas, enquanto dançávamos, eu me inclinei e a beijei. Recuei imediatamente, murmurando alguma coisa como: "Sinto muito... não queria fazer isso". Imaginei que Mary fosse ficar ofendida. Em vez disso, ela me olhou e disse: "Você está brincando? Você é um tesão". Então a garota mais bonita do salão me agarrou e grudou os lábios aos meus. Uma coisa levou à outra e essa acabou sendo uma das noites mais fantásticas da minha vida na faculdade.

Quando um modelo de realidade muda, a forma que você atua no mundo também muda. Acordei no dia seguinte me sentindo como se tivesse despertado em uma realidade totalmente nova. Se Mary, a garota mais bonita no salão, me achava um tesão, talvez eu não fosse tão sem atrativos assim e talvez outras mulheres pudessem pensar o mesmo.

A compreensão desse fato acabou com a crença de que eu era invisível para as mulheres. Ela mudou radicalmente minha capacidade de me comunicar com o sexo oposto. Graças a Mary, minha vida de encontros decolou. Nada na minha aparência tinha mudado. Contudo, armado de um novo modelo de realidade sobre minha atratividade, repentinamente eu parecia um ímã em relação à atenção feminina. Foi surpreendente como uma crença, ao ser mudada, pôde criar uma reviravolta tão extraordinária em meu mundo.

Pouco tempo depois, aproximei-me de outra mulher maravilhosa, Kristina, por quem me sentia atraído há muito tempo. Eu a conhecia há anos como amiga e sempre a considerei a mulher dos meus sonhos. Linda, ousada, muito inteligente. E ruiva. Adoro ruivas.

Mas, desta vez, com meu novo modelo de realidade, aproximei-me dela de uma forma diferente. Começamos a namorar. Três anos depois, pedi-a em casamento. Hoje, 15 anos depois, ainda estamos juntos, com dois filhos maravilhosos.

Agora, subo ao palco sem me sentir esquisito. Fico diante de uma câmera sem receios sobre minha aparência. Tudo porque uma garota que eu admirava me ajudou a afastar um modelo de realidade antigo. Eu tinha muitas outras crenças prejudiciais para curar, mas tinha a prova de que, com o poder adequado, até mesmo modelos de realidade da infância profundamente arraigados podem ser totalmente derrubados. E quando isso ocorre, as recompensas podem ser incríveis.

**LIÇÃO 2:** Muitas vezes carregamos modelos de realidade incapacitantes que herdamos na infância.

## A HIPNOTIZADORA NO QUARTO DE HOTEL

Em 2015, tive uma experiência que me ajudou a derrubar outro modelo de realidade que exercia um impacto incrivelmente limitante em minha vida: eu não conseguia guardar dinheiro. Meu negócio ia bem, mas eu ficava extremamente desconfortável em assumir os ganhos financeiros. Meu evento parecido com um festival, A-Fest, por exemplo, era lucrativo, mas eu me desfazia de todo o lucro em prol de boas causas sem realmente ficar com uma parte para mim como recompensa. Eu era coautor de vários cursos de desenvolvimento pessoal, mas nunca negociei para receber os royalties mais elevados que merecia. Esse desprendimento dos bens materiais não era uma coisa completamente ruim, mas eu também senti que ele tinha um lado negativo, visto que podia limitar o crescimento de meus negócios e projetos.

Em 2015, eu estava realizando outro grande A-Fest, um festival que eu tinha fundado em 2010, desta vez em Dubrovnik, Croácia. O evento tinha acabado de chegar ao fim e centenas de participantes estavam voltando para casa. Ao entrar no restaurante com vista para o mar Adriático, eu vi a hipnoterapeuta Marisa Peer e seu marido, o empreendedor britânico John Davy, tomando café da manhã.

Marisa é uma pessoa extraordinária que ajudou pessoas com graves problemas a conquistar profundos avanços no crescimento pessoal muito depressa. É uma das mais poderosas transformadoras de sistemas de crenças humanas que já encontrei; seu trabalho e seus resultados são lendários. Ela tem a família real britânica e celebridades de Hollywood entre seus clientes.

A palestra de Marisa no A-Fest tinha feito o público aplaudi-la de pé, e ela foi considerada a melhor palestrante do evento. Em sua apresentação, Marisa explicou que o maior mal que aflige os seres humanos é a ideia de que "eu não sou capaz". Essa crença da infância é levada para a vida adulta e se torna a principal causa de vários problemas.

Enquanto tomávamos café e discutíamos seu trabalho, perguntei a Marisa se ela poderia me hipnotizar. Eu nunca tinha feito hipnoterapia e estava curioso sobre seus efeitos.

Algumas horas depois, Marisa foi à minha suíte no hotel e conversamos sobre meus objetivos para a sessão. Minha meta era a seguinte: eu queria compreender minha atitude em relação ao dinheiro. Eu me perguntava se ela estava ligada a alguns modelos de realidade dos quais precisava me livrar.

Marisa me guiou por uma regressão, examinando lembranças e imagens de minha vida. Eu me senti como se estivesse partindo para um ligeiro cochilo enquanto ela me conduzia com a voz.

"Volte para um momento em seu passado quando você adotou essa crença pela primeira vez", ela disse.

De repente, vi o sr. John, um professor que tive na adolescência. Eu o adorava, e ele era um professor incrível. Mas, apesar de todos na classe gostarem dele, todos tínhamos pena dele. Ele sempre parecia muito só. Sabíamos que a mulher dele o tinha deixado. Sabíamos que ele vivia em um pequeno apartamento e não tinha muito dinheiro. Mas o adorávamos; passávamos muito tempo falando sobre o grande sujeito que ele era e como era triste ele estar nessa situação.

"Você pode ver um padrão de pensamento que talvez você tenha desenvolvido a partir desse momento?", Marisa perguntou. E eu me dei conta de que a Regra Estúpida que eu tinha internalizado era:

*Para ser um excelente professor, é preciso sofrer.*

Eu me via como professor porque gerenciava uma empresa de educação e falo e escrevo sobre desenvolvimento pessoal. E eu adotava uma crença inconsciente de que tinha de sofrer para ser um ótimo professor – que no meu caso se manifestava como estando sem dinheiro.

Mas Marisa não parou aí. Ela me fez regredir a outro momento. Eu me vi no banco de trás do carro de meus pais. Era meu aniversário. Eu devia ter uns nove anos. Meus pais estavam me levando a uma loja para comprar um presente de aniversário. Eu fingi estar dormindo, mas ouvi os dois conversando de um jeito preocupado sobre dinheiro. Na época, meus pais não eram ricos, mas tinham o suficiente. Minha mãe era professora em uma escola pública e meu pai era um pequeno empresário. Eu me lembro de me sentir dominado pela culpa em relação ao presente de aniversário. Na loja, escolhi um livro.

"Só isso?", minha mãe perguntou. "Você pode escolher mais alguma coisa." Então eu escolhi um bastão de hóquei. Ela disse:

"É seu aniversário. Pode escolher mais do que isso."

Mas eu não queria sobrecarregar meus pais com mais despesas. Essa lembrança cristalizou outro modelo de realidade que eu carregava comigo:

*Não peça demais, porque alguém vai ficar magoado se você o fizer.*

Continuamos com a sessão. Regredi a outro momento. Eu tinha 16 anos e me encontrava sob o sol quente em uma quadra de basquete. O diretor da escola, um antigo halterofilista corpulento que, por algum motivo, parecia me desprezar, apesar de eu ser um ótimo aluno, estava me pressionando. Naquele dia, eu tinha esquecido o calção para a aula de educação física. Ele me puniu por essa pequena infração fazendo-me ficar parado no sol por duas horas. Então, porque eu não parecia amedrontado, ele aumentou o castigo ligando para o meu pai na minha frente e dizendo para mim: "Você está expulso da escola". Então ele se afastou.

Quando meu pai chegou à escola, o diretor lhe disse: "Na verdade, não estou expulsando seu filho. Só estou tentando assustá-lo para lhe ensinar uma lição". Meu pai estava lívido e o confrontou sobre esse comportamento extremado devido a uma infração tão insignificante.

Eu aceitei ser tratado dessa maneira.

"Agora que você é adulto, você pode entender por que ele agiu assim com você?", Marisa perguntou. Mais uma Regra Estúpida surgiu em minha mente:

*Não se destaque. Não é seguro se destacar.*

Imediatamente percebi como esses três modelos de realidade da infância estavam me impedindo de avançar de inúmeras formas. Minhas crenças de que era perigoso se sobressair, de que ser um bom professor significava não ter dinheiro e que eu desapontaria ou magoaria as pessoas se pedisse coisas demais estavam minando minha segurança. Eu nunca tinha me dado conta de que adotava essas crenças. Quando elas foram removidas, mudanças importantes ocorreram em minha vida.

O que aconteceu nos meses seguintes foi incrível. Como a crença sobre me sobressair desapareceu, comecei a falar mais. Quase imediatamente fechei duas palestras importantes e o maior pagamento que já tinha recebido. Fiquei diante da câmera e contratei minha primeira empresa de RP. Parecia que pedidos de entrevista e aparições saíam do nada. Fui capa de três revistas, fiquei mais ativo na mídia social e notei grandes aumentos na quantidade de seguidores no Facebook.

Eu também decidi que não seria mais um professor em dificuldades. Eu me concedi o primeiro aumento em cinco anos.

O resultado? Dobrei minha renda em apenas quatro meses. Meus negócios também começaram a crescer. Atingimos novos patamares de ganhos. Acontece que minhas crenças não só refreavam o meu progresso, mas também refreavam meus negócios e todos que trabalhavam para mim. Essas experiências me provaram que apagar velhos modelos de realidade pode exercer um impacto profundo em nossa vida.

> **LIÇÃO 3:** Quando se substitui modelos de realidade debilitantes por outros que lhe permitem progredir, podem ocorrer mudanças tremendas em um ritmo muito acelerado.

## A MÁQUINA QUE FABRICA SIGNIFICADOS EM NOSSA CABEÇA

Quase todos nós temos nossas próprias versões de crenças debilitantes. Crenças sobre como trabalhamos, sobre nossa relação com o dinheiro, sobre nossa autoestima. Essas crenças podem vir de uma fonte inesperada: um professor que o agride, escutar uma conversa dos pais ou outras figuras de autoridade, ou a atenção (ou a falta de) por parte de pessoas por quem somos atraídos.

Quando acreditamos que essas coisas são verdadeiras, elas se *tornam* verdadeiras. Todos nós vemos o mundo através de lentes próprias, coloridas pelas experiências, significados e crenças que acumulamos ao longo dos anos.

É como se tivéssemos uma máquina que fabrica significados em nossa mente que começa a funcionar e cria Regras Estúpidas para cada experiência que vivemos. Assim, as crianças me perturbam e me xingam: isso significa que devo ser feio. Não importa que uma explicação mais lógica fosse que essas crianças estivessem apenas sendo crianças, e às vezes crianças se divertem às custas de outras. Mas, quando criança, eu não tinha maturidade suficiente para compreender esse fato, então instalei o modelo de realidade de que não era atraente.

A máquina que fabrica significados nunca descansa. Ela funciona durante a infância e também na vida adulta: enquanto se está em um encontro, lidando com o parceiro e os filhos, interagindo com o chefe, tentando fechar um negócio, recebendo um aumento (ou não) e muito mais.

Damos significados a cada situação que vemos e então os carregamos pela vida como modelos de realidade sobre o mundo simplistas e, muitas vezes, perigosos. Então agimos como se essas crenças fossem leis. As experiências que acabei de descrever provaram esse fato para mim, mas os cientistas estão começando a estudar esse fenômeno, e os resultados são surpreendentes. Embora a má notícia seja que nossos modelos de realidade podem causar estresse, tristeza, solidão e preocupação, a boa notícia é que podemos melhorá-los. Quando adotamos modelos otimizados que funcionam melhor, melhoramos extraordinariamente nossa vida.

Aqui estão somente alguns dos estudos fantásticos que falam da força de nossas crenças.

## COMO AS NOSSAS CRENÇAS AFETAM NOSSA APARÊNCIA E NOSSA SAÚDE

Uma sugestão simples pode mudar o que pensamos a nosso respeito e até nosso corpo, por dentro e por fora. Em seu relatório na revista *Psychological Science*, sobre o famoso estudo sobre as camareiras de hotel, as pesquisadoras notaram que, só por "ouvirem que o trabalho que fazem (limpando quartos de hotel) é um bom exercício e satisfaz as recomendações médicas para um estilo de vida ativo", as mulheres "sentiram-se como fazendo muito mais exercício do que antes" e "mostraram uma redução de peso, pressão arterial, gordura corporal, relação cintura/quadril, e índice de massa corporal" comparadas às que não ouviram essas palavras.

Ainda mais estranho, em um estudo de 1994, dez homens com dor no joelho concordaram com uma proposta intrigante. Eles se submeteriam a uma cirurgia artroscópica, mas nem todos seriam submetidos à cirurgia total. J. Bruce Moseley, médico, estava prestes a testar uma ideia de que o efeito placebo tão comum com simples comprimidos poderia, de fato, se estender a alguns problemas mais graves, incluindo alguns que exigissem cirurgia. Os homens fariam a preparação total para a cirurgia e deixariam o hospital com muletas e analgésicos. Mas o dr. Moseley realizou a cirurgia apenas em dois. Em três outros, ele realizou apenas uma parte do procedimento. Nos joelhos dos cinco restantes, ele fez somente três incisões para que os pacientes as vissem e sentissem as cicatrizes, mas não realizou uma cirurgia de fato. Mesmo o médico não sabia a que procedimento cada paciente seria submetido antes de realizar a cirurgia, de modo que ele não pudesse informar os pacientes inconscientemente de algum modo. Quando os dez homens deixaram o hospital, todos *acreditavam* que tinham sido submetidos à cirurgia para aliviar seu problema.

Seis meses depois, nenhum dos homens sabia quem tinha realizado a cirurgia real ou a falsa. No entanto, todos os dez afirmaram que a dor tinha sido muito reduzida.

Imagine só! Uma melhoria significativa de um problema físico grave para o qual tinha sido realizada uma cirurgia – só que nenhuma cirurgia havia sido feita.

O efeito placebo, como é geralmente conhecido, pode ser tão poderoso que todas as drogas modernas precisam ser testadas em comparação a um placebo antes de serem liberadas para o público. Segundo a revista *Wired*, "metade de todas as drogas que falham em estágios finais de experimentos é eliminada devido a sua incapacidade de vencer placebos". O trabalho de Moseley agitou a comunidade médica ao mostrar que o efeito placebo pode ser aplicado a doenças para as quais estavam realizando cirurgias. Nossas crenças sobre nosso corpo parecem exercer um impacto incomum em como o experimentamos – pelo bem e pelo mal.

## COMO AS NOSSAS CRENÇAS INFLUENCIAM OS OUTROS

Se as nossas crenças podem influenciar nosso corpo de uma forma tão extraordinária, o que mais podem fazer? Podem elas influenciar as pessoas que nos cercam?

Os importantes estudos realizados por Robert Rosenthal, PhD, sobre os *efeitos da expectativa* provam exatamente quanto as nossas vidas são afetadas pelos modelos de realidade de terceiros, por mais verdadeiros ou falsos que sejam. Depois de descobrir que mesmo ratos de laboratório percorriam labirintos com maior ou menor eficiência, dependendo das expectativas dos pesquisadores que realizavam seu treinamento (basicamente, foi dito a eles que os ratos eram mais ou menos espertos quando, na verdade, todos os ratos eram, bem, apenas ratos), o dr. Rosenthal levou a pesquisa para a sala de aula. Primeiro, ele administrou um teste de QI nos estudantes. Depois, foi dito aos professores que cinco alunos em especial tinham alcançado pontos particularmente altos e provavelmente atingiriam resultados melhores que os demais. Na verdade, os alunos foram selecionados ao acaso. Mas sabem o que aconteceu? Embora o QI de todos tivesse aumentado ao longo do ano letivo, aqueles cinco obtiveram resultados muito melhores. As descobertas agora famosas, publicadas em 1968, foram chamadas de Efeito Pigmaleão, por causa do mito de Pigmaleão, que se apaixonou pela escultura de uma linda mulher que criou vida – de forma semelhante, as expectativas dos professores em relação aos cinco estudantes se tornaram realidade.

O dr. Rosenthal e seus colegas passaram os 30 anos seguintes verificando o efeito e aprendendo como ele ocorre. Ele também foi observado em ambientes de negócios, em salas de tribunal e creches. Resultado: as suas crenças podem influenciá-lo e as pessoas que o cercam. Você recebe o que espera.

Criamos modelos de realidade sobre os comportamentos de nossos cônjuges, namorados, chefes, empregados, filhos, mas, como a pesquisa mostra, as nossas crenças influenciam a maneira pela qual os outros reagem a nós. Quantas características irritantes ou negativas que você vê nos outros são realmente uma crença que você projeta neles?

Isso nos leva à Lei 4:

> **LEI 4: REESCREVA SEUS MODELOS DE REALIDADE**
> Mentes extraordinárias têm modelos de realidade que lhes permitem sentir-se bem consigo mesmas e poderosas para mudar o mundo para que corresponda às visões em suas mentes.

## MODELOS MAIS SAUDÁVEIS PARA NÓS E NOSSOS FILHOS

Cada modelo de realidade prejudicial que temos não é nada mais do que uma Regra Estúpida que estabelecemos para nós mesmos – e, como qualquer Regra Estúpida, deveria ser questionado.

O monge na banheira me ajudou a ver além de uma Regra Estúpida de que eu tinha de provar meu valor para validar minha autoestima. O beijo de Mary estilhaçou minha Regra Estúpida de que eu não era atraente para as mulheres. Minha sessão com Marisa estilhaçou minhas Regras Estúpidas de que somente os que sofrem são bons professores e que minha visibilidade e sucesso poderiam prejudicar a mim ou aos outros.

Onde se originam essas Regras Estúpidas?

Elas têm a ver com o modo pelo qual fomos criados.

No Capítulo 2, citei o historiador Yuval Noah Harari, PhD, que comparou crianças a vidro derretido quando nascem. Crianças são incrivelmente maleáveis, adotando uma enorme série de crenças enquanto crescem e dando significado ao mundo que as cerca. Antes dos nove anos de idade, somos especialmente suscetíveis a criar falsos significados e então nos prender a eles como modelos de realidade debilitantes.

Enquanto trabalhamos para remover nossos modelos limitantes, é essencial também garantir que não estejamos inundando nossos filhos com modelos prejudiciais. Incidentalmente, as ideias a seguir podem ser aplicadas também na interação com adultos. Lembre-se, nossa máquina de fabricação de significados nunca desliga – ela não para só porque não somos mais crianças. Sempre há oportunidades para ajudar outras pessoas a desenvolver novas crenças e se livrar das velhas e destrutivas.

## Como nascem as crenças

A escritora Shelly Lefkoe e o falecido marido, Morty – que morreu enquanto eu escrevia este livro –, desenvolveram uma incrível compreensão de como as crenças influenciam nossas vidas. Certa vez, perguntei a Shelly: "Qual seria o melhor conselho que você daria aos pais?".

Shelly disse o seguinte: "Não importa o que você faça, em qualquer situação com seu filho, pergunte-se: *Que crença meu filho vai assimilar dessa circunstância? O seu filho vai se afastar pensando: Acabo de cometer um erro e aprendi uma coisa ótima, ou sou insignificante?*".

Há muitas oportunidades para praticar esse sábio conselho.

Suponha que você está à mesa do jantar com seus filhos e seu filho deixa cair o garfo no chão. Você pode dizer: "Billy, não faça isso". Então ele joga a colher no chão. Você diz: "Billy, EU JÁ FALEI PARA NÃO FAZER ISSO. Você vai ficar parado no canto por dez minutos e pensar no que fez".

Bem, você pode pensar que essa é uma forma adequada de lidar com a situação. Você estava calmo. Você simplesmente colocou Billy de castigo. Mas você está desperdiçando a chance de influenciar as crenças que Billy possa estar desenvolvendo a partir do que aconteceu. Lembre-se de se perguntar: "Que crenças meu filho vai assimilar com essa situação?".

Talvez Billy tenha derrubado o garfo por acidente, então quando você o repreendeu, ele ficou confuso: "Por que minha mãe não confia em mim?".

Ele derruba a colher para validar essa crença e, com certeza, a mãe se zanga e o coloca de castigo. Agora ele forma uma nova crença: *Mamãe não confia em mim*. No canto, Billy forma mais uma crença: *Eu não valho nada* e *Eu não tenho o direito de dizer o que penso*.

Percebe como a força da máquina de fabricar significados se amplifica?

Shelly aconselha que, ao fim de uma situação como essa, você pergunte ao seu filho: "Billy, o que aconteceu? Qual é a consequência? O que você pode aprender aqui?".

Shelly deixa muito claro. Não pergunte a Billy: "Por que você fez isso?". Perguntas com por que encurralam a criança e a colocam na defensiva. Um dos motivos é que a criança é emocional, e até muitos adultos não sabem responder por que quando dominados pela emoção. Outro motivo é que não é adequado esperar que o seu filho pequeno seja psicologicamente sensato a ponto de mergulhar em sua mente e responder com precisão por que fez o que fez.

Em vez disso, faça pergunta com *o que*: "Billy, o que aconteceu que fez você derrubar a colher?". Isso permite a ele olhar para dentro de si mesmo e pensar. Ele pode responder: "Eu a derrubei porque achei que você não estava me ouvindo". Perguntas com *o que* permitem que você atinja a raiz do problema e trabalhe para solucioná-lo mais depressa.

Shelly observa que por que tem a ver com significado, e significado é sempre criado – um constructo mental do mundo da verdade relativa. Mesmo que Billy soubesse por que derrubou a colher, isso não seria empoderador. Chegar ao fundo da situação em si – descobrindo *o que* – permite-lhe trabalhar com seu filho para fazer algo a respeito. Resumindo, Shelly sugere que, quando você se afastar de uma interação com seu filho, pergunte-se: *O que meu filho concluiu a partir dessa interação?* O seu filho se afastou pensando: *Sou um vencedor ou um perdedor? Cometi um erro e aprendi algo novo* ou *Eu sou um idiota?*

Então, mesmo que você não tenha filhos, a ideia aqui é bastante profunda. Imagine todas as crenças perigosas que você pode ter adotado em relação ao mundo mesmo quando as pessoas ao seu redor tinham boas intenções, sem mencionar o que aconteceu quando as intenções das pessoas nem sempre foram as melhores.

## EXERCÍCIOS NOTURNOS PARA RESTAURAR CRENÇAS

Compreender o quanto absorvemos quando crianças me tornou excepcionalmente cuidadoso em relação ao que digo aos meus filhos. Ao longo do tempo, desenvolvi a capacidade de remover crenças negativas em meus filhos antes que elas permanecessem tempo demais.

Todas as noites, depois do trabalho, tento passar algum tempo com meu filho Hayden. Nós chamamos esse tempo de tempo de Hayden e papai. Depois de brincar com Lego ou ler livros, ponho Hayden na cama. Enquanto isso, faço duas perguntas simples que espero que terminem o dia de modo positivo. Primeiro, peço que ele pense em algo naquele dia pelo qual se sinta agradecido. Podem ser os lençóis macios em que está dormindo, um amigo com quem brincou, uma conversa que tivemos ou um livro que ele leu. Mostro que ele pode ficar agradecido por qualquer coisa. Depois, pergunto: "Hayden, o que o deixou satisfeito consigo mesmo hoje?". Peço-lhe que fale sobre algo que fez. Talvez fosse um ato de generosidade – ele ajudou outra criança na escola. Ou uma demonstração de inteligência – algo que ele descobriu ou algo inteligente que disse. Talvez ele tenha sido útil – o jeito como ajudou a cuidar da irmãzinha. Se ele não consegue pensar em nada, eu falo algo que gosto nele. Enquanto brincamos antes de dormir, tento notar pequenas coisas sobre ele. Quando o coloco na cama, conto o que vi. Na semana passada, foi: "Adoro as perguntas que você faz sobre ciências. Acho que você tem uma cabeça ótima para resolver problemas." Se você puder fazer isso por seus filhos, vai acabar criando pessoas muito mais resistentes às Regras Estúpidas, porque, dentro de si, eles são muito mais seguros.

Instilar esse hábito na vida de Hayden é meu jeito de tentar manter seus modelos de realidade livres de Regras Estúpidas antes que eles se formem – mas nunca é tarde demais para começar. Encorajo você a integrar esses exercícios a sua rotina noturna para que você, também, tenha uma forma de arrancar quaisquer modelos de realidade prejudiciais antes que se instalem. Esses dois exercícios para antes de dormir funcionam tão bem para adultos quanto para crianças. Experimente realizá-los com seus filhos – ou consigo mesmo – todas as noites antes de ir para a cama.

**EXERCÍCIO: O EXERCÍCIO DE GRATIDÃO**

Use alguns minutos e pense em cinco coisas pelas quais se sente agradecido hoje:

- Talvez seja a sensação do sol em seu rosto quando saiu de casa pela manhã.
- Ou a música que ouviu a caminho do trabalho.
- Foi o sorriso e o obrigado que você trocou com a vendedora de uma loja?
- Ou o riso que dividiu com colegas de trabalho?
- Talvez seja aquele olhar especial que seu parceiro, melhor amigo, filho ou animal de estimação lhe deu.
- Ou as boas dicas de exercício recebidas pelo treinador na academia.
- Ou foi apenas a ótima sensação de chegar em casa, tirar os sapatos e terminar o dia?

**EXERCÍCIO: O EXERCÍCIO DO "QUE AMO EM MIM"**

Pense em uma qualidade ou uma atitude sua que o deixou orgulhoso hoje. Talvez ninguém tenha dito que gostou, mas é hora de você ratificá-la para si mesmo. Pense no que você pode amar em si mesmo como ser humano. É o seu jeito especial de ser? Você solucionou um problema difícil no trabalho? É o seu jeito com animais? Seus passos de dança? Sua habilidade no basquete? Aquela refeição fantástica que você preparou na noite anterior? Como você manteve a calma quando seu filho derramou leite no chão do restaurante? Você pode identificar qualidades grandes ou pequenas, mas deve escolher de três a cinco coisas todos os dias que o deixem orgulhoso por ser quem é.

Você pode praticar essa simples autoafirmação pela manhã ao acordar, ou antes de dormir. Para mim, ela me ajudou a curar grande parte dos fatos que o monge observou na noite na hidromassagem.

Marisa Peer sugere que todos nós temos uma criança em nosso interior que nunca recebeu todo o amor e apreço que merece. Não podemos voltar e consertar o passado. Mas podemos assumir a responsabilidade de nos curar agora, dando-nos o amor e apreço pelo qual um dia ansiamos.

## MODELOS EXTERNOS DE REALIDADE

Até aqui analisamos modelos internos de realidade, modelos que têm a ver com a forma como percebemos a nós mesmos. Contudo, modelos externos de realidade são igualmente poderosos em nossa vida. Os seus modelos de realidade externos são as crenças que você pratica em relação ao mundo a sua volta.

A seguir estão quatro dos modelos novos mais poderosos que decidi serem verdadeiros em relação ao mundo.

Passei a aceitá-los à medida que passava pela vida. Eles substituíram modelos mais velhos e menos desenvolvidos e agregaram muito valor a minha vida. Leia-os com a mente aberta.

### 1. Todos nós somos dotados de intuição

Este modelo de realidade substituiu um modelo mais antigo de que todo o "conhecimento" vem puramente de fatos e dados concretos. Hoje acredito com firmeza na intuição e a uso em minha vida. Ela me ajuda a tomar decisões melhores, saber quem contratar e até me ajuda em buscas criativas, como escrever este livro. Lembra como a minha carreira de vendas por telefone decolou quando usei a intuição como parte da estratégia de vendas? Os seres humanos podem funcionar como seres lógicos *e* como seres intuitivos. Quando usamos ambas as capacidades, estamos nos preparando para resultados extraordinários.

A ciência está descobrindo que atuamos em dois níveis. Um é o que podemos chamar de instinto, que funciona abaixo da consciência racional. Ele está conectado a áreas históricas do cérebro e é extremamente rápido. O outro é o lado racional que evoluiu mais tarde e com que contamos fortemente em nossa vida hoje em dia.

Em um estudo, os cientistas deram aos participantes dois baralhos e lhes disseram que jogariam por dinheiro. Sem que os jogadores soubessem, ambos os baralhos estavam arranjados de uma determinada forma, como uma montanha-russa – grandes ganhos, grandes perdas; e outra em um passeio mais suave – pequenos ganhos, menos perdas. Depois de tirar umas 50 cartas, os jogadores suspeitaram de que um baralho prometia um passeio mais suave. Ao chegar a cerca de 80 cartas, eles tinham deduzido toda a artimanha. Mas há uma coisa: suas glândulas sudoríparas sabiam que algo estava acontecendo depois de apenas dez cartas. Sim, essas glândulas na palma das mãos dos jogadores se abriam um pouco a cada carta pedida do monte da montanha-russa. Não só isso, mas mais ou menos no mesmo tempo, os jogadores começaram a pedir mais cartas no monte do passeio suave sem mesmo se dar conta disso! Sua intuição reconheceu e, de alguma forma, os impeliu para a escolha mais segura.

Acredito que a intuição humana seja real, e com prática podemos melhorar a habilidade de recorrer a ela para tomar decisões. Não acredito que se possa prever o futuro, mas acredito no instinto para tomar decisões. Tento ouvir meu instinto todos os dias. Veja o que acontece se você tentar fazer o mesmo.

## 2. Há poder na cura mente-corpo

Mais cedo falei sobre a acne terrível que eu tinha quando adolescente. Com uma vida social reduzida, eu passava muito tempo lendo. Visualização criativa foi um dos temas que li. A visualização criativa é uma prática para mudar crenças pela meditação e então visualizar sua vida como quer que ela se desenvolva. Ela se baseia na ideia de que a mente subconsciente não pode diferenciar uma experiência real de uma imaginária. Assim, comecei a visualizar minha pele ficando melhor. Eu passava apenas três minutos por dia visualizando minha pele sendo submetida a um ritual de cura. Eu usei imagens que considerava poderosas: olhar para o céu, estender a mão, apanhar parte daquele azul radiante e passá-lo em meu rosto. Eu via o azul endurecendo e então o vi sendo retirado, levando com ele a pele morta, deixando uma pele nova e brilhante debaixo dela. Essencialmente, esse processo treina a mente subconsciente para desenvolver uma crença nova – no meu caso, *minha pele está ficando maravilhosa*.

Depois de um mês praticando essa técnica três vezes ao dia durante cinco minutos por vez, acabei com o problema da acne. A cura mente-corpo envolve a prática consciente de certas técnicas de consciência e visualização para curar certos aspectos de si mesmo. Eu tive acne durante cinco anos e procurei vários médicos sem resultado. Usando a visualização criativa, curei minha pele em quatro semanas – dando-me uma grande injeção de confiança e autoestima.

Para aqueles que gostariam de experimentar essa prática, eu gravei um vídeo explicando como trabalhei com a visualização criativa. Também explico o método exato que usei para curar a minha pele. Você pode fazer o seu download como parte dos recursos gratuitos em http://mindvalley.com/extraordinary.

## 3. Felicidade no trabalho é a nova produtividade

Quase todos nós somos aconselhados a trabalhar duro. Poucos são encorajados a trabalhar felizes. No mundo desenvolvido, passamos cerca de 70% de nosso tempo no trabalho, mas, segundo vários estudos, perto de 50% de nós não gostam de seus empregos. Essa é uma situação infeliz para bilhões de pessoas atualmente. A menos que você seja entusiasta de algum aspecto de seu trabalho, grande parte da vida vai parecer insatisfatória.

Acho que o trabalho deve ser algo que o inspire a saltar da cama todas as manhãs. Desde o início da Mindvalley, adotamos a ideia de que "a felicidade é a nova produtividade". Nossa cultura de trabalho singular é planejada para assegurar que, enquanto cumprem suas tarefas, os empregados tenham um grande prazer em realizá-las. Fazemos isso por meio de vários modelos e sistemas destinados a aumentar a felicidade. Entre eles estão investir em um escritório bonito e inspirador, oferecer horas de trabalho flexíveis, promover retiros anuais em ilhas paradisíacas quando alcançamos as metas, e reuniões sociais e festas quase todas as semanas para promover amizades e conexões.

Esta cultura de felicidade no trabalho ajuda significativamente a reduzir o imenso estresse de correr para construir uma empresa de rápido crescimento. Ela me ajudou a conservar a sanidade enquanto trabalho longas horas para atingir nossas metas. É possível levar uma cultura de felicidade para qualquer ambiente de trabalho. Quer você seja um CEO ou um freelance, um assistente ou um gerente, é criticamente importante que você encontre uma forma de gostar de seu trabalho. Almoce com alguém do escritório ou alguém de sua rede de relacionamentos profissionais uma vez por semana, até uma vez por mês. Elogie o trabalho de alguém todos os dias. Ou siga o conselho de Richard Branson. Ele disse: "Sempre acreditei que os benefícios de permitir que seus funcionários se divirtam muito ocasionalmente em uma reunião após o trabalho é um ingrediente extremamente importante na combinação de elementos que formam uma atmosfera familiar e uma cultura corporativa divertida e descontraída. Também ajuda muito derrubar qualquer imagem de hierarquia quando você vê a chefe dançar uma lambada com uma garrafa de cerveja na mão".

Resumindo, felicidade e trabalho precisam andar lado a lado.

---

Quer aprender mais sobre meus modelos para levar felicidade ao trabalho? Dei várias palestras detalhadas sobre meus métodos para injetar felicidade no trabalho para aumentar a produtividade de uma companhia de petróleo. Você pode assistir a vários TED Talks[*] ou uma sessão de treinamento de 90 minutos com informações sobre como aplicar esses modelos a sua empresa ou negócio. Ambos estão disponíveis em: http://www.mindvalley.com/extraordinary.

---

[*] Sigla de Tecnologia, Entretenimento e Design – conferências curtas gratuitas para disseminação de ideias. (N.T.)

## 4. É possível ser espiritual sem ser religioso

O modelo tradicional de realidade funciona assim: só posso ser espiritual se seguir uma determinada religião. Mas por que não considerar que o nosso eu espiritual existe separadamente de sistemas religiosos, e que a moralidade não depende da religião ou da crença em Deus?

A bondade, a generosidade e a Regra de Ouro não precisam ser ensinadas apenas pela religião. Segundo o livro *Good Without God* (Bom sem Deus), de Greg M. Epstein, o capelão humanista da universidade de Harvard, a quarta maior adesão no mundo atual depois do cristianismo, do islamismo e do hinduísmo é hoje o humanismo. O humanismo é a ideia de que não precisamos da religião para ser bons. Ele difere do ateísmo no sentido de que os humanistas acreditam que existe um "Deus", mas Ele certamente não é o ser crítico zangado criado por muitos textos religiosos. Em vez disso, para um humanista, "Deus" pode ser o universo, ou a conexão com a vida na Terra, ou o espírito. O humanismo está abrindo um novo caminho espiritual para pessoas que querem rejeitar as Regras Estúpidas da religião, mas não adotam o ateísmo. Hoje existe um bilhão de humanistas no planeta e esse número está aumentando.

Além de explorar o humanismo, você também pode tentar criar sua própria religião – rica em tradições e experiências autodescobertas, mas livre das Regras Estúpidas da religião organizada. Thomas Moore, em seu livro *A Religion of One's Own* [Uma religião própria], sugere que devemos todos criar nossa própria religião. Ele escreve:

> Este novo tipo de religião pede que você se afaste de ser um seguidor para ser um criador. Eu prevejo um novo tipo de criatividade espiritual, em que não mais decidiremos acreditar em um determinado credo e seguir certa tradição cegamente. Agora nos permitimos um ceticismo saudável e mesmo piedoso. Mais importante, já não sentimos pressão para escolher uma tradição em detrimento de outra, mas somos capazes de apreciar muitas rotas para a riqueza espiritual. Esta nova religião é uma mistura de inspiração individual e tradição inspiradora.

Pessoalmente, senti dificuldades quando deixei a religião. Eu acreditava em uma força maior, de modo que o ateísmo puro não me parecia certo.

Então comecei a explorar modelos como o humanismo e o panteísmo e encontrei minha resposta. Hoje combino ideias do humanismo, do panteísmo e práticas espirituais como a meditação com as crenças de minha família sobre o hinduísmo e o cristianismo, que eu escolho dependendo do quanto esses modelos parecem capazes de possibilitar meu progresso.

**EXERCÍCIO: EXAMINANDO SEUS MODELOS
DE CRENÇAS EM DOZE ÁREAS DE EQUILÍBRIO**

A seguir está uma lista das Doze Áreas de Equilíbrio do capítulo anterior. Em seu computador ou em seu diário, escreva os modelos de realidade que você tem em cada uma dessas categorias. Enumerei as mais comuns para você começar. Você vai notar uma correlação com seus resultados da classificação dessas categorias no Capítulo 3; em outras palavras, as categorias em que você obteve a pontuação mais baixa também devem abranger os modelos de crença mais prejudiciais.

1. SEU RELACIONAMENTO AMOROSO. Como você define amor? O que espera dar e receber em um relacionamento amoroso? Você acredita que o amor traz sofrimento? Você acredita que o amor pode ser duradouro? Você acredita que tem grande capacidade de amar? Você acredita que merece ser amado e valorizado?

2. SUAS AMIZADES. Como você define amizade? Você acredita que amizades podem ser duradouras? Você acredita que seus amigos tomam mais de você do que oferecem? Você acredita que fazer amigos é fácil ou difícil?

3. SUAS AVENTURAS. O que são aventuras para você? São viagens? Atividade física? Arte e cultura? Paisagens e sons urbanos ou rurais? Ver como as pessoas vivem em lugares totalmente diferentes de onde você mora? Você cria espaço e tempo para a aventura em sua vida? Você acredita que precisa poupar para a aposentadoria antes de fazer uma longa viagem? Você sentiria culpa se deixasse o trabalho ou a família para tirar férias sozinho? Você acha que gastar dinheiro em experiências como paraquedismo é futilidade?

4. SEU AMBIENTE. Onde você se sente mais feliz? Você está satisfeito com onde e como vive? Como você define "lar"? Que aspectos do seu ambiente são mais importantes para você (cores, sons, tipo de móveis, proximidade com a natureza ou aspectos culturais, capricho, nível de conveniência/itens de luxo etc.)? Você acredita que merece uma casa suntuosa, hospedar-se em hotéis cinco estrelas quando viaja e trabalhar em ambientes ótimos?

5. SUA SAÚDE E BEM-ESTAR. Como você define saúde física? Como você define uma alimentação saudável? Você acredita que tem tendência genética para a obesidade ou outros problemas de saúde? Você acredita que vai viver tanto ou mais que seus pais? Você acredita que está envelhecendo bem ou mal?

6. SUA VIDA INTELECTUAL. Quanto você está aprendendo? Quanto você está crescendo? Quanto controle você tem sobre sua mente e seus pensamentos diários? Você acredita que tem uma inteligência adequada para atingir suas metas?

7. SUAS HABILIDADES. Em que você se considera "bom"? E em que não é tão habilidoso? De onde vieram essas percepções? O que o impede de aprender coisas novas? Há habilidades que você está preparado para abandonar? O que o impede de fazer a mudança? Que habilidades especiais e traços de caráter você tem que considera valiosos? Em que você acha que é péssimo?

8. SUA VIDA ESPIRITUAL. Em que tipo de valores espirituais você acredita? Como você os pratica e com que frequência? Para você, a espiritualidade é uma experiência social ou individual? Você está preso a modelos de cultura e religião que têm poucos atrativos, mas tem medo de abandoná-los com receio de magoar outras pessoas?

9. SUA CARREIRA. Qual é a sua definição de trabalho? Como você define carreira? Quanto você gosta de sua carreira? Você sente que está sendo notado e valorizado em sua carreira? Você sente que tem o que é necessário para ter sucesso?

10. **SUA VIDA CRIATIVA.** Você se considera criativo? Há alguma pessoa criativa que você admira? O que você admira nela? Em que buscas criativas você se envolve? Você acredita que tem talento para um projeto criativo específico?

11. **SUA VIDA FAMILIAR.** Qual é seu principal papel como parceiro de vida? E como filho? Sua vida familiar é satisfatória? Quais eram seus valores sobre a formação de uma família? Você acha que uma família é uma carga ou um trunfo para sua felicidade?

12. **SUA VIDA COMUNITÁRIA.** Você partilha os valores da comunidade em que vive? Qual você considera ser o maior objetivo de uma comunidade? Você acha que é capaz de contribuir? Você sente vontade de contribuir?

## DUAS FERRAMENTAS PARA REESCREVER SEUS MODELOS DE REALIDADE

Depois de fazer o exercício acima, você deverá ter uma ideia dos modelos de realidade que precisa aperfeiçoar. Você não precisa se encontrar com monges em banheiras de hidromassagem ou se submeter à hipnose para aperfeiçoar seus modelos. (Porém, não seria ótimo se pudéssemos passar a um patamar mais elevado com um beijo?) Modelos ruins podem evaporar por meio de uma compreensão repentina – às vezes espontânea (como aconteceu comigo na hidromassagem) – ou por meio de meditação, leitura inspiradora, ou outras práticas de consciência, incluindo ficar sentado em uma sala sozinho, refletindo sobre a vida e perguntando-se: *Como passei a ter essa visão de mundo em especial?*

À medida que avança por este livro, você vai reunir informações e experiências que o surpreenderão, que o deixarão propenso a abandonar certos modelos debilitantes. Também haverá exercícios específicos que o ajudarão a se livrar de modelos por meio do despertar que eles causarão. Por ora, porém, aqui estão duas técnicas instantâneas que você pode aplicar a fim de remover modelos negativos de realidade que pode desenvolver no dia a dia. Ambas se baseiam na ideia de ativar sua mente racional antes de adotar um modelo inconscientemente.

## Questão 1: O meu modelo de realidade é uma verdade absoluta ou relativa?

Embora algumas coisas no mundo sejam verdades absolutas (elas são verdadeiras para todos os seres humanos em qualquer cultura – como a ideia de que os pais devem tomar conta dos filhos enquanto eles não podem cuidar de si mesmos, ou que todos precisamos comer para sobreviver), muitas coisas são apenas verdades relativas: elas são feitas de modo diferente em diferentes culturas, como certas formas de criar os filhos, comer, expressar-se espiritualmente, lidar com um relacionamento amoroso e muito mais.

O seu modelo é de realidade absoluta ou de verdade relativa? Se você adota um modelo que não é cientificamente validado, sinta-se à vontade para questioná-lo. Isso certamente se aplica a crenças religiosas. Um motivo pelo qual questionei as normas de minha cultura quando criança sobre comer carne bovina foi o fato de ter notado que milhões de pessoas em todo o mundo apreciavam carne bovina. Por que eu não podia?

Há algum aspecto de sua cultura que você sabe ser uma verdade relativa para a maior parte da humanidade? Se você ainda gosta de acreditar nela, continue assim. Mas se ela for prejudicial ou o obriga a se vestir de uma determinada maneira, casar de certo modo, ou restringir sua alimentação ou vida de um jeito que o desagrada, você deve a si mesmo abandoná-la. Regras Estúpidas são feitas para serem quebradas.

Lembre-se de que nenhuma cultura ou religião domina a maior parte do mundo hoje em dia. Nenhuma religião importante controla a maioria da população. Saiba que, não importa o que sua cultura o fez acreditar, a grande maioria dos seres humanos provavelmente não acredita nisso. E você também pode optar por desacreditar. O poder de escolher em que queremos acreditar ou não acreditar é um dos maiores presentes que podemos nos dar.

Muitas vezes, o melhor conselho é ouvir seu coração e a sua intuição. Lembre-se de que nossos modelos de realidade têm data de validade. Mesmo o que consideramos uma verdade absoluta hoje pode não ser uma verdade absoluta no futuro. Essa questão é maravilhosa para situações em que nossos modelos são ensinados por meio da cultura e da sociedade. Mas é importante compreender que nós também criamos modelos de realidade por meio de nossa máquina de fabricação de significados. É aqui que entra a Questão 2.

## Questão 2: Isso realmente significa o que eu penso que significa?

Morty e Shelly Lefkoe possuem um modelo interessante para hackear crenças que têm a ver com desligar a sua máquina de fabricação de significados. Segundo Morty, nós podemos fabricar uns 500 "significados" por semana. Mas, à medida que aprendemos a nos perguntar: *Isso é mesmo verdade? Tenho absoluta certeza de que é isso que está acontecendo?*, começamos a reduzir a quantidade de significados.

Morty diz que é fácil chegar de 500 a 200 por semana se você simplesmente fizer um inventário interno a intervalos regulares para checar se está criando significado onde ele não deve existir. Então passa a se tratar apenas de prática. Por fim, você para de colocar significado nos acontecimentos. Você vai reagir com menos intensidade ao estresse e ficar menos aborrecido com os outros em sua vida. Isso ajuda o seu casamento, e posso dizer que vai ajudar no relacionamento com seu chefe e colegas de trabalho. Como CEO que lidera uma equipe de 200 pessoas, constatei com frequência que os que controlam suas máquinas de fabricar significados no trabalho são líderes mais eficientes.

Assista a minha conversa com Morty. Eu gravei uma conversa mais longa com ele sobre o seu processo Lefkoe de crenças. Esse vídeo tem um grande significado para mim, já que foi o último treinamento realizado por Morty Lefkoe antes de morrer em novembro de 2015. Sinto que é meu dever dividir suas últimas palavras de sabedoria com você. Você pode assistir à experiência na íntegra em: http://www.mindvalley.com/extraordinary.

Acho que a melhor coisa que podemos fazer em relação a modelos de realidade ultrapassados é nos desapegarmos deles com elegância. Deixe-os para trás. Vamos celebrar nossa extraordinária capacidade de evoluir emocional, mental e espiritualmente pela vida, adotando novas ideias, pensamentos, filosofias e formas de ser e viver. Quando um número expressivo de pessoas questionarem as Regras Estúpidas e adotarem modelos aperfeiçoados, atingiremos um progresso evolucionário da raça humana. E quando um número significativo de pessoas otimizar seus modelos ao mesmo tempo, teremos uma mudança revolucionária que vai agir como uma atiradeira que nos lançará a uma nova ordem, impulsionada pelo ímpeto da mente coletiva.

A verdadeira excelência não é uma função de compreender a visão que se tem do mundo e encontrar nele ordem, lógica e espiritualidade. A verdadeira excelência é compreender por que a sua visão do mundo de ordem, lógica e espiritualidade é o que criou o seu mundo e, assim, ser capaz de mudar tudo sempre.
[MIKE DOOLEY]

Agora que você examinou com mais atenção como os modelos de realidade se instalam e identificou alguns dos principais modelos de realidade em sua vida, é hora de conectar essas informações à próxima etapa na engenharia da consciência. No próximo capítulo, você vai descobrir como o seu cotidiano – os seus sistemas de vida – se encaixa nos seus modelos e vai aprender a otimizar seus sistemas para se preparar para o extraordinário.

# 5. APRIMORE SEUS SISTEMAS DE VIDA

ONDE DESCOBRIMOS COMO MELHORAR NOSSA VIDA APRIMORANDO CONSTANTEMENTE NOSSOS SISTEMAS DIÁRIOS

Acho que é muito importante possuir um círculo de feedback, onde pensamos constantemente sobre as coisas que fizemos e como fazê-las melhor. Acho que este é um ótimo conselho: pensar constantemente como fazer as coisas melhor e questionar a si mesmo.
[ELON MUSK]

## O SISTEMA SECRETO DE RICHARD BRANSON

Era uma noite estrelada na ilha de Necker, a ilha particular de propriedade de Richard Branson, e a festa na praia chegou àquele ponto preguiçoso em que você se sente totalmente relaxado, sentado admirando as estrelas e sorvendo a beleza a sua volta. Era minha segunda visita à maravilhosa casa de Branson na ilha Necker. Eu estava ali com um grupo de empreendedores para um projeto especial e uma viagem de aventuras.

Em um momento tranquilo, tive a oportunidade de me sentar com Richard por um tempo e conversar diretamente sobre vários assuntos, da vida e criação de filhos à filosofia pessoal. Minha mulher e eu estávamos lutando para conceber nosso segundo filho, mas tínhamos falhado durante quatro anos consecutivos. Richard estava me aconselhando como eu poderia aumentar minhas chances de ser pai de novo. (Receber conselhos de Branson sobre procriação sempre será um lembrança interessante para mim.) Foi impressionante notar o quanto ele era atencioso e como era verdadeiro.

Foi então que me ocorreu que, considerando que eu estava tendo uma conversa particular com um dos maiores empresários do mundo, talvez eu devesse deixar as perguntas sobre paternidade para outra hora e, em vez disso, perguntar algo mais profundo a ele. Então eu lhe perguntei: "Richard, você começou oito empresas diferentes em oito setores diferentes e conseguiu lucros bilionários com todas. Isso é incrível. Se você pudesse resumir em uma frase como conseguiu realizar esse feito, o que você diria?".

Richard não piscou. Ele respondeu imediatamente como um grande e generoso sábio. Aqui está o que ele disse:

> Tudo tem a ver com encontrar e contratar pessoas mais inteligentes que você, fazer com que participem do seu negócio e oferecer-lhes um bom trabalho, depois sair do seu caminho e confiar nelas. Você tem de sair do caminho para poder se concentrar no quadro geral. Isso é importante, mas o principal é: você precisa fazer com que elas encarem seu trabalho como uma missão.

Esse, nas palavras de Richard, é seu "sistema" para começar empresas inovadoras. O seu foco está em contratar pessoas inteligentes, dar-lhes liberdade, sair do caminho e pensar continuamente na visão, assegurando que uma missão esteja impulsionando sua empresa.

Um sistema de vida é um padrão repetido e otimizado para realizar as coisas. O modo como nos vestimos pela manhã é um sistema. Como examinamos nossos e-mails muitas vezes é um sistema. Nosso trabalho, nosso modo de criar os filhos, nossa rotina de exercícios, como fazemos amor e lidamos com relacionamento, nossos métodos de criatividade – tudo isso, muitas vezes, se insere em sistemas específicos de vida.

Comparo sistemas de vida aos softwares usados pelos computadores para realizar operações específicas. Eles são as coisas que fazemos para funcionar no mundo, do momento em que acordamos aos rituais da hora de dormir, como vestir o pijama e ler um livro antes de apagar a luz. Também temos sistemas sociais, como nosso sistema educacional, nossas estruturas de negócios e sistemas comunitários.

De onde vêm nossos sistemas? Como você leu no Capítulo 3, eles vêm de nossas crenças sobre o que é verdadeiro, certo, bom, saudável, necessário, adequado e eficiente. Depois de nossos modelos de realidade, eles são o segundo aspecto da engenharia da consciência que lhe permite desenvolver seu potencial humano e ingressar no extraordinário.

Mas há um problema. A maioria de nós está usando sistemas que há muito se tornaram obsoletos. Como Bill Jensen disse em seu livro *Future Strong* [Futuro Forte]: "Mesmo enquanto entramos em uma das eras mais conflituosas da história da humanidade, um dos maiores desafios que enfrentamos é que os sistemas e estruturas atuais ainda perduram além de suas datas de validade. Estamos presos em abordagens do século 20 que estão atrasando as próximas grandes mudanças na capacidade humana".

## SISTEMAS APRIMORADOS PARA UMA VIDA APRIMORADA

Bons softwares são constantemente atualizados. Seria ridículo ainda estar rodando o Windows 95 quando se pode estar usando a versão mais atual. No entanto, quando se trata de nossos sistemas de vida – nosso software interior –, rodamos sistemas altamente ineficazes.

E se você começasse a encarar seus sistemas de vida de forma semelhante à que encara os aplicativos que baixa em seu smartphone? Quando você troca modelos ultrapassados de realidade por outros mais eficazes e os combina a sistemas novos para aplicar seus modelos novos dia a dia, a sua vida vai melhorar exponencialmente – e depressa.

Neste capítulo, você vai aprender a pensar em seus sistemas de vida de forma muito estruturada para que possa fazer e criar mais em menos tempo, enquanto se diverte mais.

Vou lhe dar um exemplo relacionado à noite na ilha Necker com Richard Branson.

Eu vinha pensando em escrever um livro há muito tempo, mas não tinha ideia de como começar. Eu simplesmente não estava pronto.

Eu queria escrever em um estilo que contivesse lições práticas distribuídas entre histórias fascinantes que pudessem manter o leitor entretido. Um dos meus livros favoritos desse tipo foi realmente a autobiografia de Branson, de 1998, *Perdendo minha virgindade*. Eu o adorei devido às histórias pessoais temperadas com lições pessoais poderosas sobre desenvolvimento pessoal. Esse livro se tornou um dos modelos para o tipo de livro que eu queria escrever.

Entretanto, eu estava longe de Branson em termos de realizações ou aventuras na vida. Assim, continuei preso – pensando que "algum dia" eu escreveria o livro quando pudesse provar meu valor ao levar meus negócios a um patamar gigantesco.

Naquela mesma noite, em que conversamos sobre criação de filhos e partilhei com Branson algumas de minhas filosofias, ele me interrompeu e disse: "Você deveria escrever um livro".

Fiquei em silêncio, perplexo. Esse pequeno empurrão de Branson (e ele provavelmente nem se lembra disso) foi exatamente a injeção de confiança de que eu precisava para começar a pensar seriamente neste livro.

Mesmo assim, levei três anos para descobrir sobre o que gostaria de escrever.

Então levei mais um ano para concluir a estrutura.

E depois mais três meses para escrever o primeiro capítulo.

Foi muito lento e doloroso.

Mas eu continuava a otimizar meus sistemas todos os dias.

Desenvolvi um método para criar títulos, um método para criar uma estrutura e um estilo para escrever histórias pessoais. Eu até testei diferentes tipos de uísque para ver qual me ajudava a criar os textos mais interessantes. (Uísque escocês *versus* Bourbon *versus* saquê. Se quer saber, o Bourbon Jim Beam ganhou.)

Enquanto eu aperfeiçoava esses sistemas, experimentei uma produtividade exponencial nas minhas habilidades de escritor. Agora, consigo escrever um capítulo inteiro em um dia. Três meses atrás, isso estaria próximo do impossível. Aqui está minha eficiência marcada no gráfico a seguir, que mostra aonde cheguei enquanto aperfeiçoava o sistema. Note como foi difícil começar, mas quanto consegui acelerar quando formalizei o sistema.

Isso é o que acontece quando você otimiza seus sistemas de vida. Você pode experimentar um crescimento exponencial em áreas realmente importantes para você.

Planejamento
(Sofrimento... dor)

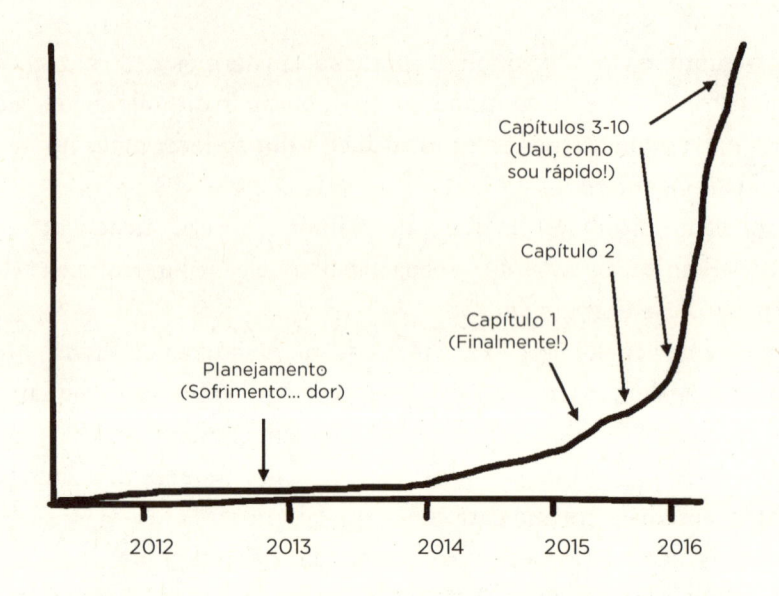

Capítulo 1
(Finalmente!)

Capítulo 2

Capítulos 3-10
(Uau, como sou rápido!)

2012  2013  2014  2015  2016

## PESSOAS EXTRAORDINÁRIAS DESCOBREM SISTEMAS EXTRAORDINÁRIOS EFICIENTES

Pessoas extraordinárias não apenas adotam modelos de realidade extraordinários. Elas se esforçam para assegurar que seus sistemas de vida – isto é, FAZER o que elas fazem no mundo – sejam bem definidos, estruturados e continuamente otimizados.

Tento atualizar pelo menos um de meus sistemas de vida todas as semanas, não porque sinto que as coisas estão sempre quebradas, mas porque sei quanta energia ganho ao tentar algo novo. É estimulante pensar que podemos simplesmente passar a um sistema novo da mesma forma que instalamos um novo aplicativo.

Há três maneiras para atualizar seus sistemas de vida:

1. O PROCESSO DE DESCOBERTA. Muitas pessoas descobrem novos sistemas em livros, conferências ou cursos on-line. Talvez você leia sobre os benefícios de uma determinada abordagem para levantamento de peso. Você realiza algumas pesquisas e decide incorporá-la aos seus exercícios. Em um mês ou dois, você avalia os resultados. Ou você ouve falar de uma nova estratégia de gerenciamento em uma conferência e decide experimentá-la com sua equipe e verifica como

está funcionando. Eu criei o hábito de ler livros de não ficção sobre vários assuntos que me interessam, como criação de filhos, trabalho e exercícios, e de descobrir continuamente novos sistemas. Pense nisso como se estivesse pesquisando o App Store. Pode ser divertido e informativo quando você encontra algo que parece funcionar para os outros e pode funcionar também para você.

2. SUA TAXA DE RENOVAÇÃO. A taxa de renovação é a frequência com que você atualiza seus sistemas de vida. Por exemplo, eu tento experimentar um novo sistema de exercícios todos os anos. Em 2013, por exemplo, passei 30 dias no Bodypump da Les Mills. No ano seguinte, experimentei os exercícios do programa de Transformação Total de Christine Bullock. Este ano estou experimentando kettlebells. Nenhum desses métodos foi escolhido ao acaso. Eu os descobri depois de ler livros, ter conversas com amigos entusiastas pela boa forma física e saber quais eram minhas necessidades (nada mais de gordurinhas!). Realizei essas mudanças não necessariamente porque meu exercício anterior não funcionou, mas porque simplesmente me dei conta de que tenho mais probabilidade de me exercitar se trocar os métodos com regularidade para não ficar entediado. Isso também garante que eu trabalhe diferentes grupos musculares e mantenha todo o corpo em forma e saudável.

3. PARÂMETROS E MENSURAÇÃO. Os seus sistemas de vida são eficientes? O seu novo sistema de vida é realmente melhor do que o anterior? Vamos examinar meios para medir e manter a eficiência de seus sistemas de vida quando você os descobrir e atualizar. Esse é o ponto importante que as pessoas muitas vezes esquecem: você está medindo a eficiência de seu sistema? Um sistema de controle é um nível de desempenho que você não deixa baixar. Por exemplo, tenho um parâmetro para a medida da cintura que tem se mantido o mesmo há dez anos. Eu a meço ao ver que furo eu uso quando coloco meu cinto preferido. Se por acaso eu passo um pouco desse parâmetro, tenho a disciplina para fazer uma dieta ou me exercitar para voltar ao ponto que desejo. Não tenho permissão para comprar um cinto novo.

Apresento aqui como os três estágios se unem para permitir que você crie sistemas eficientes para governar a sua vida.

## O processo da descoberta

Patrick Grove é um dos empresários mais bem-sucedidos da região da Austrália e Ásia. Seu sucesso empresarial fez dele membro da lista dos 200 mais ricos da Business Review Australia, e ele é conhecido como o garoto prodígio dos IPOs (oferta pública inicial) da Ásia-Pacífico porque detém o incrível recorde de ter criado quatro empresas e aberto o capital de todas. Ele também é um grande amigo. Certa vez o encontrei por acaso em uma loja da Starbucks na vizinhança em que moramos, onde o vi rabiscando furiosamente em um pedaço de papel. Quando lhe perguntei o que fazia, ele disse: "Estou tentando resolver um problema enorme".

"O que é?", perguntei.

"Estou tentando descobrir como ganhar $100 milhões em um ano", ele respondeu.

Eu sorri. Mas eu sabia que Patrick falava sério. Ele é um dos maiores pensadores que conheço. Ganhar $100 milhões em um ano parece impossível para quase todas as pessoas, mas, para uma mente extraordinária como a de Patrick, é uma meta razoável. Não se tratava de perguntar "é possível?", mas sim "quando vai ser possível?".

O encontro aconteceu em 2008. Em 2013, Patrick conseguiu. Ele adquiriu três pequenos websites de carros usados no sudoeste da Ásia, renomeou o grupo como iCar Asia, abriu seu capital na Austrália e fez o valor de seu investimento superar os $100 milhões. Tudo em UM ano.

Patrick gosta de sair do escritório e fazer-se perguntas intensas e difíceis, e então ele diz que a inspiração de suas ideias de negócios muitas vezes vem até ele. Ele se certifica de ter espaço e tempo para isso. Muitos de nós estamos tão ocupados fazendo algo que nunca paramos e pensamos em como o estamos fazendo. Ou *por que* o estamos fazendo. Eu chamo esse modo de agir de armadilha-do-fazer. Você está tão ocupado fazendo o que precisa ser feito que não sabe realmente se seus sistemas de vida estão obsoletos ou são mesmo uma grande droga.

É por isso que homens como Patrick saem do escritório e encontram tempo e espaço para questionar seus sistemas e estabelecer metas novas e mais ousadas.

A consciência é a essência da descoberta. De vez em quando, pare de fazer e pesquise. Conheço muitas pessoas que têm um sistema disciplinado para ir à academia algumas vezes por semana. Mas os seus exercícios são totalmente otimizados? Por exemplo, falto uma vez por mês na academia e, em vez disso, leio sobre novas rotinas de exercícios, compro um novo aparelho de fitness, ou estudo um novo método para otimizar meu tempo de academia. É disso que estou falando quando menciono o processo de descoberta. Você para o que está fazendo e tenta descobrir novas formas de fazê-lo melhor.

Na Mindvalley, nós nos desviamos da armadilha do fazer-fazer por meio de uma técnica chamada Dia do Aprendizado. Na primeira sexta-feira de cada mês, ninguém trabalha (a menos que seja algo crucial). Em vez disso, todos se concentram em aprender como trabalhar melhor. Funcionários de atendimento ao cliente podem pesquisar a arte de redigir respostas personalizadas ou rever os feedbacks dos clientes em busca de ideias para melhorar nossos produtos. Um programador pode experimentar uma nova linguagem de código. As pessoas podem ficar sentadas lendo o dia todo, contanto que seja um livro relacionado a sua função. Por meio desse processo, formam-se novas ideias, surgem novos sistemas e nascem novas formas de trabalho.

Quer se relacione ao trabalho, à saúde, ao preparo físico, ao crescimento pessoal, à cultura ou qualquer outro fator, a descoberta é uma ferramenta de afirmação da vida. Não se trata apenas de tornar a vida um pouco mais interessante. Ela lhe permite ser melhor no que quer fazer. Patrick Grose é presidente de quatro empresas públicas e ainda tem tempo de parar e repensar seus sistemas. Algumas pessoas podem dizer que é por isso que ele é presidente de quatro empresas públicas. Certamente todos nós podemos encontrar tempo para pensar de modo diferente sobre como solucionar nossos problemas – importantes ou não.

## Seu ritmo de renovação

Qual foi a última vez que você leu um livro sobre um assunto que lhe interessa, mas não sabe nada a respeito? Inscreveu-se para algum curso? Pediu um feedback honesto a um amigo? Sentou-se em um café e rabiscou observações sobre algum sonho maluco que queria realizar? Ou buscou uma forma de revitalizar os sistemas de sua vida? Manter seus sistemas renovados é um sistema em si. A frequência com que o faz é seu ritmo de renovação.

**EXERCÍCIO: QUAL É O SEU RITMO DE RENOVAÇÃO?**

Vamos voltar às Doze Áreas de Equilíbrio que analisamos no Capítulo 3. Você atualizou os seus sistemas em alguma dessas partes de sua vida recentemente? Em caso negativo, é hora de apertar o botão da renovação.

Anote as áreas nas quais você sabe que precisa realizar algumas mudanças. Pode ser como você interage com seu parceiro, a forma com que disciplina seus filhos, como lida com pessoas e projetos no trabalho, como está indo atrás de um novo emprego, como o seu lar e outros pequenos detalhes o fazem sentir-se bem em casa, ou se você está criando tempo para grandes sonhos, novas experiências surpreendentes, descobertas espirituais ou desenvolvimento criativo. Talvez você queira aperfeiçoar todas essas áreas. Você vai chegar lá.

O importante é lembrar-se de estudar e investir no aprendizado sobre como melhorar seus sistemas de vida. Abaixo estão as doze categorias; para cada uma, adicionei um livro preferido, que pode lhe dar uma nova perspectiva:

1. SEU RELACIONAMENTO AMOROSO. *Homens são de Marte, Mulheres são de Vênus*, de John Gray. Este livro é um retrato maravilhoso e um tanto divertido de como conviver com e amar o sexo oposto.

2. SUAS AMIZADES. *Como fazer amigos e influenciar pessoas*, de Dale Carnegie. Li esse livro sete vezes antes de completar 20 anos; um livro surpreendente para qualquer pessoa.

3. SUAS AVENTURAS. *Perdendo minha virgindade*, de Richard Branson. Esse livro o inspira a viver uma vida de aventuras e se divertir enquanto busca atingir metas importantes.

4. SEU AMBIENTE. *The magic of thinking big* [A mágica de pensar grande], de David J. Schwartz, PhD. Esse livro o inspira a melhorar sua qualidade de vida e sonhar grande sobre seu lar, o espaço de seu escritório, o carro que dirige e mais.

5. SUA SAÚDE E PREPARO FÍSICO. Aqui eu tenho diferentes recomendações para mulheres e homens. Para homens, *Bulletproof: a dieta à prova de bala*, de Dave Asprey. Dave é um amigo e o mais famoso bio-hacker do mundo. Isso é a ciência se encontrando com a alimentação. Para mulheres, *The Virgin Diet*, de JJ Virgin, que desafiará suas regras sobre calorias e exercícios e mostrará que não se trata de quanto você come, mas de como você combina os alimentos certos na ordem certa para o "laboratório de química" do seu corpo.

6. SUA VIDA INTELECTUAL. Que jeito melhor de otimizar a sua vida intelectual que melhorar seus sistemas de aprendizado, utilizar o aprendizado dinâmico e melhorar a memória? Recomendo os cursos de Jim Kwik.

7. SUAS HABILIDADES. *Trabalhe quatro horas por semana*, de Timothy Ferriss, é um ótimo livro para encontrar e desenvolver novas e únicas habilidades.

8. SUA VIDA ESPIRITUAL. *Conversando com Deus*, de Neale Donald Walsch, é o melhor livro que li sobre crescimento espiritual. Mas *Autobiography of a yogi* (Autobiografia de um iogue), de Paramahansa Yogananda, se equipara a ele e foi o livro preferido de Steve Jobs.

9. SUA CARREIRA. *How to be a star at work: 9 breakthrough strategies you need to succeed* (Como brilhar no trabalho), de Robert E. Kelley.

10. SUA VIDA CRIATIVA. *The war of art* (A guerra da arte), de Steven Pressfield, o inspira a se livrar de sua inércia artística e colocar seu trabalho criativo em funcionamento.

11. SUA VIDA FAMILIAR. Acredito que a principal causa dos problemas familiares é a falta de amor, então sugiro *The mastery of love: a practical guide to the art of relationship* (O domínio do amor), de Don Miguel Ruiz.

12. SUA VIDA COMUNITÁRIA. *Satisfação garantida*, de Tony Hsieh, CEO da Zappos, é uma leitura inspiradora para começar negócios épicos e devolver ao mundo de modo significativo.

Quer dar partida no seu progresso? Estabeleça a meta de ler um livro por semana. Se achar difícil, aprenda primeiro leitura dinâmica. (Você vai estar aperfeiçoando seu sistema de leitura.) Com alguns truques simples, você pode melhorar rapidamente a sua velocidade de leitura.

Ler é uma forma fácil e excelente para impulsionar seu ritmo de renovação. Mas você também deve pensar em realizar cursos on-line, formar grupos de relacionamento e participar de seminários. Patrick Grove é viciado em aprendizado. Ficamos amigos por causa de nosso interesse mútuo em crescimento pessoal e nos seminários e treinamentos de que participamos.

Minha visita à ilha Necker fez parte de um treinamento. Eu estava lá para me unir, conectar e partilhar ideias com outros empreendedores que buscavam construir grandes negócios enquanto mantinham sessões particulares com Branson, que servia de mentor para nós. A razão pela qual eu fundei MindvalleyAcademy.com, que no momento em que escrevo isto tem mais de um milhão de membros, foi proporcionar às pessoas a oportunidade de aprender novos modelos e sistemas dos maiores professores do mundo. Esses professores ensinam e dirigem webinars na academia, muitos dos quais completamente livres e gratuitos.

Quanto mais você procurar oportunidades para aprender e aplicar seu aprendizado, mais rápido vai ser o seu ritmo de renovação.

## PARÂMETROS E MENSURAÇÕES

É ótimo renovar seus sistemas de vida. Mas, ao colocar um bom sistema em funcionamento, como conservá-lo?

Você conhece a sensação de começar uma grande melhoria na vida só para ver seus resultados se dissiparem pouco a pouco. Você trabalha duro para perder alguns quilos, então começa a retroceder. Você volta ao hábito de procrastinar. Você gasta mais e poupa menos. Ou você para de contatar os amigos, ou com a prática de meditação, ou conectar-se com seus filhos, ou deitar agarradinho com seu amor.

Eu luto com isso tanto quanto qualquer pessoa. Mas descobri um jeito de me restaurar quando meus sistemas começam a escapar. Elaborei uma ferramenta chamada de parâmetros não negociáveis.

Aqui está um exemplo de como eu a aplico em minha vida.

Eu amo meu vinho, uísque, chocolate e queijo. Mas gosto de ficar em forma porque me sinto bem e meu desempenho é melhor quando estou no auge da energia física.

Com o passar dos anos, venho conseguindo empregar simples meios físicos e mentais para retardar o envelhecimento e manter a sensação de bem-estar. O meu parâmetro não negociável para o corpo é que, a qualquer tempo, eu possa realizar 50 flexões. Sem desculpas. Posso descer de um voo de LA a Kuala Lumpur e desabar na cama em casa. Mas se depois de um bom descanso eu sair da cama e não conseguir fazer 50... algo está errado. Cinquenta flexões é meu jeito de verificar meus batimentos cardíacos. Sempre posso dizer quando minha agenda de viagens ou algumas boas refeições com a família ou amigos me tiraram do ponto, porque tive dificuldades em realizar as habituais 50 flexões durante meus exercícios. Quando isso ocorre, eu sei que realmente preciso prestar atenção a como estou tratando o meu corpo e fazer algumas mudanças.

Podemos estabelecer essas verificações de sistema para nossas finanças, o tempo que passamos com os filhos, nossa resistência, o número de livros que lemos por semana, e assim por diante.

As coisas escapam ao controle quando não temos um método de detecção para saber quando isso está ocorrendo. Os parâmetros são esse método de detecção.

## EXERCÍCIO: OS SEUS PARÂMETROS NÃO NEGOCIÁVEIS

Um parâmetro é simplesmente um limite mínimo estabelecido abaixo do qual você promete não chegar. Um parâmetro é diferente de um objetivo. Objetivos o impelem para frente, enquanto parâmetros o ajudam a manter o que você tem. Você precisa de ambos.

Você pode estabelecer parâmetros para qualquer coisa importante. E aqui está um segredo: você pode usar parâmetros não só para evitar ou reverter deslizes, mas também para *realizar melhorias* ao longo do tempo. Imagine melhorar a forma física à medida que envelhece; ter mais intimidade com seu parceiro; ficar mais seguro financeiramente; ou mais próximo de seus filhos. Há um truque mental muito simples que você pode empregar para impulsionar o jogo de formas surpreendentes. Então, vamos começar a estabelecer os seus parâmetros.

### Etapa 1: Identifique as áreas de sua vida onde quer criar parâmetros

Volte à lista das Doze Áreas de Equilíbrio no Capítulo 3. Em que categorias você obteve os menores pontos? Onde você está falhando? Concentre-se em duas ou três para as quais gostaria de estabelecer parâmetros específicos e atingíveis. Por fim, você pode aumentar a lista, mas comece com algumas áreas que são realmente importantes para você.

### Etapa 2: Determine seus parâmetros

Em seguida, crie parâmetros para cada área selecionada. Veja, isso é muito importante: *Certifique-se de que os parâmetros sejam absolutamente atingíveis.* Você vai saber o motivo em um minuto.

Para coisas que você pode medir (o seu peso, a sua conta bancária, por exemplo), você pode estabelecer valores específicos: meu parâmetro de peso é X. O parâmetro para minha conta bancária é Y. Você pode estabelecer parâmetros para sua vida intelectual (vou ler X livros por mês) ou até para a higiene (vou sempre pendurar minhas toalhas após o uso). Quanto mais específico você for, mais fácil vai ser monitorar o parâmetro e realmente agarrar-se a ele.

Aqui está um exemplo de parâmetros potenciais que você pode escolher para cada uma das Doze Áreas de Equilíbrio:

1. SEU RELACIONAMENTO AMOROSO. Estabeleça parâmetros para quanto tempo vocês passam juntos, seja na frequência de noites fora, trabalhando juntos, ou até fazer amor com hora marcada.

2. SUAS AMIZADES. Crie parâmetros para manter contato; por exemplo, ligar para seus pais pelo menos uma vez por semana, convidar amigos para um brunch ou jantar uma vez por mês, escrever uma breve nota semanal para alguém que está passando por momentos difíceis.

3. SUAS AVENTURAS. Pense em estabelecer parâmetros para a frequência de férias ou viagens de aventura. Eu faço pelo menos duas viagens longas com toda a família todos os anos. Não temos de ir para algum lugar exótico ou caro, mas, ao me comprometer a passar um tempo longo com a família, tenho a chance de mostrar a ela que a amo ao mesmo tempo em que criamos lembranças duradouras juntos. Você

pode se comprometer a ir a um lugar novo todos os meses, mesmo que ele fique na sua vizinhança. Não precisar custar dinheiro, mas o seu mundo vai parecer maior e mais interessante se você se expuser regularmente a locais novos.

4. SEU AMBIENTE. Estabeleça alguns parâmetros simples para manter sua casa arrumada; por exemplo, fazer a cama todas as manhãs, certificar-se de que a louça seja lavada à noite, verificar as cartas assim que as receber, reciclar o que não precisa guardar, e assim por diante. Você também pode criar parâmetros para o nível de qualidade de sua vida; por exemplo, uma massagem completa ou um tratamento em um spa uma vez por semana.

5. SUA SAÚDE E FORMA FÍSICA. Estabeleça alguns parâmetros para a boa forma física. Para mim, é minha rotina de flexões. Também pode ser manter uma medida específica de cintura ou adotar a rotina de assistir a uma aula de ioga ou Pilates uma vez por semana, ou até checar sua visão ou pressão arterial.

6. SUA VIDA INTELECTUAL. Comece a incorporar alguns sistemas para levar riqueza intelectual a sua vida. Pode ser ler algumas páginas todas as noites antes de dormir, visitar uma galeria ou explorar a sala de um museu todas as semanas, ou assistir a uma peça uma vez por mês. Um ótimo parâmetro aqui é ler pelo menos dois livros por mês.

7. SUAS HABILIDADES. Comprometa-se a passar um determinado número de horas por semana lendo ou estudando material que melhore as habilidades em seu ramo. Eu tenho o parâmetro de tirar um dia de trabalho por mês para me concentrar em estudar e aprender como trabalhar melhor.

8. SUA VIDA ESPIRITUAL. Você pode tornar os 15 minutos de meditação por dia parte de sua prática espiritual, ler várias páginas de literatura espiritual todos os dias, ou rezar ou enviar seus pensamentos a alguém que esteja lidando com um problema. Meu parâmetro nessa categoria são 15 minutos de meditação por dia, no mínimo.

9. **SUA CARREIRA.** Associe-se a um grupo profissional e certifique-se de participar de um determinado número de reuniões por ano. Leia um livro por mês sobre questões profissionais. Se você está pensando em mudar de carreira, comprometa-se a ler certo número de artigos por semana sobre esse novo ramo e como ingressar nele.

10. **SUA VIDA CRIATIVA.** Escolha e vá ao encalço de uma válvula de escape criativa e estabeleça um parâmetro atingível para torná-la parte de sua vida. Pode ser passar vinte minutos por dia escrevendo o seu diário, participar de aulas semanais de improviso, ou estabelecer metas para fazer avançar um projeto criativo estagnado ou que você vem pensando em começar. Eu estabeleci parâmetros para o quanto escrevo todas as semanas.

11. **SUA VIDA FAMILIAR.** Estabeleça uma meta de passar determinado tempo por semana realizando atividades com a família, seja com os filhos, toda a família ou outros parentes. Pode ser ligar para seus pais duas vezes por semana só para dizer olá, sair para tomar o café da manhã no domingo com a família, brincar com seus filhos todas as noites.

12. **SUA VIDA COMUNITÁRIA.** Decida sobre uma quantia para doar anualmente a boas causas, ou identifique um local onde você possa trabalhar como voluntário com constância. Eu tenho um parâmetro de dinheiro doado para caridade. Todos os anos, asseguro que eu possa dar uma boa quantia para causas em que acredito.

### *Etapa 3: Teste seus parâmetros e corrija-os se falhar*

Testo meu parâmetro de 50 flexões uma vez por semana. Se não consigo fazer 50 – ou porque tenho relaxado nos exercícios, meus níveis de energia estão baixos, ou engordei–, inicio um procedimento de correção de parâmetro imediatamente.

Meu procedimento de correção de parâmetro é um método específico para me fazer voltar aos trilhos. Quando se trata de condicionamento físico, é o que faço quando preciso voltar à forma para fazer 50 flexões. O que funciona para mim é passar imediatamente a uma dieta baixa em carboidratos durante uma semana para voltar ao peso normal e comprometer-me a fazer exercícios na academia três vezes por semana. Normalmente, em *uma* semana volto às 50.

Tenho 41 anos e pretendo viver até os 100 anos. E, mesmo com essa idade, espero conseguir fazer 50 flexões. Não acredito em deixar isso desandar.

O procedimento de correção de parâmetros é parte crucial desse processo. Quando você sai dos trilhos e não consegue manter um parâmetro, precisa ser disciplinado o bastante para corrigi-lo. Isso nos leva à Etapa 4.

### Etapa 4: Aumente a pressão – de um modo positivo

Quando você escapar ao parâmetro, estabeleça a meta de voltar a ele *mais um pouco*. Suponha que 50 flexões seja o seu parâmetro de exercícios. Se você falhar, disponha-se a voltar a 50 flexões e mais um pouco – digamos, 51. Se você parou seus encontros semanais noturnos com seu parceiro, retome-os, mas acrescente um chamego matinal. Isso é aumentar a pressão – mas aos poucos, sem que você perceba. Quando atingir o novo nível, estabeleça o novo parâmetro.

Assim, você não apenas evita a estagnação, mas está realmente *crescendo*. Veja como se parece o sistema de parâmetros quando colocado em um gráfico:

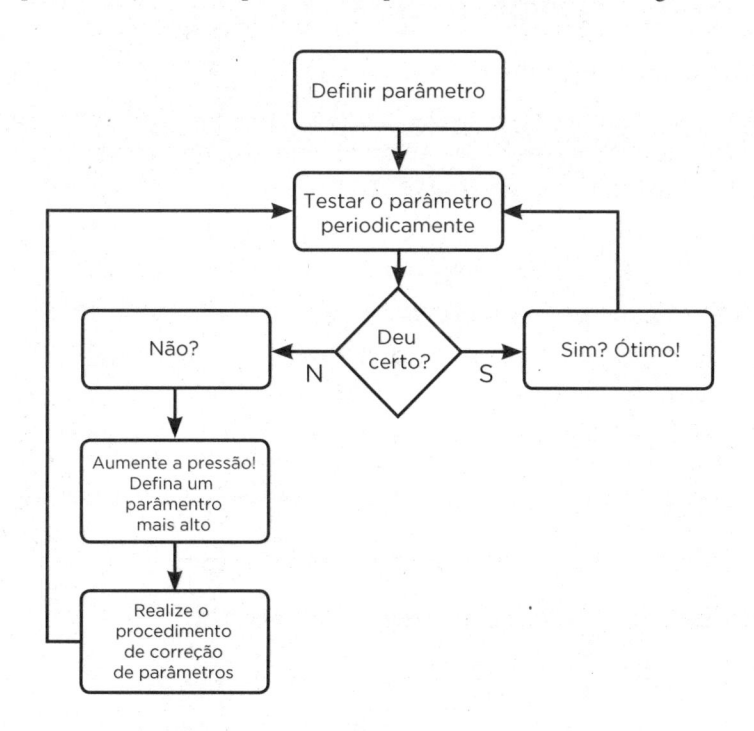

```
         ┌──────────────────┐
         │ Definir parâmetro │
         └────────┬─────────┘
                  ↓
         ┌──────────────────┐
    ┌───→│  Testar o parâmetro │←───┐
    │    │   periodicamente │    │
    │    └────────┬─────────┘    │
    │             ↓              │
    │          ╱ Deu ╲           │
    │ ┌─────┐ ╱ certo? ╲ ┌──────────────┐
    │ │ Não?│←    N      S→│ Sim? Ótimo! │
    │ └──┬──┘ ╲         ╱  └──────────────┘
    │    │    ╲       ╱
    │    ↓
    │ ┌──────────────┐
    │ │ Aumente a pressão! │
    │ │   Defina um   │
    │ │   parâmentro  │
    │ │   mais alto   │
    │ └──────┬───────┘
    │        ↓
    │ ┌──────────────┐
    │ │   Realize o   │
    │ │ procedimento  │
    └─┤  de correção  │
      │ de parâmetros │
      └──────────────┘
```

A maioria das pessoas falha com a idade. Mas quando você estabelece parâmetros não negociáveis, você cresce com a idade. Acredito que todos possam ficar melhores do que nunca quando acumulam milhagens na vida – certifique-se apenas de fazer com que os parâmetros não sejam negociáveis. Você pode aprender mais sobre parâmetros em www.mindvalley.com/extraordinary.

## A PSICOLOGIA POSITIVA DOS PARÂMETROS

Há um motivo poderoso para que os parâmetros funcionem. É uma tendência humana natural sentir que falhamos quando nos afastamos de nossas metas. Contudo, com parâmetros, uma falha é transformada em desafio. Se você não pode atingir 50 flexões, estabeleça uma nova meta. Chegue a 51. Você vai substituir a sensação de fracasso pela sensação positiva de estar lutando por um objetivo.

O segredo está em tornar a nova meta facilmente atingível. Note que meu procedimento de correção de parâmetros para as flexões aumentou a pressão de 50 para 51, não para 55 ou 60. Aumentar muito o nível é apenas punição: é uma expectativa irrealista fazer todo esse progresso em um único passo gigante. Aumentar a pressão apenas um pouco lhe permite recuperar o ímpeto sem ficar propenso a falhar.

Quando você corrige seus parâmetros visando um ponto um pouco mais elevado do que antes, você pode se colocar no caminho do aperfeiçoamento constante em todos os aspectos da vida.

Isso nos traz à Lei 5:

> **LEI 5: APRIMORE SEUS SISTEMAS DE VIDA**
> Mentes extraordinárias consistentemente passam tempo descobrindo, melhorando e medindo novos sistemas para serem aplicados à vida, ao trabalho, ao coração e à alma. Elas estão em um perpétuo estado de crescimento e inovação pessoal.

## OS SISTEMAS DO FUTURO

Vou lhe pedir para fazer um exercício comigo.

Se você estiver lendo este livro em um avião ou no metrô, ou qualquer lugar com pessoas ao seu redor, quero que tente cheirar seu vizinho. Vá em frente. Incline-se só um pouco e inspire.

Se você estiver lendo isto sozinho, tente sentir o seu cheiro.

O que você sente? Na maioria dos casos, será o cheiro de perfume, loção pós-barba, um determinado sabonete ou desodorante. Ou um pouco de cada coisa.

E é exatamente isso que deveríamos ser.

Mas se fizéssemos esse exercício há 150 anos, todos a sua volta *federiam*. Naquela época, não se tinha o hábito do banho diário. Não se era ensinado a escovar os dentes. Colônia e perfume eram usados principalmente pelos muito ricos. Não existia desodorante. Nos anos de 1900, a humanidade simplesmente se acostumou ao próprio mau cheiro.

Hoje fazemos de tudo pela manhã para limpar e preparar o corpo para o dia. Escovamos, tomamos banho, passamos perfume e nos vestimos bem para manter nosso corpo físico fresco e limpo. No entanto, bilhões de pessoas acordam todas as manhãs sentindo-se preocupadas, estressadas, ansiosas e temerosas, e não fazem nada a respeito. Assumimos que isso é normal, mas não é. Assim como podemos lavar nosso corpo, também podemos adotar sistemas para "lavar" completamente nossa mente dessas sensações debilitantes.

Como o exercício de "cheirar o vizinho" mostra de forma divertida, prestamos muito mais atenção a sistemas para cuidar do corpo do que a sistemas que cuidam da mente e do espírito.

Criamos uma sociedade em que é considerado normal acordar com sensações de estresse, ansiedade, medo e preocupação. Mas não é. Essas sensações não deveriam ser um estado constante. Eles são sistemas de alarme, desenvolvidos para nos alertar para fatos com que devemos lidar, não apenar suportar. Você não deve detestar seu trabalho ou odiar seu dia. O "happy hour" não deve ser os drinques tomados na sexta à noite para comemorar o fato de ter atravessado mais uma semana.

Em vez de engolir pílulas ou adotar hábitos não saudáveis para reprimir os sentimentos, podemos instalar sistemas para nos livrar deles. É inspirador observar como esses novos sistemas estão provando ser populares – e como as transformações são rápidas e poderosas. Eu chamo esses sistemas de práticas transcendentais. Elas incluem exercícios de gratidão, meditação, compaixão, contentamento e outras práticas que o levam além ou acima do alcance de experiências humanas normais ou meramente físicas.

Agora que você entende como descobrir, renovar e criar parâmetros em torno de seus sistemas de vida, vamos concentrar o resto deste livro em sistemas de consciência – em curtas práticas transcendentais. Esses sistemas podem apresentar resultados surpreendentes quando aplicados à vida e ao trabalho, como você vai ver no próximo capítulo. Mas primeiro quero partilhar algumas ideias de como uma das mulheres mais poderosas do mundo está aplicando práticas transcendentais para dirigir sua vida e seus negócios.

## COMO ARIANNA HUFFINGTON CONTROLA SUA MENTE

Tive a maravilhosa oportunidade de entrevistar Arianna Huffington em 2014, exatamente na época da publicação de seu livro *Thrive*. Adoro Arianna, ela irradia calma e bondade ao mesmo tempo em que dirige um imenso império da mídia centrado ao redor do *Huffington Post*. Arianna me contou algumas das transformações que ocorreram em sua vida desde que começou a adicionar práticas transcendentais ao seu dia movimentado.

A mudança de Arianna aconteceu em 6 de abril de 2007. Fazia dois anos que fundara o *Huffington Post* com enorme sucesso, mas se matando de trabalhar. E foi então que compreendeu que dinheiro e poder não eram os dois únicos modos de medir o sucesso – havia um terceiro fator que não estava nem perto de receber a atenção suficiente. Ela explicou para mim:

> Quando você está abrindo uma empresa, é fácil acreditar na ilusão de que temos que trabalhar 24 horas por dia para que as coisas aconteçam. E então, é claro, também temos uma vida além do trabalho. Enquanto estávamos criando o *Huffington Post*, eu estava levando minha filha mais velha para conhecer faculdades e ajudá-la a decidir em qual gostaria de ingressar.
>
> Voltei da excursão pelas faculdades e tive um colapso por fadiga, exaustão e falta de sono. Bati a cabeça na escrivaninha, fraturei o malar e precisei levar quatro pontos na pálpebra direita. Enquanto eu ia de um médico a outro para ver se eu tinha algum problema médico, perguntei a mim mesma tudo o que muitas vezes paramos de perguntar quando

saímos da faculdade: "O que é uma boa vida? O que é sucesso?". E cheguei à conclusão de que o modo pelo qual definimos sucesso, centrados apenas na métrica do dinheiro e do poder, é simplesmente uma forma muito inadequada de definir a vida. É como tentar sentar-se em um banquinho com duas pernas – cedo ou tarde vamos tombar. E foi então que tive a ideia de uma terceira métrica de sucesso, que consiste em quatro pilares: bem-estar, sabedoria, questionamento e doação.

Arianna continuou a descrever seus sistemas diários de vida. Ela falou sobre meditação:

Eu não quero só ser eficiente e produtiva. Eu quero ser alegre. Depois de oito horas de sono, também medito toda manhã durante pelo menos 20 minutos. Nos fins de semana, tento meditar durante uma hora ou uma hora e meia. Eu adoro.

Então discutimos gratidão.

Eu costumava acordar e a primeira coisa que fazia era checar o smartphone. Agora não faço isso. E só usar esse tempo – às vezes pode ser literalmente um minuto para pensar no dia que virá e me encher de gratidão pelas bênçãos em minha vida e definir os objetivos para o dia – retira imediatamente a falsa urgência que trazemos para nossa vida e que cria um estresse desnecessário.

Adoro a mensagem de Arianna. Seus sistemas de vida envolvem meditação, movimento, gratidão e a definição de um objetivo para o dia. E é assim que uma das mulheres mais poderosas do mundo começa o dia.

Certa vez pesquisei um de meus públicos para conhecer seus maiores desafios em relação à meditação. Acontece que um dos maiores desafios enfrentados pelas pessoas em relação à meditação é que elas simplesmente não encontram tempo para ela. Chamo isso de paradoxo dos negócios. É um paradoxo porque a meditação realmente acrescenta tempo ao seu dia ao otimizar o pensamento e o processo criativo para se tornar mais funcional.

Arianna é uma pessoa ocupada. Ela foi indicada pela revista *Times* como uma das 100 pessoas mais influentes do mundo e para o ranking de uma das 100 mulheres mais poderosas do mundo.

No entanto, ela me disse:

> Isso não exige muito tempo. Mas então posso trazer essa qualidade ao meu dia. Acontecem coisas ao longo de meu dia, do seu dia, tenho certeza que no dia de todos, que são desafiadoras, que exigem que lidemos com problemas. Assim, quando isso acontece, como ocorre inevitavelmente, estou em um lugar em que posso tratar deles sem reagir com exagero, priorizando o que preciso solucionar de imediato, e sem ficar estressada com a possibilidade de acontecerem coisas desagradáveis.

Ela sugere que você comece com uns cinco minutos por dia:

> Por fim, você pode ir aumentando esse tempo até chegar a 20 minutos ou mais. Mas mesmo apenas alguns minutos abrem as portas para criar um novo hábito e todos os benefícios provados que ela traz, e eu tenho 50 páginas de notas de rodapé científicas no livro a esse respeito.

Provavelmente eu poderia ter escrito um livro inteiro sobre o que aprendi com Arianna. Ela é realmente uma mulher que partilhou muitos outros sistemas que transformou em hábitos diários que a tornam definitivamente extraordinária.

Você pode assistir a um vídeo com a íntegra de minha conversa com Arianna em: http://midvalley.com/extraordinary e aprender sobre mais sistemas que ele usa em sua vida diária para direcioná-la ao sucesso e a uma vida feliz e pacífica.

## PRÁTICAS TRANSCENDENTAIS
## E PARA ONDE VAMOS A SEGUIR

Podemos ligar a sabedoria de Arianna às eloquentes palavras do filósofo Ken Wilber, no Capítulo 3, sobre a necessidade de aplicar práticas transcendentais aos nossos modelos e sistemas no mundo moderno.

Acredito que estamos prestes a ingressar em uma nova era de alinhamento entre nossos corpos físicos, nosso intelecto e nosso espírito. É isso que vamos explorar na próxima parte deste livro enquanto penetramos em nosso mundo interior.

PARTE III — RECODIFICANDO O SEU EU

TRANSFORMANDO
O SEU MUNDO
INTERIOR

À medida que você praticar a engenharia da consciência, algo maravilhoso vai começar a acontecer. Quando você obtiver um novo senso de poder e liberdade em relação às Regras Estúpidas que não mais vão refreá-lo, o seu crescimento começará a acelerar.

Nesse ponto, muitas vezes um grande desejo começa a se formar em você.

*Você quer fazer mais, ser mais, contribuir mais.*

Esta parte do livro vai lhe dar os meios para fazê-lo.

Em capítulos anteriores, você se concentrou no mundo a sua volta e aprendeu a se livrar dos modelos do passado. Agora vamos olhar para o seu presente e o seu futuro, e vamos nos concentrar em um mundo novo – o seu mundo interior com todos os seus hábitos, crenças, emoções, desejos e ambições conflitantes. Vamos levar uma ordem e um equilíbrio magníficos ao seu mundo.

Você vai se fazer duas perguntas:

- O que exatamente é felicidade, e como posso ser feliz no presente?
- Quais são minhas metas e visões para o futuro?

Você vai aprender novos sistemas de vida que vão permitir que você aumente extraordinariamente os níveis de felicidade, incluindo três abordagens poderosas que você pode aplicar para ser mais feliz todos os dias – eu a chamo de Disciplina do Contentamento.

Você também vai descobrir como criar metas empolgantes para o futuro sem sucumbir às Regras Estúpidas da paisagem cultural. Você vai aprender a diferença entre metas finais (uma ideia brilhante) e metas intermediárias (uma má ideia). Melhor ainda – você pode fazer tudo isso se fazendo três perguntas simples, mas profundas.

Quando você se sente feliz no momento presente e impulsionado para a frente por uma visão do futuro, os seus mundos interior e exterior combinam-se imperceptivelmente. É como se a sorte estivesse ao seu lado, e o universo existisse para apoiá-lo. Quando você se encontrar nesse estado, a vida parece se desdobrar para você da melhor forma possível – como se você fosse abençoado. Eu tenho um termo para isso. Eu chamo de Realidade Dobrada.

# 6 DOBRE A REALIDADE

## ONDE IDENTIFICAMOS O ESTADO SUPREMO DA EXISTÊNCIA HUMANA

Eu me dei conta de que o passado e o futuro são verdadeiras ilusões, que eles existem no presente, que é o que existe, e tudo o que existe.
[ALAN WATTS, FILÓSOFO ZEN]

## AMOR E SUAS REPERCUSSÕES NA CARREIRA

Eu dificilmente era o rapaz do pôster "Pessoa com maior probabilidade de vencer" depois da faculdade.

Meu histórico dos três primeiros anos após a formatura foi assim:

- Tentei e falhei ao fundar duas novas empresas.
- Quando tentei encontrar um bom emprego, fui demitido. Duas vezes.

Finalmente, em 2002, depois de procrastinar no sofá durante algum tempo, consegui o emprego de telefonar-atrás-de-dólares vendendo software jurídico e me tornei bom o bastante na atividade (graças às práticas de que falei no Capítulo 3) a ponto de ser promovido a diretor de vendas e realocado para a cidade de Nova York para abrir o escritório da empresa na costa leste.

Então surgiu outro obstáculo.

Amor.

Minha namorada, Kristina, era incrível – o tipo de mulher que virava cabeças em todos os lugares aonde ia. Mas havia um grande problema. Ela morava em Tallin, Estônia, a 6.667 km de distância. Sim, eu contei.

Tentamos compensar a distância vendo-nos a cada quatro meses. Nós nos encontrávamos em Paris ou na Grécia, e, como dois namorados com má sorte e pouco dinheiro, tínhamos as férias mais românticas possíveis em hotéis baratos, que era tudo que podíamos pagar. Não é todos os dias que se conhece uma mulher tão incrível a ponto de suportar um relacionamento de três anos de longa distância. Assim, acabei propondo-lhe casamento por dois motivos: um romântico – porque não podíamos esperar para viver juntos na mesma cidade – e outro financeiro – porque todos aqueles voos internacionais e férias estavam me deixando sem dinheiro.

Assim, pedi quatro semanas de folga ao meu chefe. A ideia era casar na Europa e então partir para a lua de mel e passar algum tempo visitando nossos parentes. Foi tudo bem. Mas no dia em que voltei a Nova York com Kristina, recebi uma ligação do meu chefe. "Você sabe que eu o acho ótimo e realmente gosto de você", ele disse, "mas eu não pude manter o cargo em aberto. Eu tive de substituí-lo. Negócios são negócios".

Fiquei perplexo. Eu não tinha o green card nem meios de encontrar outro emprego. Kristina também não. "Olhe", ele disse, "posso lhe conseguir outro emprego, mas o salário é a metade do que você ganhava".

Eu me lembro de ficar parado segurando o telefone, sentindo como se minha alma tivesse caído no chão. Com calma, respondi: "Humm... ok. Eu aceito".

Por dentro, eu queria gritar palavrões que fariam um soldado enrubescer.

Kristina, sem o green card, não podia trabalhar nos Estados Unidos. O dinheiro ia ficar curto, mas não desistiríamos de nosso sonho americano.

Às vezes, as oportunidades nascem das situações mais desafortunadas. Como eu tinha duas bocas para alimentar e um salário que tinha sido cortado pela metade, eu tinha de encontrar outros meios de ganhar dinheiro. Eu tinha lido alguns livros sobre marketing on-line e constatei que, com meu conhecimento de codificação e marketing, eu poderia facilmente montar um website para promover e vender um produto que poderia comprar no atacado. Como a meditação era um assunto que me interessava, pensei que vender um produto relacionado à meditação seria uma ótima maneira de começar. Registrei o primeiro domínio barato que encontrei – mindvalley.com – e lancei minha pequena loja de e-commerce. Eu trabalhava nela algumas horas todas as noites depois que voltava do escritório.

No primeiro mês, perdi $800. No segundo, $300. No terceiro mês, tive lucro – um total de $4,50 para cada dia trabalhado. Mesmo assim, foi bom. Dava para pagar o café da manhã. Eu adorava minha xícara matinal de café da Starbucks. Agora, eu tinha um minúsculo site que me permitia comprar um café da Starbucks todos os dias. Primeiro era um Grande Café Mocha, mas o crescimento de minha microempresa não parou. Logo eu estava ganhando $5,50 por dia. Pude começar a pedir um Venti. Esse foi um momento muito empolgante.

No sexto mês, eu estava ganhando $6,50 por dia – suficiente para um Venti com (rufem os tambores!) sabor de avelã. Alguns meses depois, meu pequeno site estava me comprando o Starbucks de todo o dia *e* um sanduíche da Subway para o almoço. Tempos empolgantes, de fato. Eu me lembro de tomar uma cerveja com amigos em um bar e lhes contar com orgulho sobre o negócio no meu pequeno site que pagava meu café e almoço todos os dias – e como em poucos meses ele pagaria também o jantar.

Foi assim basicamente que a Mindvalley começou. Não se tratava de montar um negócio. Nada de grandes metas. Nada de prazos. Apenas esse pequeno jogo para ver quanta comida eu podia conseguir com meus lucros. Sem me dar conta, tropecei em um segredo que psicólogos e designers de videogames há muito tinham compreendido. Eu estava "transformando minha vida em um jogo".

O dinheiro continuou a aumentar. Logo eu tinha uma nova meta. Eu sabia que minha renda mínima para viver era de $4.000. Isso era o que Kristina e eu precisávamos para comer, pagar o aluguel, viver em Manhattan com um orçamento modesto e reinvestir no negócio. Eu estava ganhando $7.500 no emprego, mas realmente precisava apenas de $4.000 para sobreviver em Nova York com Kristina na época. Logo antes do dia de Ação de Graças em 2003, atingi essa quantia com os ganhos mensais da Mindvalley. Liguei para meu chefe e me demiti.

## DO JOGO PARA O TRABALHO DURO

Deixar o emprego como vendedor de uma firma de software jurídico significava que eu não tinha mais um visto americano. Kristina e eu tínhamos que fazer uma escolha. Podíamos voltar para a Estônia, a terra natal dela, ou para a Malásia, onde nasci. A Estônia é um lugar maravilhoso, mas seus invernos são terríveis e o verão dura apenas duas semanas, de modo que nos decidimos pela Malásia.

Eu gostaria de dizer que esse foi o único motivo pelo qual partimos. Mas há mais. Nos meses seguintes ao 11 de setembro, os Estados Unidos estavam em alerta máximo. Por alguma razão, fui colocado em uma lista de observação chamada Registro Especial, designada a monitorar visitantes estrangeiros de países específicos. Infelizmente, a Malásia estava na lista e alguém no departamento de Estado decidiu que eu era "suspeito" o bastante para ser monitorado.

Eu podia viajar somente por determinados aeroportos, e isso incluía uma espera exaustiva de duas a três horas na imigração para uma averiguação especial. A cada trinta dias, enquanto estivesse nos Estados Unidos, eu tinha de me registrar no escritório da imigração local. Eu precisava esperar em uma fila – às vezes parado no frio durante horas em uma fila que se estendia por um quarteirão – até que um funcionário pudesse me atender, tirar minhas digitais, tirar uma fotografia e checar meu cartão de crédito para ver se eu tinha realizado alguma compra perigosa. Foi horrível e humilhante.

Depois de suportar isso durante quatro meses, Kristina e eu decidimos desistir de nosso Sonho Americano e mudar para outro país. Nunca deixei de amar os Estados Unidos. Apesar de ter crescido na Malásia, eu ainda me sinto mais americano do que qualquer outra coisa, mas não podia ficar no país que amava enquanto era forçado a viver de acordo com regras semelhantes às de uma liberdade condicional.

Assim, acabei voltando para minha casa em Kuala Lumpur, na Malásia. Eu me encontrava precisamente a meia distância do mundo de meus amigos em Nova York, minha cidade preferida no mundo, e meus clientes e vendedores.

No início, meu escritório da Mindvalley na Malásia era formado por mim e meu fiel Labralata, Ozzy (que promovi a gerente de RP: "o primeiro cão no país a ocupar uma posição remunerada no e-commerce"). Logo, porém, começamos a crescer. Contratei meus primeiros empregados e mudei para um pequeno espaço comercial nos fundos de um armazém em uma parte pobre da cidade. Então começamos a crescer, com mais funcionários e projetos. De repente, eu tinha de administrar um "verdadeiro" negócio. Aluguel. Contratação. Folha de pagamento. Impostos. Lidar com bancos. Eu adorava o trabalho em si, mas era derrubado por todas as preocupações do dia a dia. Ter ido para tão longe dos Estados Unidos tinha seus desafios.

Eu me esforçava, trabalhando loucamente durante muitas horas. E, para piorar as coisas, eu estava atingindo um teto de vidro. Os próximos quatro anos seriam relativamente insignificantes. Houve altos e baixos, e crescemos até 18 pessoas, mas nosso negócio ainda estava encontrando seu lugar. Pelo menos pagava as contas. Em maio de 2008, encontrei-me diante de um dilema. A empresa estava tendo uma receita de um quarto de milhão de dólares por mês, mas perdendo $15.000 por mês. Se a sangria não parasse, eu teria de começar a despedir alguns dos nossos 18 empregados.

O jogo tinha estagnado. Era definitivamente um daqueles mergulhos de que falamos no Capítulo 1. Mas um fato realmente maravilhoso estava prestes a acontecer. Eu só não sabia ainda. Ele provocaria uma importante mudança em meus modelos de realidade. Ele me encorajaria a adotar um novo sistema de vida e de trabalho. E o resultado seria tão poderoso que em apenas oito meses eu faria a empresa crescer além de minha imaginação mais louca e mudar minha vida para sempre.

## O que aconteceu em seguida

O que exatamente mudou em mim? Já vou falar disso. Primeiro, aqui está o que ocorreu em apenas oito meses depois da mudança:

- O NEGÓCIO EXPLODIU. De estar a um passo de despedir pessoas, nossa receita cresceu 400% em apenas oito meses. Nunca tínhamos experimentado um crescimento igual. Em maio de 2008, atingimos $250.000 em vendas. Oito meses depois, em dezembro do mesmo ano, tivemos nosso primeiro mês com um milhão de dólares.

- TRABALHAR FICOU DIVERTIDO. Eu não me sentia mais sufocado pela pressão ou pelas dificuldades.

- COMEÇAMOS A NOS TORNAR CLIENTES PREFERENCIAIS. Chega de fazer ligações e regatear. Muitas vezes, os clientes vinham até nós. Parte do meu papel passou a ser aprender a dizer não.

- MONTAMOS UMA EQUIPE FANTÁSTICA. Em um ano, crescemos de 18 para 50 empregados.

Mas o melhor ainda estava por vir. Em maio de 2009, apenas um ano depois de quase falir, minha vida tinha se transformado completamente. Nunca vou esquecer esse mês. Passei apenas seis dias no escritório e 21 dias em praias ao redor do mundo. Fui ao casamento de um amigo em Cabo, México. Passei nove dias com Tony Robbins em seu resort em Fiji. Passei vários dias com Richard Branson e outras pessoas em Necker, sua ilha particular – para mim, um sonho que se tornava realidade. Enquanto tudo isso acontecia, nossa empresa teve o melhor mês de todos. Eu me encontrava na *villa* particular de Tony Robbins com ele e sua esposa quando recebi a notícia ao telefone. Eu tinha um negócio incrível. Uma mulher e uma família. Uma vida fantástica. E, pela primeira fez, adorava tudo.

A magia parecia estar ocorrendo a toda em volta. Meus sonhos mais loucos estavam se tornando realidade. Era como se eu tivesse sido abençoado com uma sorte repentina. Assim, qual foi a descoberta que fez minha vida mudar tão rapidamente em um período de tempo tão curto?

## DOBRANDO A REALIDADE POR DIVERSÃO E LUCROS

Se você leu os capítulos anteriores e fez os exercícios, provavelmente tem uma boa ideia do modo como os humanos tendem a viver em sua cabeça segundo "verdades" que absorvem na paisagem cultural. Você identificou Regras Estúpidas importantes que têm limitado a sua vida, e você começou a aplicar os princípios da engenharia da consciência para detectar os modelos de crenças e sistemas de vida que podem estar impedindo você de progredir. Assim, você adotou uma estrutura nova e robusta para o crescimento pessoal.

Mas ainda há mais. Assim que você começar a brincar com a engenharia da consciência e experimentar novos modos de pensar e viver, a vida vai começar a parecer mais vasta e estimulante. Você vai ficar preparado para fazer mais, ser mais e realmente progredir como ser humano. Depois de dominar a arte de se libertar da paisagem cultural, você estará pronto para um novo grau de mestria: dominar seu eu interior. Agora você está pronto para se recodificar a fim de ser um novo tipo de ser humano e de deixar sua própria marca no universo.

Mas você não vai fazê-lo de modo convencional (hackers de cultura não funcionam desse jeito). Em vez disso, você vai questionar e redefinir dois dos maiores pilares de como definimos sucesso; a saber, a felicidade e o cumprimento de metas.

Você vai obter ambos em grande quantidade, mas não por meio de luta e esforço. Em vez disso, eles virão pela conquista do equilíbrio – um equilíbrio delicado em sua condição de existência entre seus níveis de felicidade e sua visão de futuro. Eu chamo de viver neste estado de "dobrar a realidade" por uma razão: descobri que, quando me coloco nesse estado, quase parece que o universo está atrás de mim e que a sorte está do meu lado. É como se eu pudesse dobrar a realidade para tornar meus dias perfeitos e fazer com que minhas visões se desenrolem. Esse foi o estado em que entrei no verão de 2008 quando minha vida e negócios começaram a expandir de modo intenso. Como um bom engenheiro, eu decidi tentar decodificar esse estado para poder replicá-lo em mim e em outros.

## TUDO OCORRE EM SUA MENTE

Na primavera de 2008, quando minha empresa estava lutando para sobreviver, decidi parar tudo e fazer uma pausa com os inúmeros projetos novos e estratégias de marketing que estava analisando e as longas horas de trabalho para implementá-los. Em vez disso, decidi mergulhar no crescimento pessoal.

Eu sabia que algo não estava bem. Eu só não sabia o que era. Mas eu sabia que era algo interior. Estudei vários livros e participei de inúmeros seminários. Livros de Bob Proctor e Neale Donald Walsch, e seminários de T. Harv Eker e Esther Hicks me proporcionaram revelações profundas – a maior delas foi a ideia de que nossas crenças moldam nosso mundo.

Eu sabia disso intelectualmente, mas parecia não conseguir fazer com que funcionasse de uma forma poderosa. E, assim, continuei a bater a cabeça contra a parede tentando fazer meu negócio sobreviver e progredir. Assisti às nossas economias diminuírem, e os prenúncios de demissões assomavam ainda maiores. Eu trabalhava tentando agir de modo confiante diante dos meus empregados, mas no fundo eu me sentia um fracassado.

Não me lembro de quando a grande revelação surgiu, mas, quando ocorreu, ela foi profunda. E foi assim: *Pare de adiar a sua felicidade. Seja feliz agora. Os seus pensamentos e crenças criam a sua realidade, mas só quando o seu estado presente for feliz.* Eu me dei conta de que meu tanque estava ficando vazio e o combustível de que precisava desesperadamente era a felicidade. Eu tinha muito para ser feliz, mas estava tão obcecado e estressado em atingir nossas metas de receita que meus pensamentos dominantes eram o medo e a ansiedade.

Lembrei-me dos primeiros anos quando eu comemorava ganhar $4,50 por dia para comprar um café na Starbucks. Naquela época parecia tão simples – eu era grato por todas as pequenas conquistas – e compreendi que não havia motivo para que não pudesse adotar o mesmo modelo de realidade agora. *Mantenha as grandes metas, mas não ligue sua felicidade a elas. Seja feliz agora.*

Decidi mudar o jogo e minha atitude. Estabeleci novos objetivos para nos tirar do buraco financeiro, mas também decidi tornar a felicidade e a diversão partes principais do meu dia. Eu não adiaria minha felicidade até atingir algum objetivo futuro.

À medida que comecei a hackear minha vida e trabalhar dessa maneira, o ponteiro começou a se mover. Anotei a meta para junho: chegar a uma receita de $300K. Conseguimos. Levei toda a equipe para um fim de semana na praia para comemorar e se divertir. Ali estabelecemos uma nova meta: $500K para o mês. Ainda tenho na parede a fotografia da minha equipe de 2008 segurando uma placa com essa meta na praia. Nós trabalhamos muito – mas conseguimos *ao mesmo tempo* em que nos divertíamos. Chegamos a $500K em outubro. Então estabelecemos uma nova meta: $1 milhão.

Não sei como aconteceu, mas nós superamos a marca de um milhão de dólares naquele dezembro. De maio a dezembro de 2008 crescemos de $250 mil para $1 milhão. E eu estava me divertindo e vivendo os melhores momentos da minha vida o tempo todo.

Tudo começou com aquela mudança no meu modelo mental:

*Estabeleça metas importantes, mas não ligue sua felicidade a elas. Você precisa ser feliz antes de atingi-las.*

Desde então transformei esse modelo em uma filosofia que chamo de dobrar a realidade. Dobrar a realidade tem esse nome porque, quando se está operando nesse estado, costuma-se ter a sensação de que tudo na vida está se modificando e virando em sua direção, que você está fazendo as coisas acontecer sem esforço – e que tudo é possível.

E assim é um equilíbrio sutil:

1. Você tem uma visão ousada do futuro que o impele para frente.
2. No entanto... você está feliz no AGORA.

Mas há um segredo: OS DOIS provêm do presente. Como Paulo Coelho disse em *O Alquimista*:

> Porque não vivo nem no meu passado nem no meu futuro. Tenho apenas o presente, e ele é o que me interessa. Se você puder permanecer sempre no presente, então será um homem feliz.

Não há sentido em viver no passado e permitir que ele o defina, tampouco em se perder na ansiedade sobre o futuro. No momento presente, você está no campo das possibilidades. A sua vida vai ser orientada pelo modo com que você se compromete com o momento presente.

Quando você dobra a realidade, sua visão o empurra continuamente para frente – mas sem a sensação de estar trabalhando. Você tem a sensação de que está jogando, um jogo do qual adora participar. Mas, ao mesmo tempo, a sua felicidade não parece estar ligada a essa visão do futuro. Você se sente estimulado e feliz agora, nesse momento. Você está feliz enquanto persegue sua visão, não só quando a alcança. Dessa forma, você está preso no presente.

Você está pronto para experimentar esse novo modelo? Aqui está como ele funciona.

## OS QUATRO ESTADOS DA VIDA HUMANA

Pense na felicidade no agora e na visão do futuro como dois ingredientes que podem ser combinados, mas que precisam estar equilibrados. Muito de um ou de outro cria desequilíbrio e limitação. Dependendo de como eles são combinados, em qualquer momento da vida, podemos estar em um dos quatro diferentes estados da mente.

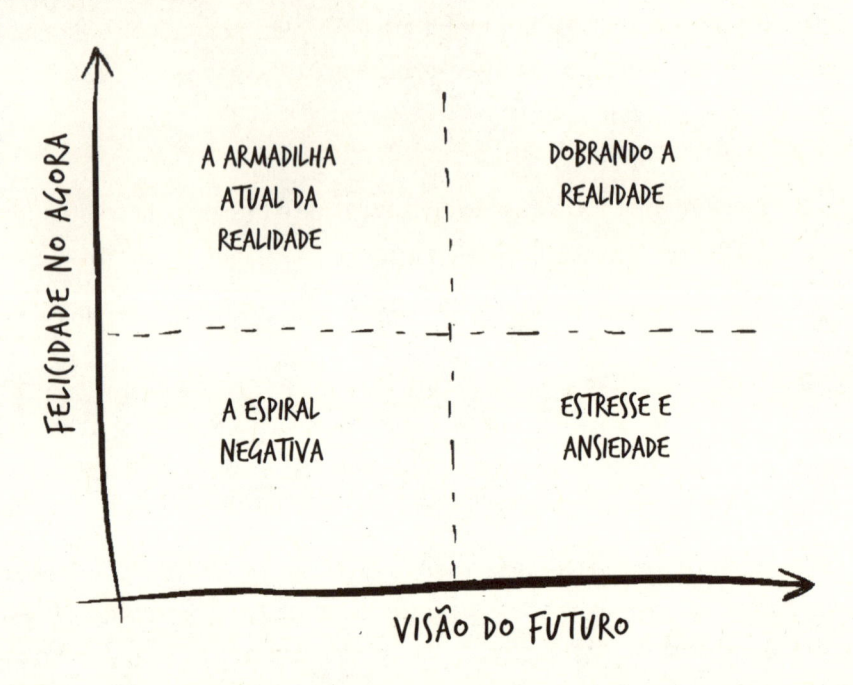

```
            FELICIDADE NO AGORA
                    ↑
                    |
    A ARMADILHA     |    DOBRANDO A
    ATUAL DA        |    REALIDADE
    REALIDADE       |
                    |
    ----------------+----------------
                    |
    A ESPIRAL       |    ESTRESSE E
    NEGATIVA        |    ANSIEDADE
                    |
                    +----------------→
                      VISÃO DO FUTURO
```

1. A ESPIRAL NEGATIVA. Neste estado, você não está feliz no agora, mas não tem a visão do futuro. Com pouco para apreciar ou pelo que esperar, este é um lugar doloroso para estar, e certamente não o lugar em que quer passar muito tempo. Muitas vezes você fica deprimido quando está neste estado.

2. A ARMADILHA ATUAL DA REALIDADE. Este estado confere uma sensação ótima porque você está feliz no agora. Não há nada de errado em ficar neste estado vez ou outra – por exemplo, quando você está vivendo uma experiência incrível ou está de férias. Mas, lembre-se, a felicidade por si só pode ser efêmera. Você pode se sentir feliz fumando um cigarro de maconha. Mas a realização e a felicidade duradoura vêm de algo mais – a necessidade de contribuir, crescer e fazer coisas significativas. Embora este estado possa lhe trazer felicidade temporária, ela não vai lhe trazer uma *realização* de longo prazo.

3. ESTRESSE E ANSIEDADE. Este é o estado em que eu me encontrava durante os anos em que lutei para montar o meu negócio. Muitos empreendedores ficam neste estado, assim como muitas pessoas orientadas para uma carreira. Neste estado, você pode ter metas importantes, mas ligou a felicidade a elas. Você está esperando para fechar o grande próximo negócio, mudar para o novo escritório, atingir aquela marca especial na receita – antes de comemorar. É ótimo pensar grande e querer realizar grandes feitos, mas não é um estado ótimo se você estiver adiando sua felicidade ao longo do caminho. Se você estiver trabalhando duro, mas não estiver progredindo ou sentir que tem muito a oferecer, mas não está chegando aonde gostaria, você pode estar preso neste estado.
4. DOBRANDO A REALIDADE. Este é o estado ideal onde você está feliz no agora e tem uma visão do futuro que o impulsiona. A sua visão o empurra para frente, mas você está feliz agora – apesar de ainda não ter alcançado essa visão. Quando você está neste estado, há uma sensação de crescimento e satisfação. Ele trata da jornada e também do destino. Uma observação interessante sobre este estado é que muitas vezes ele dá a sensação de que o universo "o está apoiando". Dê-lhe o nome que quiser, mas você começa a sentir como se tivesse sorte. As oportunidades, ideias e pessoas certas parecem gravitar em sua direção. É como se a sua felicidade fosse o combustível espacial que o impele na direção de sua visão.

## OS DOIS ELEMENTOS PARA DOBRAR A REALIDADE

Agora que você percebe onde o dobramento da realidade entra no espectro da vida, vamos analisar com mais atenção os dois elementos principais que devem atuar para se chegar lá.

## 1. Seja feliz no agora

Um ingrediente essencial neste estado é não atrelar a sua felicidade à realização de sua visão. Ela vem da busca dessa visão, combinada com uma sensação de gratidão por aquilo que você *já* tem.

Dessa forma, você não tem de esperar pela felicidade. Ela simplesmente é uma consequência da busca de sua visão. Você é invadido por uma profunda sensação de realização. E você se sente insanamente motivado para prosseguir. O seu trabalho torna-se um desejo intenso. Você pode trabalhar 12 horas seguidas, pode se sentir cansado, mas não vai ficar esgotado. Todas as pessoas realmente ótimas que conheço têm essa maravilhosa felicidade associada à busca de suas metas. De fato, acho que essa é a única forma de realmente alcançar suas metas – estar feliz enquanto faz a longa, às vezes difícil, escalada na direção de grandes visões.

Na ilha Necker, enquanto conversávamos com Branson e recebíamos lições de vida dele, alguém de meu grupo lhe perguntou: "Você está sempre feliz. O que você faz quando está triste?".

Branson respondeu: "Não me lembro dos momentos ruins. Eu só me lembro das coisas boas que aconteceram em minha vida".

Esse certamente foi um fato que notei ao passar algum tempo com ele: ele está sempre se divertindo. Ele tem metas grandiosas. Ele é um dos maiores pensadores que já conheci e, mesmo assim, está sempre em atividade.

E não é só Branson. Volte 100 anos e lá está outro titã influente de sua época que escreveu esse poema:

*Aprendi cedo a trabalhar e brincar,*
*minha vida tem sido um longo e feliz feriado;*
*Repleto de trabalho e repleto de diversão –*
*Larguei a preocupação no caminho –*
*E Deus foi bom para mim todos os dias.*

Esse titã foi John D. Rockefeller, que escreveu o poema aos 86 anos de idade. Ele foi um dos homens mais ricos do mundo em sua época. Rockfeller fala aqui com muita simplicidade e clareza sobre deixar a preocupação e combinar trabalho e diversão na vida, que é "um longo e feliz feriado". E onde ele diz que Deus foi bom para ele, as pessoas podem substituir o nome por "sorte" ou "destino" ou "o universo".

Assim, não importa onde você se encontra em sua vida hoje, lembre-se dessa lição: a sua felicidade não pode estar ligada aos seus objetivos. Você precisa ser feliz mesmo antes de atingi-los. Desse modo, a vida vai ser alegre e repleta de diversão e trazer as suas metas até você mais depressa do que imagina.

### *Chegando lá: informações para hackear a felicidade*

Dificultamos a tarefa de atingir a felicidade porque fomos treinados a pensar nela do jeito errado. Muitos de nós caímos na armadilha do modelo "se/então" de felicidade. *Se X acontecer (se eu conseguir o emprego certo, encontrar o par perfeito, comprar a casa dos sonhos, tiver um bebê, escrever um best-seller etc.), então vou ser feliz.*

Para mim, esse modelo é falho por dois motivos:

1. ELE COLOCA A FELICIDADE FORA DO SEU CONTROLE. Ele a coloca em um emprego, outra pessoa, uma casa, um bebê, ou um livro, entre outras coisas – e isso é uma loucura!
2. QUANDO SOMOS FELIZES, APRESENTAMOS MELHOR DESEMPENHO, ATRAÍMOS OUTRAS PESSOAS E, EM GERAL, NOS DAMOS BEM NA VIDA. Fiquei preso no estresse e na ansiedade porque tinha atrelado o meu vagão da felicidade ao futuro sucesso de meu negócio. Assim, quando a empresa entrou em crise, eu entrei em crise, o que me colocou na situação totalmente errada de tirar a empresa da crise, o que me jogou em uma crise mais profunda, gerando uma espiral interminável de crises de infelicidade. Vi isso acontecer a muitas pessoas bem-sucedidas.

*Não deveríamos fazer coisas para ser felizes.*
*Deveríamos ser felizes para fazer coisas.*

A felicidade vai acelerar seu movimento na direção de suas metas, mas ela não deve estar atrelada a elas. A melhor coisa que se pode fazer para atingir suas metas é encontrar um equilíbrio na vida que lhe permita *ser feliz agora*. Integre práticas a sua rotina diária que lhe permitam sentir-se contente e se concentrar na jornada, e não no destino. É dessa maneira que você vai se libertar do estresse e da ansiedade e ficar em melhor posição de realizar a sua visão. Vamos explorar essas práticas no próximo capítulo.

## 2. Desenvolva uma visão empolgante para o futuro

Observei que quase todas as pessoas extraordinárias que conheci ou sobre quem li têm uma coisa em comum: elas têm uma visão do futuro. Pode ser criar uma nova peça de arte, um serviço ou produto para mostrar ao mundo, uma montanha para escalar, ou uma família para criar.

De certa maneira, essas pessoas vivem no futuro. Defensores do crescimento espiritual convencional falam sobre a necessidade de estar "presente". Eu acredito que estar presente é só uma parte da história. A felicidade no agora o coloca no presente. Mas você também precisa de sonhos ousados que o impulsionem para frente. Pessoas extraordinárias pretendem deixar uma marca no mundo.

Agora, uma palavra de advertência: você precisa garantir que as suas metas não estejam baseadas em Regras Estúpidas, ou você pode acabar perseguindo algo que, quando se obtém, parece não ter significado – como aconteceu comigo quando consegui meu primeiro bom emprego na Microsoft – ou como acontece com inúmeros empreendedores quando criam uma empresa com o objetivo de ganhar a vida só para ficarem presos no habitual horário de 9h às 17h quando atingem sua meta.

Em vez disso, você quer uma visão para o futuro que lhe fale à alma. Essa visão é tipicamente o que chamamos de uma meta final – que você vai aprender como estabelecer no Capítulo 8 usando um processo chamado de As Três Perguntas Mais Importantes.

### *Chegando lá: informações para hackear a visão*

Perdi a conta de quantos livros li que dão instruções sobre como estabelecer metas, de desenvolver uma empresa a simplesmente se organizar. Mas, assim como fomos treinados a pensar a felicidade de uma forma limitante, a maneira moderna de estabelecer metas nos conduz ao caminho errado. Isso ocorre de três maneiras:

1. CONFUNDIMOS REGRAS ESTÚPIDAS COM METAS. Quando definimos a meta de que precisamos ter certo tipo de emprego, certo tipo de estilo de vida ou certo tipo de aparência, muitas vezes elas são Regras Estúpidas instaladas pela sociedade. Mentes extraordinárias prestam pouca atenção aos "desejos" infecciosos da paisagem cultural. Em vez disso, elas criam as suas próprias metas.

2. SÓ PODEMOS VISUALIZAR O QUE CONHECEMOS. Embora não haja nada de errado em visualizar e perseguir o que achamos que vai

nos fazer feliz, só podemos visualizar realmente o que já conhecemos. E se houver visões e metas ainda mais maravilhosas que você pudesse alcançar – presentes que apenas você pode dar ao mundo – se apenas essas visões invisíveis e desconhecidas pudessem ser trazidas à superfície? Vamos explorar esse tema na Parte IV do livro.

3. SOMOS NOTORIAMENTE RUINS EM PREVER EXATAMENTE O QUE PODEMOS FAZER DENTRO DE UMA DETERMINADA ESTRUTURA. Costumamos a) abocanhar muito mais do que conseguimos mastigar no curto prazo, e b) estar longe de esperar o bastante de nós mesmos no longo prazo. Ambas as tendências atuam contra a criação de visões bem-sucedidas. Costumamos superestimar o que podemos fazer em um ano e subestimar o que podemos fazer em três.

Nos próximos dois capítulos, vamos mergulhar mais fundo na prática de criar felicidade no agora e da arte de estabelecer visões maravilhosas para o seu futuro. Mas, por ora, isso nos leva à Lei 6:

> **LEI 6: DOBRE A REALIDADE**
> Mentes extraordinárias são capazes de dobrar a realidade. Elas têm visões ousadas e estimulantes para o futuro, no entanto sua felicidade não está atrelada a essas visões. Elas são felizes no agora. Esse equilíbrio lhes permite mover-se na direção de suas visões em um ritmo muito mais rápido ao mesmo tempo em que se divertem ao longo do caminho. Para quem está de fora, eles têm "sorte".

**EXERCÍCIO: AS OITO DECLARAÇÕES**

O simples conjunto de oito declarações a seguir vai ajudá-lo a avaliar se você está no caminho de dobrar a realidade. Indique o quanto cada declaração é verdadeira para você selecionando uma das opções oferecidas. Não há respostas certas ou erradas. Se você ainda estiver na linha de partida, não se preocupe. Vamos falar mais sobre como chegar lá.

1. Adoro meu emprego atual a ponto de ele não parecer um emprego.
   FALSO     ÀS VEZES VERDADEIRO     TOTALMENTE VERDADEIRO

2. Meu trabalho é importante para mim.
   FALSO    ÀS VEZES VERDADEIRO    TOTALMENTE VERDADEIRO

3. Há momentos no trabalho em que fico tão feliz que o tempo passa voando.
   FALSO    ÀS VEZES VERDADEIRO    TOTALMENTE VERDADEIRO

4. Não me preocupo nem um pouco quando as coisas dão errado. Simplesmente sei que há algo de bom no horizonte.
   FALSO    ÀS VEZES VERDADEIRO    TOTALMENTE VERDADEIRO

5. Fico empolgado com o futuro, sabendo que coisas melhores acontecerão.
   FALSO    ÀS VEZES VERDADEIRO    TOTALMENTE VERDADEIRO

6. Estresse e ansiedade não parecem me incomodar muito. Confio em minha habilidade de atingir as metas.
   FALSO    ÀS VEZES VERDADEIRO    TOTALMENTE VERDADEIRO

7. Espero o futuro com ansiedade porque tenho metas únicas e ousadas no horizonte.
   FALSO    ÀS VEZES VERDADEIRO    TOTALMENTE VERDADEIRO

8. Passo muito tempo pensando animadamente em minhas visões para o futuro.
   FALSO    ÀS VEZES VERDADEIRO    TOTALMENTE VERDADEIRO

> Se você respondeu "Totalmente verdadeiro" para as declarações de 1 a 4, você provavelmente está feliz no agora.
> Se você respondeu "Totalmente verdadeiro" para as declarações de 5 a 8, você provavelmente tem uma boa visão para o futuro.
> Se você pode respondeu "Totalmente verdadeiro" para todas as oito declarações, você provavelmente está no estado de dobrar a realidade.
> A maior parte das pessoas, contudo, acha que são capazes de responder "Totalmente verdadeiro" para declarações relacionadas à felicidade ou para as questões relacionadas à visão, mas não para ambas.

## QUAL A SENSAÇÃO CAUSADA AO SE DOBRAR A REALIDADE

Dobrar a realidade provoca uma sensação quase mágica. Tudo parece funcionar. Você está trabalhando, mas nem parece, pois você adora o que faz. Quando estou nesse estado, quase tenho a impressão de que o trabalho não existe. Além disso, a intuição e as descobertas parecem vir com facilidade, do nada. Talvez isso ocorra porque a sua mente está concentrada de tal maneira em sua visão que você fica atento a tudo que vai ajudá-lo a atingi-la e você está em um estado de felicidade e contentamento que o abre à criatividade. Às vezes, tem-se a impressão de que as pessoas, coincidências e oportunidades certas chegam até você, cutucando-o e empurrando-o na direção de suas metas. É essa a lei mística da atração? Ou é o que se conhece como o sistema reticular ativador do cérebro? Para mim, não importa. É um modelo de realidade que me atende bem.

*Se você puder escolher qualquer modelo de realidade que quiser e aceitá-lo como verdadeiro, por que não escolher um modelo que sugira que você pode literalmente dobrar a realidade segundo sua vontade?*

Por todos esses motivos, eu chamo este o estado supremo da existência humana. De um ponto de vista puramente prático, eu também acredito que é o hackeamento supremo da produtividade. Quando você se encontra nesse estado, parece que você está dobrando a realidade para acelerar seu ritmo na direção das visões que tem em mente, visões que chegam a você com facilidade e sem ansiedade.

Quase todo mundo experimentou essa sensação vez ou outra, mas o truque é ficar nesse estado supremo por períodos cada vez mais longos. As pessoas mais extraordinárias sabem como fazer isso.

Essa é realmente uma disciplina que se pode aprender e praticar. Eu a chamo de Disciplina do Contentamento. E vou falar dela a seguir.

Apresentei essas ideias sobre dobrar a realidade pela primeira vez em uma palestra em Calgary, Alberta, em 2009, quando dividi o palco com a Sua Santidade, o Dalai Lama. Minha palestra incluía a história contada nesse capítulo. Naquela época, eu descrevi o fato como "estar no fluxo". Desde então, mudei a terminologia à medida que melhorava a prática no decorrer dos anos. Quando você a dominar, vai começar a ver que não é somente o seu "fluxo" que você pode moldar, mas sim todo o espectro do mundo a sua volta. Você pode assistir à palestra na íntegra em: http://www.mindvalley.com/extraordinary.

# 7 PRATIQUE A DISCIPLINA DO CONTENTAMENTO

ONDE APRENDEMOS A IMPORTANTE DISCIPLINA DE MANTER O CONTENTAMENTO DIÁRIO

Acontece que nossos cérebros são literalmente desenhados para apresentar o melhor desempenho não quando são negativos ou até neutros, mas quando são positivos. No entanto, no mundo atual, ironicamente, sacrificamos a felicidade em detrimento do sucesso apenas para reduzir as taxas de sucesso de nosso cérebro.
[SHAWN ACHOR, THE HAPPINESS ADVANTAGE]

## O BILIONÁRIO QUE DANÇA SOBRE AS MESAS

Foi outra noite maravilhosa na ilha Necker, o fantástico refúgio de Richard Branson nas ilhas Virgens Britânicas. Kristina e eu estávamos sentados a uma longa mesa de madeira com Richard e seus outros convidados, apreciando uma comida deliciosa e drinques servidos à vontade. Tínhamos acabado de voltar da praia e todos estavam alegres – talvez porque nosso anfitrião, Branson, irradiava tal vibração.

Mas, à medida que a refeição transcorria, notei que vários empreendedores pareciam tentar desviar a conversa para assuntos mais sérios. Eles começaram a atacar Richard com perguntas sobre negócios. Alguém perguntou sobre uma oportunidade de investimento. Outro pediu conselhos sobre como administrar uma grande empresa. Não posso censurá-los. Quando se está na presença de um empreendedor lendário como Richard, não se consegue evitar absorver um pouco de sua sabedoria. Mesmo assim, senti que aquele não era o momento para isso. Aquele deveria ser um jantar divertido e informal.

Então Richard fez algo surpreendente. Educadamente, ele interrompeu a conversa. De chinelos, ele subiu na mesa em meio aos nossos pratos e copos.

Então ele estendeu a mão para Kristina, que estava sentada ao meu lado, e ajudou-a a subir na mesa.

"Vamos dançar", ele disse.

E foi o que fizeram. Uma maravilhosa dança lenta bem ali no meio do banquete enquanto todos os demais assistiam – surpresos e divertidos –, que se danassem os talheres e os copos de vinho.

Foi o lembrete perfeito de que a vida não é apenas negócios. Nós nos encontrávamos naquele breve espaço de tempo para sermos felizes juntos. E Richard Branson foi a pessoa perfeita que é, uma inspiração para mim como uma pessoa extraordinária que dominou a arte de trabalhar para realizar grandes visões ao mesmo tempo em que é persistentemente feliz no presente.

## APRESENTANDO A DISCIPLINA DO CONTENTAMENTO: A DISCIPLINA DO CONTENTAMENTO DIÁRIO

Quando Richard Branson devolveu a alegria a um jantar especial, ele estava demonstrando que a felicidade está no nosso controle. Quando as coisas se desequilibram, você pode conseguir voltar ao contentamento.

A ciência está nos mostrando que um dos fatores principais que nos faz funcionar da melhor maneira possível no mundo é nossa capacidade de controlar nosso nível de felicidade. Esse é um requerimento para aprender a dominar a realidade. Embora ela seja uma habilidade treinável, muitos ainda a consideram indefinível.

Neste capítulo, vou apresentar um sistema simples para dominar a felicidade no agora. Ele vai além de se sentir em paz e se sentir realmente feliz. Ele combina a mestria espiritual com o desejo do mundo real de alcançar suas metas e fazer suas intenções se tornarem realidade. Eu a chamo de a Disciplina do contentamento diário.

### Por que a felicidade é importante

Há uma grande quantidade de estudos sobre a ligação entre a felicidade e a eficiência. Aqui estão apenas algumas das fascinantes descobertas.

A FELICIDADE PODE MELHORAR O DESEMPENHO NO EMPREGO. No brilhante livro *The Happiness Advantage* (A vantagem da felicidade), Shawn Achor descreve um exercício comum da escola de medicina no qual médicos residentes fazem um diagnóstico com base no resumo dos sintomas e histórico do paciente. É um teste para o conhecimento e a habilidade do médico de pensar fora da caixa, sem ficar preso a um diagnóstico (conhecido como ancoragem). Em um estudo, pediu-se a três grupos de médicos que fizessem esse tipo de análise. Um grupo foi "preparado para sentir-se feliz" antes do exercício, outro grupo teve de ler material médico "neutro" antes do exercício, e o grupo de "controle" não recebeu nenhuma instrução antes do exercício. Os médicos preparados para se sentirem felizes foram quase duas vezes mais rápidos em fazer o diagnóstico correto, comparados aos do grupo de controle – e também os venceram facilmente em evitar a ancoragem. Que preparo misterioso foi esse? Os médicos no grupo da felicidade receberam um pequeno doce. E eles nem tiveram a permissão de comê-lo para evitar resultados parciais no estudo ao trabalhar com elevado grau de açúcar no sangue! O que leva à divertida questão que Achor faz em seu livro: "Talvez os pacientes devessem começar a oferecer pirulitos aos médicos, e não o contrário".

ATITUDES ADEQUADAS RENDEM RESULTADOS MELHORES. Martin Seligman, PhD, pioneiro no campo da psicologia positiva e autor de *Learn Optimism* (Aprenda a ser otimista), analisou 15.000 vendedores recém-contratados na MetLife usando um teste que ele desenvolveu para medir níveis de otimismo, e então acompanhou seu desempenho durante três anos. Os vendedores que se classificaram entre os dez primeiros em termos de otimismo atingiram um incrível resultado 88% melhor que os representantes classificados como os dez mais pessimistas. Seligman constatou que o poder do otimismo se manifestava também em outras profissões. Ele concluiu que, em geral, vendedores otimistas apresentavam um desempenho de incríveis 20 a 40% melhor do que os vendedores pessimistas.

A FELICIDADE PODE AJUDAR NO APRENDIZADO DAS CRIANÇAS. Em seu livro, *The Happiness advantage* (A vantagem da felicidade), Shawn Achor descreve um estudo realizado com crianças de quatro anos de idade que receberam algumas "tarefas de aprendizado" para fazer. A um grupo foi pedido que pensassem em algo que as fazia felizes; ao outro, não. O grupo "feliz" realizou a tarefa mais depressa e não cometeu tantos erros – o que nos faz imaginar o que pode acontecer se planejássemos escolas levando a felicidade do aluno em consideração.

Com tantos indícios de como a felicidade melhora o desempenho, parece evidente que aprender a controlar e manter a felicidade é parte importante da vida extraordinária. Mas primeiro temos de responder a uma pergunta: o que é exatamente felicidade?

## Como a felicidade acontece

Antes de mergulhar na prática da Disciplina do Contentamento, é importante primeiro definir o conceito de felicidade. Acredito que há diferentes tipos de felicidade.

### 1. Felicidade advinda de experiências especiais e únicas

Esta é a felicidade que vem de experiências humanas únicas. Há o contentamento com o coração acelerado causado por um sexo incrível. A alegria com o punho erguido de vencer um evento esportivo. A empolgação que enche o peito ao fechar um negócio importante. O contentamento atordoante de experiências arrebatadoras, induzidas quimicamente ou de algum outro modo. Esse contentamento é poderoso – ocorre no momento presente e dura pouco. Às vezes, ocorrem depressão e abatimento quando a química cerebral cai de um ponto tão alto. Em pequenas doses, é fantástico, mas pode ser perturbador, viciante e potencialmente destrutivo. Se estivéssemos ligados a máquinas de contentamento instantâneo que bombeassem essas substâncias químicas para nosso corpo ininterruptamente, a civilização pararia de avançar (e nós estaríamos contentes demais para ligar). A felicidade causada por uma experiência única é um tipo de felicidade de curto prazo, mas não pode ser o único tipo.

### 2. Felicidade advinda do crescimento e do despertar

Embora a felicidade causada por experiências seja maravilhosa, há um segundo tipo de felicidade. Ele é mais raro, mas parece ser mais duradouro. É a felicidade encorajada por praticantes espirituais e práticas transcendentais. Eu a chamo de felicidade do crescimento e do despertar. Esse tipo de felicidade vem de atingir elevados estados de consciência. As pessoas buscam o despertar de várias maneiras diferentes – de práticas conscientes a caminhos espirituais e práticas de todos os tipos. Os milhões que buscam algum tipo de caminho espiritual mostram o quanto esse nível de felicidade é importante para os seres humanos.

### 3. Felicidade advinda do significado

Adoro meus filhos, mas vamos ser sinceros: há momentos em que não é divertido ser pai. Tive noites insones, lidei com fraldas nojentas e andei horas sem fim com um bebê aos berros. Assim, eu não diria que estou sempre feliz por ser pai. E estudos mostram o seguinte: ter filhos tende a diminuir a felicidade. Mas, mesmo em dias difíceis, eu não os trocaria por nada. A grande maioria dos pais diz o mesmo.

O psicólogo social Roy Baumeister, PhD, descobriu que esse "paradoxo da paternidade" desaparece quando a busca por significado é acrescentada à equação. Ser pai é altamente significativo, mesmo que seja altamente exaustivo e exija sacrifícios pessoais que atuam contra a felicidade de curto prazo. O interessante no paradoxo da paternidade é que ele parece indicar que os humanos acham o significado tão importante que estamos dispostos a sacrificar certa quantidade de felicidade por ele.

Significado é o que obtemos ao ter uma visão saudável do futuro, como discutimos no Capítulo 6. Ele é um componente essencial da felicidade. Nos próximos capítulos, vamos dar um mergulho mais fundo em como encontrar o significado e a missão que vão colocá-lo no caminho pessoal para uma vida extraordinária.

Esses três tipos de felicidade nos acompanham silenciosamente a vida toda. Oportunidades para encontrar experiências, desenvolvimento, despertar e significados únicos estão sempre perto de nós. A maioria das pessoas simplesmente não procura com o empenho necessário. E a razão para isso é que estamos ajustados para funcionar a certo nível predeterminado de felicidade.

## O seu aferidor de felicidade

Pense em uma época de extrema felicidade em sua vida. Talvez seja o dia em que você se apaixonou, se casou, teve um filho, atingiu uma meta sonhada, teve uma epifania espiritual ou apenas se sentiu satisfeito por estar vivo. Passe alguns momentos vivenciando esses sentimentos. Incrível, certo?

Agora, observe como se sente agora.

As chances são de que agora você não se encontre no nível mais elevado, tampouco no mais baixo. É provável que você se encontre em algum ponto intermediário. Geralmente, não ficamos muito tempo no ponto mais alto ou no mais baixo de nosso espectro emocional.

Estudos mostram que cada um de nós tem um nível especial de felicidade ao qual retornamos depois que as coisas acontecem, boas ou ruins. Os pesquisadores chamam esse fenômeno de adaptação hedônica. Embora a adaptação hedônica possa nos proteger para não sermos esmagados para sempre pela tragédia, ela pode significar que mesmo a alegria de eventos imensamente positivos não se mantém conosco por muito tempo. Os seres humanos se adaptam com facilidade a qualquer coisa que acontece e então prosseguem com a vida.

Mas as pesquisas descobriram que a nossa felicidade é hackeável. Você já aprendeu como elevar seus parâmetros para as Doze Áreas de Equilíbrio em sua vida. A felicidade não é diferente. Tudo tem a ver com otimizar seus sistemas de vida. Acontece que você também pode realmente elevar o nível de felicidade a fim de vivenciar níveis mais altos de felicidade todos os dias, não importa o que esteja acontecendo a sua volta. Há três sistemas específicos de vida que podem ser especialmente úteis nesse caso.

## O CAMINHO PARA A DISCIPLINA DO CONTENTAMENTO: TRÊS SISTEMAS PODEROSOS PARA A FELICIDADE

Os três sistemas de Disciplina do Contentamento a seguir vão ajudá-lo a melhorar a qualidade de sua vida diária. Eles são chamados de práticas transcendentais: práticas conscientes que você internaliza ou incorpora. Você vai saber quando elas estiverem funcionando porque vai experimentar níveis mais altos de satisfação no dia a dia – e o aumento da felicidade geralmente ocorre instantaneamente.

Isso significa que coisas ruins não vão acontecer e que você nunca vai ficar infeliz? Claro que não. Mas significa que você vai ter a Disciplina do Contentamento para lidar com a adversidade de um lugar positivo e a capacidade de recuperar um parâmetro mais elevado do que antes.

Esses três sistemas são cientificamente provados para criar um impulso na felicidade; em alguns casos, um impulso de longa duração que pode durar meses. Estes são os três sistemas que utilizei para empurrar a mim mesmo para fora do estresse e da ansiedade em 2008 e reviver minha carreira e negócios. Eles também ajudarão a enfrentar as inevitáveis tempestades que você pode encarar enquanto persegue uma vida emocionante, "insegura", fora das Regras Estúpidas.

### Sistema de Disciplina do Contentamento 1: O poder da gratidão

Talvez nenhum exercício provoque um aumento de felicidade tão grande quanto a prática da gratidão – tanto que a gratidão está obtendo atenção significativa nas pesquisas e círculos científicos. A lista de benefícios cientificamente provados para a prática da gratidão hoje inclui:

- Mais energia;
- Mais atitudes magnânimas;
- Menos depressão;
- Menos ansiedade;
- Mais sensações de estar socialmente conectado;
- Melhor sono;
- Menos dores de cabeça.

Um estudo de Robert A. Emmons, PhD, e Michael McCullough, PhD, mostrou que pessoas que simplesmente escreveram cinco fatos pelos quais estavam agradecidas na semana anterior apresentaram uma diferença de 25% nos níveis de felicidade em comparação a pessoas que anotaram cinco fatos negativos da semana. Elas também se exercitaram mais e afirmaram que se sentiam mais saudáveis.

O dr. Emmons realizou outro estudo no qual as pessoas anotavam fatos positivos todos os dias. Elas não só relataram um aumento ainda maior na gratidão, como também afirmaram que ajudaram outras pessoas. Aparentemente, a gratidão leva à generosidade, o que, por sua vez, aumenta a felicidade e a gratidão dos outros. Esse é o tipo de contágio social que se pode ter.

### Apreciando a lacuna reversa

Assim, como tornar a gratidão uma ocorrência diária em sua vida? Mude a "lacuna". Essa ideia vem do orientador empresarial Dan Sullivan. Como mostrado no diagrama abaixo, a maioria das pessoas é treinada para observar a lacuna do futuro – a lacuna entre onde você se encontra agora e onde você quer estar. O problema é que dizemos a nós mesmos que vamos ficar felizes *quando* atingirmos tal objetivo de receita no trabalho; finalmente nos casarmos; tivermos um bebê; tivermos X quantia de dinheiro no banco, e assim por diante:

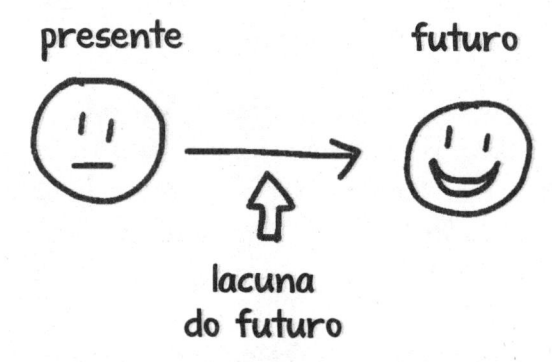

**presente** → **futuro**

⇧ lacuna do futuro

Mas aqui há um problema. Se você estiver perseguindo a lacuna do futuro, a perseguição nunca vai terminar. Não importa o quanto a vida fique boa, você sempre estará perseguindo a próxima ideia no horizonte. E, exatamente como ocorre com o horizonte real, você não pode alcançá-lo. Ele sempre vai estar a sua frente. Atrelar a felicidade à obtenção de alguma meta futura é como tentar alcançar o horizonte. Ele sempre vai estar um passo fora de seu alcance.

Em vez disso, Dan sugere que olhemos para trás – para o passado – e avaliemos o caminho que percorremos. Dan chama isso de lacuna reversa:

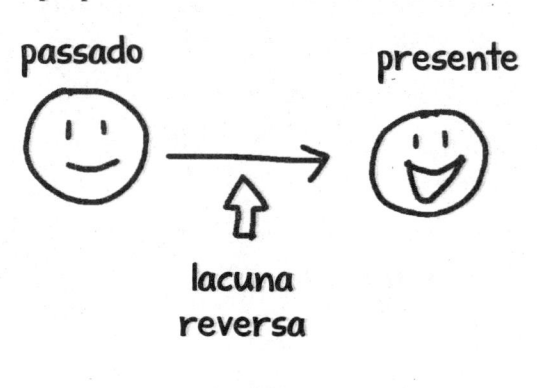

**passado** → **presente**

⇧ lacuna reversa

Dan explica o conceito dessa forma:

> No momento em que começo a ficar desapontado, desestimulado ou começo realmente a me sentir tenso, digo imediatamente: "Ok, o que você está comparando?" e, com certeza, estou comparando com um ideal. E no momento em que digo, "Ok, vire-se, de onde você veio?". E no momento em que me viro e avalio o que há atrás considerando o ponto de partida para essa atividade em especial – bang, eu me sinto ótimo... Aprendi muito. Fiz um progresso enorme... Em questão de segundos, vou da zona negativa de estar na lacuna para a zona positiva de medir meu verdadeiro progresso.

Mesmo em tempos difíceis, você pode olhar para trás e ver quanto caminhou, quanto aprendeu e o apoio que recebeu ao longo do caminho. Prestar atenção à "lacuna reversa" é um exercício perfeito de gratidão e tem probabilidade muito maior de aumentar sua felicidade do que lutar por ela no futuro. É por isso que a gratidão é um sistema tão poderoso para a Disciplina do Contentamento.

Acredito que todos os dias devem começar e terminar com gratidão. Eu a pratico todos os dias em minha meditação matinal. Todas as manhãs, concentrado na lacuna reversa, penso em cinco fatos pelos quais estou agradecido em minha vida pessoal. Depois penso em cinco fatos pelos quais sou agradecido no trabalho e na carreira. Uma lista típica pode ser como esta:

### Vida pessoal
1. Minha filha, Eve, e seus lindos sorrisos.
2. A felicidade que senti na noite anterior relaxando com um copo de vinho tinto e assistindo *Sherlock*, na BBC.
3. Minha mulher e parceira de vida.
4. O tempo passado com meu filho construindo sua mais recente criação de Lego Star Wars.
5. A maravilhosa xícara de café gourmet que minha funcionária Tania deixou na minha mesa.

***Vida profissional***
1. Minha equipe de liderança e o incrível talento que levam para nossa empresa.
2. Uma carta especialmente sensacional que recebi sobre meu curso on-line de Engenharia da Consciência.
3. O Dia da Cultura incrivelmente divertido que tivemos ontem no escritório.
4. O fato de que os planos estão se integrando para a realização da próxima A-Fest em outro local fantástico.
5. Ter colegas de trabalho que são amigos e que me cumprimentam com abraços quando chego ao escritório.

Toda essa prática não leva mais que 90 segundos. Mas talvez sejam os 90 segundos mais importantes e poderosos que gasto todos os dias.

**EXERCÍCIO: GRATIDÃO DIÁRIA**

No Capítulo 4, você aprendeu dois exercícios de gratidão que duram apenas um ou dois minutos todos os dias e ajudam a evitar que modelos negativos de realidade criem raízes. Aqui, vamos nos aprofundar um pouco mais no processo. Todos os dias, gaste alguns minutos para se concentrar na lacuna reversa – o que aconteceu na sua vida pelo que você está agradecido? Pense sobre...

- De três a cinco fatos pelos quais está agradecido em sua vida pessoal.
- De três a cinco fatos pelos quais está agradecido em sua vida profissional.

Para algumas pessoas, expressar gratidão por fatos em seu ambiente imediato pode parecer estranho. Tudo bem; muitos de nós temos adotado uma forma de vida livre de gratidão, o que significa que é ainda mais importante superar o desconforto. Aqui estão algumas dicas para melhorar o processo à medida que você se acostuma com ele:

CONCENTRE-SE NOS SENTIMENTOS. Muitas pessoas transformam isso em um exercício mecânico de criação de listas de fatos pelos quais "deve" se sentir agradecidos (geralmente um sinal de que uma Regra Estúpida está dominando o cenário). Para evitar essas armadilhas, concentre-se em seus *sentimentos*: feliz, otimista, confortado, confiante, amoroso, orgulhoso, sexy, alegre, repleto de amor. Passe de cinco a dez segundos em cada item, deixando que os sentimentos brotem. Quando você encontrar algo pelo qual se sente realmente agradecido – seja um ótimo filho ou uma pele ótima –, vai sentir um impulso irresistível na direção do contentamento.

FAÇA ESSES EXERCÍCIOS DUAS VEZES AO DIA, DE MANHÃ E DE NOITE. Assim como Arianna Huffington descreve seu sistema de meditação como forma de iniciar animadamente a manhã na direção certa, usar apenas um momento para expressar gratidão pela manhã pode exercer um impacto surpreendente no resto do dia. Da mesma forma, terminar o dia com gratidão lhe permite estabelecer um modelo de realidade mais positivo.

PARTILHE A SENSAÇÃO BOA DA GRATIDÃO. Pense em meios de usar ou adaptar esses exercícios com outras pessoas em sua vida. Experimente-os com seus filhos, como eu faço, ou com seu parceiro quando toma um copo de vinho no fim de semana (esse é um verdadeiro happy hour). Os benefícios vão ser ainda maiores se você os partilhar, e ouvir pelo que outras pessoas se sentem agradecidas pode inspirá-lo a encontrar mais gratidão em sua própria vida.

## Sistema de Disciplina do Contentamento 2: Perdão

No Vale do Silício, o movimento da Autoquantificação está crescendo em popularidade. Pessoas conhecidas como bio-hackers estão medindo todos os aspectos de seu ser. Se você já usou um aplicativo de monitoramento de sono em seu smartphone para medir a qualidade de seu sono ou se já usou um podômetro para registar quantos passos deu no dia, você faz parte do movimento da Autoquantificação. Em resumo, você está usando mensurações e métricas para melhorar seu bem-estar.

A Autoquantificação está agora chegando à meditação em grande estilo por meio de máquinas de mensuração de ondas cerebrais tradicionais, mas com um diferencial fantástico.

Recentemente, pude experimentá-la diretamente com o convite de meu amigo Dave Asprey. Dave é o empreendedor formidável por trás da marca de café Bulletproof e é uma das pessoas mais saudáveis, espertas e inteligentes que conheci. Mas ele me contou que há menos de dez anos ele pesava mais de 150 quilos e a vida dele era um caos. Dave disse que tudo mudou quando ele experimentou essa nova forma de meditação.

Voei até Vitória, na Colúmbia Britânica, para encontrar Dave e experimentar seu programa chamado 40 anos de Zen. Por que o nome estranho? Bem, os cientistas que desenvolveram essa tecnologia estudaram as ondas cerebrais de muitas pessoas notáveis – bilionários, intuitivas, criativas, monges e místicos. Eles constataram que, quando você medita usando esses métodos, o seu cérebro assume o mesmo padrão de alguém que passou de 21 a 40 ANOS realizando meditação Zen.

E assim iniciei a jornada nesse programa com algumas das pessoas mais incríveis que já conheci. Nosso grupo de sete pessoas consistia em um famoso ator de Hollywood, um sujeito que tinha acabado de vender sua empresa por um bilhão de dólares, um médico famoso, o especialista em nutrição e boa forma JJ Virgin, a lendária mente do marketing, Joe Polish, e Dave.

Em alguns aspectos, a experiência foi semelhante ao modo que usamos aplicativos de monitoramento de sono para medir a qualidade do nosso sono, mas de uma maneira tecnológica superavançada: Fomos ligados a um equipamento mais avançado e especializado de *biofeedback* para medir as nossas ondas cerebrais. O equipamento emitia diferentes sons, dependendo das ondas cerebrais que estávamos produzindo (ondas alfa, associadas à elevada criatividade, à compaixão, às informações, ao perdão e ao amor; ondas teta, relacionadas a flashes de criatividade e intuição; e ondas delta, associadas, disseram-nos, à "alteração da realidade"). Nós também víamos números em nossas telas que indicavam as amplitudes de nossas ondas cerebrais (amplitudes mais altas são melhores) e a coerência entre ambos os hemisférios de nosso cérebro (melhor coerência significa melhores estados mentais).

A diferença entre 40 anos de Zen e, digamos, a meditação ou consciência clássica é simples. Ela se baseia em verdadeiro *biofeedback*. Quando você medita com o cérebro conectado a uma máquina que registra todos os altos e baixos de suas ondas cerebrais, é fácil indicar exatamente o que funciona ou não. Você pode ver os resultados do que está acontecendo na sua mente.

No mesmo instante.

O principal foco de nossas sessões era nos ensinar a aumentar nossas ondas alfa, que nos permitiram acessar estados mais elevados de criatividade, uma mente mais relaxada, melhores habilidades para solucionar problemas e, em geral, muitos dos mesmos benefícios que se colheria com muitos anos de meditação.

Todos nós estávamos fazendo descobertas incríveis. No final do período ali, eu estava sentindo uma diferença notável. Na verdade, minha prática nunca tinha evoluído tão depressa em tão curto espaço de tempo.

Como resultado, o grande segredo para aumentar as ondas alfa era apenas *um* detalhe. E passamos sete dias inteiros focados nele.

Perdão.

As pessoas responsáveis pelo programa descobriram que guardar ressentimentos e rancores é o maior fator para suprimir as ondas alfa. Assim, foi essencial nos livrarmos de qualquer sinal disso em nosso sistema.

Ninguém mencionou perdão no folheto quando nos inscrevemos no programa. Nós nos inscrevemos para melhorar nosso raciocínio e criatividade, para experimentar profundos estados de meditação, para domar o estresse e a ansiedade. No entanto, o perdão nos deu tudo isso. Pudemos ver isso em nossos resultados de *neurofeedback*.

Tivemos de perdoar todas as pessoas que nos fizeram mal na vida, mesmo que fosse da maneira mais superficial imaginável.

Tive de perdoar professores do ensino médio, parceiros de negócios, membros da família – todos em que pude pensar que achava que tinham me prejudicado, muito ou pouco.

E sempre que eu realizava uma rodada de perdão, minhas ondas alfa disparavam. O método ensinado era incrivelmente eficiente.

Para mim, o momento foi oportuno. Eu tinha muito a perdoar.

### *Recuperando-se de um pesadelo*

Às vezes, a vida o coloca em situações divertidas, quase irônicas.

Só três meses antes de participar desse treinamento, eu tive uma das mais terríveis experiências da vida. Eu emprego cerca de 150 pessoas em um de nossos escritórios. E eu descobri que alguém a quem tinha confiado o gerenciamento das operações e escritórios da empresa estava nos roubando. Ele tinha criado falsos vendedores – do técnico do ar-condicionado a faxineiros e técnicos de manutenção – e então pagava para suas próprias empresas quantias exorbitantes para atender nosso escritório. Assim, a pessoa que eu tinha contratado para gerenciar os serviços de manutenção do escritório estava, na verdade, pagando suas próprias empresas para prestar serviços para a nossa companhia. Isso era ilegal e altamente corrupto.

Quando ele foi apanhado, já tinha embolsado mais de $100.000. Foi um grande golpe para mim. Eu não conseguia acreditar que alguém em quem tinha confiado profundamente pudesse tirar vantagem de mim dessa forma. Eu tinha confiado nesse homem durante quatro anos. Senti-me enjoado, mas não soube dizer se era de raiva ou desgosto.

Infelizmente, por mais dolorosa que a descoberta tivesse sido, o pior ainda estava para acontecer. Quando finalmente o despedimos e registramos queixa contra ele na polícia, ele continuou com a violência para dificultar a minha vida. De ameaças de que capangas me dariam uma surra a de ver meu carro sendo seguido por membros da quadrilha, a perturbar nossas atividades comerciais mandando o corpo de bombeiros investigar falsas acusações de que nosso escritório não tinha segurança em caso de incêndio – ele fez tudo que podia para distrair-nos do trabalho durante meses. Foi uma época tensa para mim e para minha família, e provavelmente um dos fatos mais estressantes que já tive de suportar.

Quando realizamos o exercício de perdão no 40 Anos de Zen, decidi deixá-lo para o final.

Finalmente, lá estava em um quarto escuro, meditando. Perdoar um homem que havia roubado minha empresa; traído minha confiança; ameaçado me ferir. Quando terminei o exercício, ouvi a máquina emitir um bip repentino.

Eu tinha atingido o mais alto registro das ondas cerebrais.

Perdoar aquele homem me liberou. Eu sempre soubera que o perdão era extremamente poderoso, mas nunca até esse ponto. Também fiquei genuinamente surpreso por poder perdoá-lo tão completamente. Mas, mais que isso, senti uma profunda compaixão por ele.

Mesmo tendo sido atormentado pelos atos dessa pessoa, acredito que, se o visse hoje, poderia me sentar tranquilamente ao seu lado, tomar um café e tentar compreendê-lo sem ficar irritado ou aborrecido.

É isso que significa a frase: "Perdoar no amor".

Assim, para qualquer pessoa que esteja procurando dominar a Disciplina do Contentamento, o segredo é o perdão.

### EXERCÍCIO: LIBERTE-SE E PERDOE VERDADEIRAMENTE

Aqui está como realizar uma variação simplificada do exercício de perdão que aprendi.

*Preparação*

Em um caderno ou no computador, faça uma lista das pessoas que acha que foram injustas com você ou situações em que foi prejudicado. Elas podem ser recentes ou de um passado distante. Pode não ser fácil fazer isso, especialmente se você estiver lidando com uma situação muito dolorosa ou antiga. Seja paciente consigo mesmo e lembre-se de que o perdão, como a felicidade, é uma habilidade treinável. Na minha vida, achei que valeu a pena o tempo e o esforço necessários para liberar a raiva e a dor do coração. Quando você estiver pronto, escolha uma das pessoas da lista e comece o exercício.

*Passo 1: Monte a cena*

Primeiro, com os olhos fechados, durante uns dois minutos, sinta-se no exato momento em que o fato ocorreu. Visualize o ambiente. (Em uma de minhas sessões, por exemplo, imaginei o diretor intimidador diretor da escola na quadra de basquete quando ele me aplicou o castigo de ficar horas de pé sob o sol quente.)

*Passo 2: Sinta a raiva e a dor*

Quando vir a pessoa que o prejudicou em sua frente, sinta a emoção. Reviva a raiva e a dor. Sinta-os queimar. Mas não faça isso por mais que poucos minutos.

Depois de trazer essas emoções à tona, passe para o próximo passo.

*Passo 3: Perdoar e amar*

Veja a mesma pessoa a sua frente, mas sinta compaixão por ela. Pergunte a si mesmo: *O que aprendi com isso? Como essa situação tornou minha vida melhor?*

Enquanto passava por esse processo, lembrei-me de uma citação de um de meus autores prediletos, Neale Donald Walsch: "[O universo] lhe enviou nada além de anjos". Todos que entraram em nossa vida, mesmo os que nos magoaram, não são nada mais que mensageiros que vieram nos ensinar uma lição importante.

Pense nas lições que você pode extrair dessa situação, por mais dolorosa que tenha sido. Como elas o ajudaram a crescer?

Em seguida, concentre-se na pessoa que o prejudicou. Que sofrimento ou angústia eles podem ter passado na vida para fazê-los agir dessa forma?

Lembre-se de que os que magoam as pessoas o fazem porque, em algum momento, também foram magoados em certo grau. Pense em como eles podem ter sido magoados na infância ou em anos recentes.

Quando fiz esse exercício, vi o homem que tinha me roubado e tentei imaginá-lo como um garotinho. Talvez ele tenha tido uma infância pobre. Talvez ele tenha sofrido abusos por parte dos pais. Talvez sua vida tivesse sido uma luta constante, e o único meio de sobrevivência quando criança fosse o roubo. Não conheço sua história real, e não preciso conhecê-la, mas foi útil imaginá-lo em uma situação em que pude sentir compaixão por ele em vez de apenas hostilidade.

Esse processo pode levar alguns minutos. Depois, você pode sentir uma carga negativa um pouco menor em relação a essa pessoa. Repita o processo até se sentir à vontade para perdoar e amar. Em se tratando de uma ofensa grave, o processo pode levar horas ou dias. Para uma ofensa leve, como um problema insignificante com um colega de trabalho, talvez você não precise de mais que cinco minutos. Aprendi com essa experiência que não se precisa pedir às outras pessoas que o perdoem. Você só precisa perdoá-las. E isso está totalmente no seu controle.

Agora, há uma diferença importante para ser lembrada aqui. "Perdoar e amar" não significa simplesmente esquecer (no meu caso, retirar as queixas contra o homem na polícia). Você ainda precisa se proteger e tomar as medidas necessárias. Principalmente atos criminosos devem ser relatados às autoridades.

Mas o sofrimento do que aconteceu não deve consumi-lo.

Meu amigo Joe Polish, que fez o treinamento comigo, enviou-me uma citação que encontrou na web por meio de mensagem de texto no dia seguinte:

INVULNERÁVEL: Quando você está realmente em paz e em contato consigo mesmo. Nada que alguém diga ou faça o incomoda e nenhuma negatividade pode afetá-lo.

Quando se aprende a realmente perdoar, tornamo-nos invulneráveis. Alguém pode agir de forma desprezível com você e, sim, você vai se defender e se proteger, se necessário. Mas você vai poder dar continuidade à vida sem ter de desperdiçar sua energia com essa pessoa.

O fato que definitivamente fez o 40 Anos de Zen ser a experiência de desenvolvimento pessoal mais poderosa que tive foi a sensação de libertação que senti no final. Eu me livrei de muitos ressentimentos que carregava há anos. Eu me libertei de lembranças dolorosas que esqueci que existiam e que estavam me oprimindo. E, finalmente, desembaracei-me de cargas negativas que sentia em relação a pessoas que achava que tinham me magoado.

Nunca me senti tão em paz comigo mesmo do que depois desse processo.

## Sistema de Disciplina do Contentamento 3: A prática de dar

Dalai Lama disse uma vez: para ser feliz, faça os outros felizes.

A doação é o caminho para atingir esse objetivo.

Doação é uma consequência natural da gratidão. A gratidão nos enche de sentimentos positivos e de energia para viver. Quando nosso copo está cheio, temos a capacidade de dar aos outros. O estudo do dr. Emmons constatou que as pessoas que praticam a gratidão são mais atenciosas. A pesquisa do dr. Baumeister descobriu que ser um "doador" autodenominado está ligado a um maior sentimento de significado na vida. Ele também constatou que significado na vida está ligado a fazer coisas boas para outras pessoas.

Dar felicidade aos outros é imensamente poderoso, eleva tanto o doador quanto o receptor, e é fácil, porque a felicidade é contagiosa. Pode ser algo de sorrir e dizer bom dia com satisfação a deixar bilhetinhos em pastas ou lancheiras; de se esforçar um pouco mais em um projeto a realizar uma tarefa doméstica adicional sem que lhe peçam; de dar a tarde livre para a equipe a encontrar sua namorada com entradas-surpresa para um show à noite "só porque".

Dar é o caminho para fazer isso. Na verdade, a única moeda que realmente importa em um mundo incerto é a bondade e generosidade passadas de um ser humano a outro.

Em 2012, decidi tentar um experimento com doação na Mindvalley. O dia de São Valentim (dia dos Namorados) estava chegando e eu escutei muitos solteiros reclamando a respeito. Assim, aqui está a experiência que se originou desse fato: na semana anterior ao dia de São Valentim, cada pessoa da empresa sorteou o nome de um colega de dentro de um chapéu. Elas se tornaram o anjo secreto daquele "humano" durante a semana. Demos a cada anjo secreto uma simples instrução: faça algo bom para o "seu" humano durante cinco dias. Café da manhã com croissant, doces, flores, cartões ou apenas um bilhete elogioso deixado na mesa – esses são apenas alguns exemplos do que as pessoas podem dar. Ao final da semana, houve a grande revelação, e muitos risos e abraços em todo o escritório. Nós a chamamos de Semana do Amor.

As pessoas acabaram saindo de sua rotina para organizar as mais incríveis surpresas para seus humanos. Dentre elas estavam preparar e mandar entregar refeições, escolher peças de artesanato com cuidado, cobrir a mesa de alguém com flores ou balões – e, certa vez, até uma passagem de avião para um local interessante.

Também houve uma segunda surpresa. A grande maioria dos empregados entrevistados afirmou que realmente gostava do ato de dar mais do que do ato de receber os presentes. Eles adoravam planejar uma surpresa diária com algo que sabiam que seu humano apreciaria. Se não conheciam bem seu humano, grande parte da diversão vinha de encontrar meios secretos para aprender coisas sobre ele com colegas e ter ideias criativas para o que dar.

O experimento foi tão bem-sucedido que agora o fazemos todos os anos. No final da Semana do Amor, todo o escritório estava borbulhando de felicidade. E, embora você imagine que seja impossível trabalhar com tanto divertimento, a Semana do Amor foi realmente um dos hacks de produtividade que fazemos todos os anos. Um estudo do Gallup com mais de 10 milhões de trabalhadores descobriu que os que responderam "sim" à pergunta "Meu supervisor, ou alguém no trabalho, parece se importar comigo como pessoa?" eram mais produtivos, contribuíam mais para os lucros e tinham significativamente mais probabilidade de ficar na empresa por um longo tempo.

Dar é um sistema poderoso para levar contentamento a sua vida. Um elogio a um colega, uma mensagem escrita de apreciação, um convite para que alguém passe a sua frente em uma fila – todas essas atitudes aparentemente pequenas vão ajudar a elevar a sua felicidade ao mesmo tempo em que criam minúsculas ondas que talvez você não veja, mas, quando multiplicadas, nos ajudam a tornar este mundo um lugar mais gentil e maravilhoso.

*Seja implacável com a sua gentileza.*

**EXERCÍCIO: FORMAS DE DAR**

*Etapa 1: Faça uma lista de tudo que poderia dar aos outros*

Algumas ideias: tempo, amor, compreensão, compaixão, habilidades, ideias, sabedoria, energia, ajuda física... o que mais?

*Etapa 2: Pense e seja específico*

Que habilidades (contabilidade, suporte técnico, aulas, assistência jurídica, redação, administração de escritório, habilidades artísticas)? Que tipos de sabedoria (orientar profissionalmente; trabalhar com crianças; ajudar terceiros a lidar com a experiência que você teve, como passar por uma doença; cuidar de idosos; ter sido vítima de um crime)? Que tipos de ajuda física (consertar coisas, ajudar idosos, cozinhar, ler para cegos)?

*Etapa 3: Pense onde você poderia ajudar*

Na sua família ou família de seu parceiro? No trabalho? Na vizinhança? Na sua cidade? Empresas locais? Comunidade espiritual? Biblioteca local? Organizações da juventude? Hospitais ou asilos? Organizações políticas ou sem fins lucrativos? Que tal começar um grupo ou despertar a consciência sobre uma causa negligenciada?

*Etapa 4: Siga a sua intuição*

Reveja suas listas e marque os itens que o deixarem estimulado.

***Etapa 5: Aja***

Observe e fique atento, procure coincidências que levam oportunidades em sua direção e explore as possibilidades.

Você também pode levar sistemas como a Semana do Amor ao seu escritório ou local de trabalho. A Mindvalley produziu um guia para empresas sobre como implementá-la nos locais de trabalho. Você pode assistir a um vídeo curto e aprender os passos em http://www.mindvalley.com/extraordinary. E então se junte a nós na semana do Dia dos Namorados, quando iniciamos juntos a Semana do Amor com milhares de outras empresas.

## A CAMINHO DA DISCIPLINA DO CONTENTAMENTO

Eu gostaria de contar uma história de minha mulher, Kristina, sobre um encontro que ela teve com um dos mais sábios seres vivos nesta Terra.

Kristina trabalhava para uma ONG na época e era voluntária na UNHCR (Alto Comissariado das Nações Unidas para Refugiados). A vida dos refugiados na Ásia pode ser terrível e, embora o trabalho de Kristina fosse recompensador, também era extremamente estressante ver tanto sofrimento todos os dias. Nas palavras dela, às vezes ela "se sentia quase culpada por ter uma vida tão feliz e afortunada".

Essas questões permeavam sua mente quando chegou a oportunidade de fazer uma pergunta ao Dalai Lama quando estávamos naquela incrível conferência em Calgary. Kristina perguntou: "Como é possível ser feliz quando vemos tanto sofrimento e tragédia todos os dias?".

A resposta de Dalai Lama foi, na verdade, uma pergunta, e foi simplesmente essa: "Mas quem você poderá ajudar se for infeliz?".

E essa talvez seja uma das coisas mais importantes para compreender sobre a Disciplina do Contentamento. Você pode estar cercado por dor. Você pode sentir empatia, colocar-se no lugar dos outros, mas, no final, a disciplina do contentamento lhe permite ajudar a espalhar mais contentamento no mundo. Essa é a mais forte expressão da vida extraordinária.

Isso nos leva à Lei 7:

> **LEI 7: PRATIQUE A DISCIPLINA DO CONTENTAMENTO**
> Mentes extraordinárias compreendem que a felicidade vem de dentro. Elas começam com a felicidade no agora e a usam como combustível para impulsionar todas as suas outras visões e intenções para si mesmas e para o mundo.

Espero que este capítulo tenha lhe mostrado como é fácil levar a Disciplina do Contentamento a sua vida e quanto os resultados podem ser poderosos. Viva-a, partilhe-a e ela vai criar raízes e crescer.

# 8 CRIE UMA VISÃO PARA O SEU FUTURO

## ONDE APRENDEMOS A GARANTIR QUE AS METAS QUE PERSEGUIMOS REALMENTE LEVEM À FELICIDADE DURADOURA

Cara. Ele sacrifica a saúde para ganhar dinheiro. Então ele sacrifica o dinheiro para recuperar a saúde. E então ele fica tão ansioso quanto ao futuro que não usufrui o presente; como resultado, ele não vive no presente ou no futuro; ele vive como se nunca fosse morrer, e então morre como se nunca tivesse vivido realmente.
[JAMES J. LACHARD,
SOBRE O QUE É MAIS SURPREENDENTE NA HUMANIDADE]

## A NECESSIDADE DE UMA VISÃO

Sonhos, visões, aspirações, metas – dê-lhes o nome que quiser – são essenciais para uma vida extraordinária. Eu os chamo de impulso à frente. Quando a vida não tem significado, é como viver no deserto, ressequido, sem água.

Neste capítulo, você vai aprender como aventurar-se no caminho em direção do extraordinário, ficando mais ousado e melhor com suas metas. Todas as mentes extraordinárias que conheci – incluindo as que mencionei neste livro – sonham com ousadia e sem arrependimento. Vou partilhar um sistema simples e agradável, porém centrado, para estabelecer metas e perseguir sonhos em todas as áreas de sua vida. Quero que você acorde daqui a dez anos sem dizer: "O que eu fiz?", mas "Isso foi incrível... Agora, o que vem a seguir?".

## OS PERIGOS DA FIXAÇÃO DE METAS

Fixar metas é uma prática absurda da qual desisti há muito tempo. É simplesmente perigoso demais quando feito sem o treinamento correto.

Veja, a fixação moderna de metas, como é explicada em inúmeros cursos de faculdade ou para alunos do ensino médio, não trata realmente de ensiná-lo como buscar o que realmente vai ajudá-lo a levar uma vida extraordinária. Em vez disso, ela trata de ensinar você a buscar alguma Regra Estúpida da paisagem cultural — Regras Estúpidas que muitas vezes o levam a perseguir coisas que você vai acabar percebendo que não importam. Ela trata mais de segurança do que de uma vida verdadeira.

A maior dessas Regras Estúpidas é a ideia de que você precisa mapear a sua vida para empurrá-lo na direção de uma ideia ridícula chamada carreira. Como resultado, quando a maior parte das pessoas pensa em estabelecer metas e visões para o futuro, seu modelo dominante foca a carreira ou o dinheiro. Besteira.

Como mostra a famosa opinião do filósofo zen Alan Watts:

> Esqueça o dinheiro, porque se você disser que ganhar dinheiro é a coisa mais importante, você vai passar a vida desperdiçando totalmente o seu tempo. Você vai fazer coisas de que não gosta a fim de continuar vivendo — ou seja, continuar a fazer coisas de que não gosta. O que é uma tolice. É melhor ter uma vida curta repleta de coisas que você gosta de fazer do que uma vida longa gasta de um jeito deplorável.

Muitas pessoas perseguem metas que *imaginam* que vão fazê-las felizes — só para acordar certo dia, aos 40 anos de idade, perguntando-se que raios aconteceu com elas ao se descobrirem presos a uma vida sem inspiração, entediante e estagnada. Como isso aconteceu?

Primeiro, o grande problema na vida dos países industrializados é que, com muita frequência, se espera que possamos escolher uma carreira antes mesmo de podermos comprar uma cerveja legalmente. Quando era um estudante de 19 anos, esperava-se que eu decidisse fazer carreira na engenharia de computação antes mesmo de saber do que eu realmente gostava. Passaram-se anos de crescente infelicidade, além do abalo de ser despedido da Microsoft antes de descobrir que rotina adotaria. Há uma falha fundamental no sistema moderno de fixação de metas. Com a mente anuviada pelas Regras Estúpidas, nós confundimos os *meios* com o *fim*.

## ESCOLHA METAS FINAIS;
## ESQUEÇA AS METAS INTERMEDIÁRIAS

Você provavelmente ouviu a expressão "foi um meio para atingir um fim". Ela também se aplica a metas. Muitas vezes, as pessoas confundem metas intermediárias com metas finais. Escolhemos cursos na faculdade, caminhos profissionais, caminhos na vida, como se fossem fins em si mesmos quando, na realidade, eles são *meios para alcançar um fim*. Podemos investir anos de esforço e dinheiro em metas intermediárias disfarçadas de metas finais. Isso pode nos causar problemas. A diferença entre uma meta intermediária e uma meta final é uma das lições que eu gostaria que mais pessoas aprendessem cedo na vida. Metas finais referem-se a experimentar o amor, viajar pelo mundo sendo realmente feliz, contribuir para o planeta porque fazer isso confere significado, e aprender uma nova habilidade pelo simples prazer de fazê-lo.

Metas finais falam à alma. Elas lhe trazem alegria por si mesmas, não porque proporcionam algum rótulo, padrão ou valor externo criado pela sociedade. As metas finais também não são realizadas com o propósito de ganhar dinheiro ou por recompensas materiais. Elas são as experiências que criam as melhores lembranças de nossa vida.

As minhas metas finais mais fantásticas foram:

- Alcançar o topo da montanha Kinabalu e olhar para as nuvens abaixo enquanto o sol nascia sobre a ilha de Bornéu.
- A lua de mel com Kristina em Svalbard, Noruega, caminhando em meio a tempestades de neve no clima ártico.
- Convidar meus empregados a ver o moderno escritório que parecia saído de um filme de ficção científica com que eu tinha sonhado há anos, e observar sua expressão de admiração quando abrimos as portas pela primeira vez.
- Ver minha filhinha dançar para mim pela primeira vez (ao som de "Achy Breaky Heart", de Billy Ray Cyrus).

Contudo, persegui metas intermediárias durante a maior parte da vida. Metas intermediárias são as coisas que a sociedade nos diz que precisamos ter para sermos felizes. Quase tudo que defini como metas era, na verdade, um meio para o fim, não um fim em si, incluindo:

- Formar-me no ensino secundário com uma boa média final.
- Qualificar-me para a faculdade adequada.
- Garantir um estágio no verão.
- Conseguir um emprego na Trilogy Software, em Austin, Texas.

Outra meta intermediária comum inclui atingir determinados níveis de renda, obter boas avaliações e promoções em determinado ponto no trabalho, e estar com uma pessoa específica.

Mas quando as metas intermediárias se tornam seu foco, você acaba se perdendo.

Adoro este conselho do escritor Joe Vitale: "Uma boa meta deve provocar um pouco de medo e muita empolgação". Medo e empolgação são duas sensações fantásticas geralmente criadas por metas finais. Medo é bom, porque significa que você está ultrapassando seus limites – é assim que você caminha na direção do extraordinário. Empolgação significa que essa meta está genuinamente perto de seu coração – não é algo que você vai fazer para agradar alguém ou para cumprir as Regras Estúpidas da sociedade.

### O DIA EM QUE ME DEMITI

Em 2010 finalmente aconteceu. Eu tinha prometido a mim mesmo que, se eu acordasse durante duas semanas seguidas detestando ir ao trabalho, eu deveria me demitir e pensar em outro emprego. Em 2010, pela primeira vez, senti essa aversão.

Naquela época, a Mindvalley era uma empresa diferente e eu a administrava com Mike, cofundador e amigo da Universidade de Michigan. Mindvalley era um empreendimento de risco, uma pequena empresa derivada de várias outras pequenas empresas da web com o objetivo de gerar renda. Tínhamos lançado várias lojas de e-commerce, um algoritmo de software para calcular a qualidade de posts em blogs e até um dispositivo de favoritos sociais que tínhamos vendido.

Mike e eu éramos bons no que fazíamos, mas nossa amizade tinha terminado há muito e trabalhar juntos não provocava mais o mesmo entusiasmo. Enquanto a Mindvalley avançava por si mesma, eu estava procurando outros empreendimentos, e o mesmo ocorria com Mike. Uma de minhas metas era começar e vender outra empresa para que eu pudesse deixar mais uma marca de sucesso empresarial no meu histórico. E eu estava perto. Minha segunda empresa, um site de negociações diárias para o sudeste da Ásia, estava decolando e eu tinha acabado de receber uma quantia significativa de investidores. Eu estava dirigindo duas empresas ao mesmo tempo e, segundo minha lista de metas, eu deveria estar feliz:

- Empresa em franca expansão. OK
- Finanças. OK
- Atenção da imprensa e da mídia em geral. OK
- Dinheiro. OK
- Títulos e recompensas. OK

No entanto, eu não estava feliz. Eu estava entediado no trabalho. Eu detestava o que fazia e detestava ir para o escritório. Eu me sentia solitário. Quando a maioria de seus amigos são parceiros de negócios ou empregados e você sente aversão ao trabalho, as amizades também sofrem. A Mindvalley existia para gerar fluxo de caixa, mas não me conferia nenhum significado especial, tampouco contribuía para a humanidade.

Como as coisas tinham ficado desse jeito?

Eu estava dominando a realidade: eu tinha sido feliz e tinha visões que me empurravam para frente. E eu tinha me tornado incrivelmente bem-sucedido e rico. Embora eu tivesse alcançado todas as minhas metas como empreendedor, sentia falta de algo.

Inadvertidamente, caí na armadilha de confundir metas intermediárias com metas finais. Eu acabei me transformando em um empresário com um negócio e dinheiro no banco. Eu era meu patrão. Mas eu não tinha me dado ao trabalho de fixar metas finais verdadeiras que fossem além disso.

Então, pelo que meu coração realmente ansiava?

- Eu queria poder viajar a países exóticos e locais maravilhosos em todo o mundo.
- Eu queria poder me hospedar em hotéis cinco estrelas com minha família e viver com luxo.
- Eu queria poder viajar com meus filhos e expô-los a oportunidades de aprendizado únicas.
- Eu queria ter amigos de todas as partes do mundo que fossem homens e mulheres fantásticos orientados por valores focados na humanidade e que realizassem grandes feitos no mundo. (Cara, eu me sentia solitário fincado na Malásia.)
- Eu queria conhecer muitas das lendas do mundo dos negócios e do crescimento pessoal que tinham me inspirado.
- Eu queria poder ensinar e colocar no papel meus modelos de crescimento pessoal para o mundo.
- E eu queria que meu trabalho fosse incrivelmente divertido.

Anotei essas metas em 2010. Não se tratava mais apenas de pequenas novas empresas, ganhar dinheiro e expandir os negócios. Eu queria uma vida que fosse divertida e significativa.

Acontece algo interessante quando se dá uma visão clara à mente. Quer a meta seja intermediária ou final – a sua mente vai encontrar um modo de levá-la até você. Por isso digo que, para a mente destreinada, a fixação de metas pode ser perigosa. Você pode acabar em algum lugar em que não quer estar. Mas quando você aprender sobre metas finais e seu significado, e fizer o exercício que mostro neste capítulo, você terá maiores probabilidades de acabar onde o seu coração e sua alma realmente desejam estar.

Quando fiz essa lista, não tinha ideia de como essas metas se realizariam. Contudo, a mente humana, quando recebe uma meta clara, pode ser uma força incrível para a mudança. Às vezes, o caminho para a sua meta final pode ser inesperado. Certamente esse foi o meu caso.

Entediado, solitário e ansioso por significado e aventura, eu estava definitivamente experimentando um daqueles mergulhos da vida de que falamos em capítulos anteriores. E nas profundezas dessas águas-calmas, eu tive a louca inspiração para lançar um festival.

Enquanto participava de vários seminários para investir no meu crescimento, fiquei desanimado com quantos apresentavam palestrantes sabidos vendendo modelos sombrios de fique-rico-depressa sob o disfarce de crescimento pessoal. Mas eu fui inspirado por eventos que reuniram tribos de almas semelhantes para me relacionar e aprender. Eu fui convidado para falar em eventos como a Summit Series e adorei a dinâmica tribal que vi enquanto as pessoas se conectavam umas às outras fora da sala do seminário. *Como eu poderia fazer isso melhor?*, pensei.

Eu estava falando em um seminário em Washington, DC, partilhando algumas das ideias deste livro. No final da minha palestra, perguntei ao público se alguém queria vir e passar um fim de semana comigo a fim de se aprofundar nessas ideias. Eu não tinha ideia de data ou de evento – no entanto, 60 pessoas mostraram interesse. Eu as convidei até uma sala e lhes perguntei o que gostariam de experimentar. Fiquei sabendo que as pessoas queriam compreender melhor meus modelos únicos de crescimento pessoal, e elas queriam fazê-lo com uma tribo organizada, em um local divertido e paradisíaco. "Isso vai ser admirável", uma delas disse. "Gostei da palavra", respondi. "Vamos chamá-lo de *Admirável Festival* por enquanto". Então, ali mesmo, sem data ou local, vendi entradas no valor de $60.000. Eu já tinha os primeiros recursos.

Nos próximos meses, eu montei o "festival". Convidei vários palestrantes incríveis, incluindo o hoteleiro Chip Conley, o professor de MBA Srikumar Rao, o fundador da Summit Series Elliot Bisnow, além de vários especialistas em preparo físico e outros. Trabalhando apenas com minha assistente, Miriam, planejamos todo o evento para 250 pessoas na Costa Rica. Foi um sucesso fantástico.

Mais tarde, renomeamos o evento como A-Fest – e foi assim que começou. Agora, todos os anos, milhares de pessoas de mais de 40 países se inscrevem para obter as entradas limitadas de dois A-Fests que acontecem em algum lugar do planeta. Eu e um grupo de renomados palestrantes e treinadores sobre diferentes aspectos do desempenho humano partilhamos nossos conhecimentos mais recentes sobre crescimento pessoal, com temas como Biohacking, Hackeamento do Cérebro, do Corpo e das Crenças. À noite, os participantes experimentam aventuras e festas espetaculares que reúnem as pessoas para se conectar e criar memórias profundas.

Alugamos um espaço em alguns dos locais mais espetaculares do mundo, desde ilhas paradisíacas no Caribe e castelos na Europa até locais culturais de classe mundial em Bali. Nós levamos música, arte e outros elementos para criar ambientes em que as pessoas se conectam tão profundamente que as melhores amizades, casamentos e parcerias de negócios são formados. E, em meio a tudo isso, eu tenho algumas das mais incríveis diversões e aventuras que posso imaginar – e as compartilho com centenas de pessoas extraordinárias que se tornam novos amigos.

O A-Fest cresceu sem parar. Ele se tornou uma das coisas mais empolgantes que faço. No entanto, ele não se encaixa em nenhuma categoria ou caixa. Mas há uma coisa maravilhosa – com ele realizo todas as metas que fixei em 2007 e que estavam faltando na minha vida na época:

- Amizade. OK
- Poder ficar em hotéis incríveis. OK
- Viajar para locais fantásticos em todo o mundo. OK
- Expor meus filhos a mentes incríveis e oportunidades de aprendizado. OK
- Conhecer especialistas e lendas dos negócios que admiro. OK
- Diversão espetacular. OK

O A-Fest nunca foi uma meta em si. Em vez disso, ele *surgiu como a evolução* de todos os itens de minha lista, misturando-se, fundindo-se, dançando uns com os outros e me levando na direção da criação de um modelo de realidade completamente novo no mundo.

E esse é o aspecto mais importante das metas finais. Elas o ajudam a sair do velho caminho e o afastam dos modelos de realidade, sistemas de vida e Regras Estúpidas limitantes que a escola e a sociedade o impeliram a seguir. Elas o ajudam a sair da rotina do comum e iniciar uma trajetória na direção do extraordinário.

Hoje, 80% dos meus melhores amigos no mundo são pessoas que conheci no A-Fest. E esse foi apenas um detalhe da minha vida que surgiu quando foquei em metas finais. Mas outras coisas também aconteceram.

Vendi minha segunda empresa. Ela estava me deixando infeliz. Passei minha parte para um amigo e saí. O dinheiro não valia a pena.

Decidi sair da Mindvalley ou transformá-la em algo que me deixasse orgulhoso. E, se meu sócio e eu não nos déssemos bem, um dos dois teria de sair. Como eu tinha iniciado a empresa que tinha um significado especial para mim, resolvi comprar a parte dele. Eu me endividei para pagar a ele milhões de dólares para comprar todas as ações. Em 2011, eu era dono de minha empresa novamente. Eu estava quebrado, mas feliz. Impulsionado pela felicidade, fiz a empresa crescer 69% em um ano e não olhei para trás desde então.

Corrigir a forma com que fixava metas me ajudou a mudar a vida de uma caminhada lenta, rotineira e estafante para uma vida de aventuras e significado. Eu só queria ter aprendido o conceito de metas finais mais cedo – eu não teria perdido tantos anos perseguindo metas que pareciam ótimas por fora, mas que contribuíam pouco para o que meu coração considerava importante.

Assim, não escolha uma carreira para não acabar em uma ocupação entediante. Também não afirme simplesmente que quer ser um empresário, pois vai acabar sendo um empresário estressado e entediado. Em vez disso, pense em suas metas finais e deixe sua carreira ou criação *encontrar você*.

Agora, como saber se você está no caminho certo? Aqui está como verificar se suas metas são metas finais ou intermediárias.

## A IMPORTANTE DIFERENÇA: METAS INTERMEDIÁRIAS *VERSUS* METAS FINAIS

Na verdade, é uma diferença simples, com quatro características a serem verificadas.

### Como identificar metas intermediárias

1. METAS INTERMEDIÁRIAS GERALMENTE VÊM ACOMPANHADAS DE UM "PARA". Metas intermediárias não vêm sozinhas, mas são degraus para alguma outra coisa. Elas são colocadas em uma sequência. Por exemplo: tenha uma boa nota no Enem *para* conseguir entrar em uma boa faculdade. Isso muitas vezes significa que as metas ficam

presas em sequências muito longas como essa: obtenha uma boa nota no Enem *para* que você possa entrar em uma boa faculdade, *para* que possa conseguir um bom emprego, *para* que possa ganhar muito dinheiro, *para* que possa comprar uma boa casa, carro etc., *para* que tenha dinheiro poupado para fazer todas as coisas que realmente quer fazer quando se aposentar. A sua meta está ligada a um "para"?

2. METAS INTERMEDIÁRIAS MUITAS VEZES TÊM A VER COM ATENDER OU CUMPRIR REGRAS ESTÚPIDAS. A sua meta é uma que você acha que "deve" cumprir como caminho para atingir uma meta maior – por exemplo, pensar que você deve se graduar na faculdade a fim de ter um emprego satisfatório ou que deve se casar a fim de ter amor em sua vida? Muitas metas são Regras Estúpidas astutamente disfarçadas. Você *não* precisa se casar. Ou obter um diploma universitário. Ou ser um empresário. Ou entrar para os negócios da família. O que você quer realmente é viver relacionamentos amorosos maravilhosos, ter oportunidades consistentes de aprendizado e crescimento, e ter liberdade. Isso pode ocorrer de diversas formas. Entendeu a diferença?

## Como identificar metas finais

1. METAS FINAIS TRATAM DE SEGUIR SEU CORAÇÃO. O tempo voa quando você as está perseguindo. Você pode trabalhar duro para alcançá-las, mas você sente que vale a pena. Elas o lembram de como é fantástico ser humano. Quando estamos trabalhando em uma meta final, temos a impressão de que não se trata de "trabalho". Você pode trabalhar durante horas a fio, mas ele o faz realmente feliz e lhe confere significado. Você não precisa recuar para "recarregar". O trabalho em uma meta final o recarrega, e não o esgota.

2. MUITAS VEZES, METAS FINAIS SÃO SENTIMENTOS. Ser feliz, estar apaixonado, consistentemente sentir amor, consistentemente sentir-se feliz, são metas finais muito boas. Um diploma, um prêmio, um grande acordo comercial, ou outras realizações certamente podem despertar bons sentimentos, mas eles não são metas finais, A MENOS QUE você esteja feliz ENQUANTO as persegue – em outras

palavras, a menos que o ato de estudar para obter o diploma ou fechar o negócio lhe traga felicidade. Metas finais têm a felicidade inserida na busca.

## AS TRÊS PERGUNTAS MAIS IMPORTANTES

Como evitar a armadilha das metas intermediárias? Eu desenvolvi uma técnica aperfeiçoada para fixação de metas para você chegar lá. Eu a chamo de As Três Perguntas Mais Importantes. Quando essas perguntas são feitas na ordem correta, este exercício pode ajudá-lo a saltar direto para as metas finais que realmente importam em sua vida.

Descobri que todas as metas finais se inserem em três diferentes categorias.

A primeira são as experiências. Não importa em que você acredita sobre as origens da humanidade, um fato está claro: estamos aqui para vivenciar tudo o que o mundo tem a oferecer – não os objetos, não o dinheiro, mas as experiências. Dinheiro e objetos só geram experiências. Experiências também nos dão a felicidade no agora, um componente essencial para uma vida extraordinária. Precisamos sentir que a vida diária encerra admiração e empolgação para sustentar a nossa felicidade – que alimenta o nosso movimento na direção das metas.

A segunda é o crescimento. O crescimento aprofunda a nossa sabedoria e gratidão. Pode ser o crescimento que escolhemos ou o que nos escolhe. O crescimento torna a vida uma jornada interminável para o descobrimento.

A terceira é a contribuição. É o que devolvemos da riqueza de nossas experiências e crescimento. O que damos é a marca especial que podemos deixar no mundo. Dar nos move na direção do despertar, o mais alto nível da felicidade, ao proporcionar significado a nossas vidas, além de ser um componente importante da vida extraordinária.

Pense nesses três aspectos essenciais encerrados em perguntas:

AS TRÊS PERGUNTAS MAIS IMPORTANTES

1. Que experiências você quer ter durante a vida?
2. Como você quer crescer?
3. Como você quer contribuir?

Quando você fizer o exercício das Três Perguntas Mais Importantes adiante neste capítulo, vai ver como as Doze Áreas de Equilíbrio que você vem explorando e desenvolvendo nos capítulos deste livro combinam perfeitamente com as Três Perguntas Mais Importantes. Na verdade, eu extraí as Doze Áreas de Equilíbrio dessas perguntas. O gráfico abaixo mostra como e onde elas se encaixam.

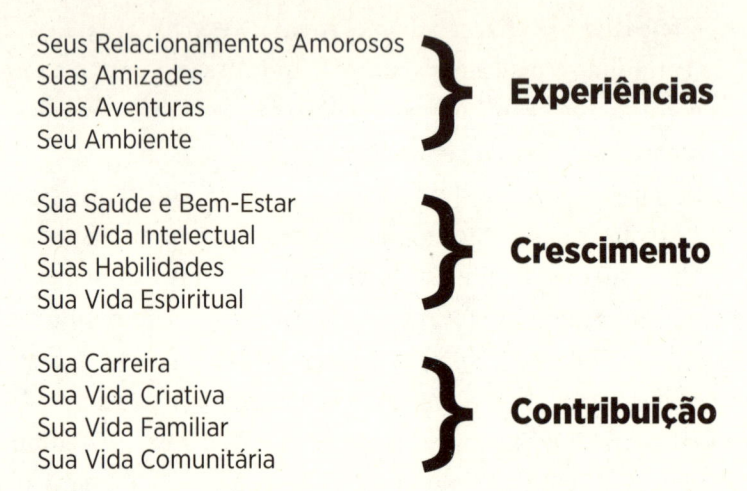

Seus Relacionamentos Amorosos
Suas Amizades
Suas Aventuras
Seu Ambiente
} **Experiências**

Sua Saúde e Bem-Estar
Sua Vida Intelectual
Suas Habilidades
Sua Vida Espiritual
} **Crescimento**

Sua Carreira
Sua Vida Criativa
Sua Vida Familiar
Sua Vida Comunitária
} **Contribuição**

Vamos examinar essas perguntas com mais detalhes. Sugiro que você leia todo o processo e termine este capítulo (que acaba com dicas para fazer o exercício). Então, faça o exercício quando estiver preparado.

**Pergunta 1: Que experiências você quer ter?**

Nesta seção, você vai se fazer a pergunta:

*Se tempo e dinheiro não fossem um objetivo,
e eu não tivesse de pedir a permissão de ninguém,
que tipos de experiências minha alma desejaria realizar?*

Vamos aplicar isso aos quatro primeiros itens das Doze Áreas de Equilíbrio. Cada um desses quatro itens está relacionado a experiências:

1. **SEUS RELACIONAMENTOS AMOROSOS.** Como é o seu relacionamento amoroso ideal? Imagine-o sob todos os ângulos: como vocês se comunicam, o que vocês têm em comum, as atividades que realizam juntos, como é um dia na vida de vocês dois, como são as férias, que crenças morais e éticas vocês partilham, que tipo de sexo louco e apaixonado vocês praticam.

2. **SUAS AMIZADES.** Que experiências você gostaria de partilhar com amigos? Quem são os amigos com quem partilharia essas experiências? Como são seus amigos ideais? Imagine a sua vida social em um mundo perfeito – as pessoas, os lugares, as conversas, as atividades. Como é um fim de semana perfeito com seus amigos?

3. **SUAS AVENTURAS.** Passe alguns minutos pensando em algumas pessoas que tiveram o que você considera aventuras incríveis. O que elas fizeram? Para onde foram? Qual a sua definição de aventura? Que lugares você sempre quis conhecer? Que aventuras você sempre quis viver? Que tipo de aventura faria a sua alma cantar?

4. **SEU AMBIENTE.** Nessa sua vida surpreendente, como se pareceria o seu lar? Como se sentiria ao voltar para esse lugar? Descreva o seu aposento predileto – o que haveria nesse espaço maravilhoso? Como seria a cama mais incrível em que você consegue se imaginar dormindo? Que tipo de carro você dirigiria se pudesse comprar qualquer carro que quisesse? Agora imagine o local de trabalho perfeito: descreva onde você poderia realizar seu melhor trabalho. Quando você sai, que tipos de restaurantes e hotéis você adoraria conhecer?

## Pergunta 2: Como você quer crescer?

Quando você observa o modo como as crianças assimilam informações, compreende como somos intensamente ligados para aprender e crescer. O crescimento pessoal pode e deve acontecer ao longo da vida, não só enquanto somos crianças. Nesta seção, você vai basicamente se perguntar:

*Para viver as experiências acima, como tenho de crescer?
Em que tipo de pessoa preciso me transformar?*

Percebe como esta pergunta está ligada à anterior? Agora, pense nessas quatro categorias das Doze Áreas de Equilíbrio:

5. SUA SAÚDE E BEM-ESTAR. Descreva como você quer se sentir e parecer todos os dias. E daqui a cinco, dez ou vinte anos? Que sistemas de alimentação e exercícios você gostaria de adotar? Que sistemas de saúde e exercícios você gostaria de explorar, não porque acha que deve, mas porque está curioso e quer experimentar? Há metas de exercícios que você gostaria de alcançar pelo simples prazer de saber que as atingiu (seja uma caminhada nas montanhas, aprender sapateado, ou adotar uma rotina de frequentar uma academia)?

6. SUA VIDA INTELECTUAL. O que você precisa aprender a fim de viver as experiências acima? O que adoraria aprender? Que livros e filmes estimulariam a sua mente e suas preferências? Que tipo de arte, música ou teatro você gostaria de conhecer melhor? Há idiomas que quer dominar? Lembre-se de focar as metas finais – escolhendo oportunidades de aprendizado em que a alegria esteja no aprendizado em si, e o aprendizado não seja somente um meio para atingir um fim, como um diploma.

7. SUAS HABILIDADES. Que habilidades o ajudariam a progredir no trabalho e lhe dariam satisfação em dominar? Se você quisesse trocar de cargo, que habilidades seriam necessárias para conseguir esse objetivo? O que poderia saber que o deixaria feliz e orgulhoso? Se você pudesse voltar aos estudos para aprender algo somente por prazer, o que seria?

8. SUA VIDA ESPIRITUAL. Onde você se encontra agora espiritualmente e onde gostaria de estar? Você gostaria de se aprofundar em práticas espirituais que já adota ou tentar outras? Qual é a sua maior aspiração em relação a uma prática espiritual? Você gostaria de aprender

coisas como sonhos lúcidos, estados profundos de meditação ou modos de superar medos, preocupações e estresse?

**Pergunta 3: Como você quer contribuir?**

Para seguir a mensagem de Sua Santidade, o Dalai Lama, como mencionei anteriormente, se você quiser ser feliz, faça outras pessoas felizes. Esta pergunta explora como todo o seu crescimento e experiências únicas podem ajudá-lo a contribuir para o mundo. Não precisa ser um grande gesto extraordinário – talvez seja convidar um novo vizinho para um churrasco ou levar um novo empregado para almoçar, tocar piano em um asilo, ajudar na adoção de animais resgatados ou organizar um evento de doação de roupas no trabalho.

Nesta seção, você vai basicamente perguntar a si mesmo:

*Se eu vivenciei as experiências acima e cresci de formas notáveis, como posso retribuir ao mundo?*

Mais uma vez, observe como esta pergunta está ligada às duas anteriores. Imagine o que você pode dar nessas áreas das Doze Áreas de Equilíbrio:

9. SUA CARREIRA. Quais são suas visões em relação à carreira? Que nível de competência você quer atingir, e por quê? Como você gostaria de melhorar o seu local de trabalho ou empresa? Que contribuição você gostaria de fazer para o seu ramo? Se atualmente a sua carreira parece não contribuir significativamente para o mundo, observe com mais atenção – isso ocorre porque o trabalho é realmente inexpressivo, ou ele só não tem significado para você? Que carreira você gostaria de seguir?

10. SUA VIDA CRIATIVA. Que atividades criativas você gostaria de ter ou de aprender? Pode ser qualquer coisa, de culinária a canto ou fotografia (minha paixão), de pintura a poesia ou desenvolvimento de softwares. De que maneiras você pode partilhar seu lado criativo com o mundo?

11. SUA VIDA FAMILIAR. Imagine-se estando com sua família não como acha que "deveria" ser, mas de modo que o encha de felicidade. O que

você está dizendo e fazendo? Que valores você quer personificar e passar adiante? Com que aspecto único você pode contribuir com sua família? Lembre-se de que a sua não precisa ser uma família tradicional – ideias desse tipo geralmente são Regras Estúpidas. O conceito de Família pode ser parceiros que moram juntos, um parceiro do mesmo sexo, um casamento em que vocês decidiram não ter filhos, ou uma vida de solteiro em que se considera amigos íntimos como familiares. Não caia na definição de família imposta pela sociedade. Em vez disso, crie um novo modelo de realidade e pense na família como as pessoas que você realmente ama e com quem quer passar seu tempo.

12. SUA VIDA COMUNITÁRIA. Ela pode ser seus amigos, seus vizinhos, sua cidade, estado, nação, comunidade religiosa ou a comunidade mundial. Como você gostaria de contribuir para a sua comunidade? Analisando todas as suas habilidades, suas ideias, as experiências únicas que teve que fazem de você a pessoa que é, qual é a marca que deseja deixar no mundo que o empolga e satisfaz profundamente? Para mim, é propiciar oportunidades de educação a refugiados. E para você?

Isso nos leva à Lei 8:

> **LEI 8: CRIE UMA VISÃO PARA O SEU FUTURO**
> Mentes extraordinárias criam uma visão para o futuro que não está baseada em metas que a paisagem cultural sugere que atinjam. Em vez disso, elas criam uma visão com base em suas próprias metas finais – metas que sabem que são determinantes para sua felicidade.

## Aplicando as Três Perguntas Mais Importantes ao trabalho, à vida e às comunidades

Você pode realizar o exercício das Três Perguntas Mais Importantes sozinho ou com outras pessoas. Escolas nos Estados Unidos e vilas na África o usaram para inspirar estudantes. Empresas o utilizam para criar maior ligação e envolvimento entre os funcionários. Muitas pessoas fazem esse exercício com um parceiro – partilhar suas respostas cria uma conexão imediata. Realmente não há forma melhor de compreender outra pessoa e saber o que pretende na vida. Tente fazer o exercício com seu parceiro em seus aniversários ou no aniversário de casamento. É fascinante ver como as suas metas e a do outro evoluem e mudam ao longo do tempo.

### *Planos para a sua alma*

O exercício das Três Perguntas Mais Importantes é tão importante que o realizamos com todas as pessoas que entram para a família Mindvalley. Novas contratações fazem um treinamento em engenharia da consciência, seguindo um currículo semelhante ao deste livro. Elas terminam sua indução fazendo o exercício das Três Perguntas Mais Importantes. Em um pedaço de papel tamanho carta, eles desenham três colunas: Experiências, Crescimento e Contribuição. Dentro das colunas, eles anotam suas visões e aspirações para cada uma das três áreas. No final, a folha fica assim:

| EXPERIÊNCIAS | CRESCIMENTO | CONTRIBUIÇÃO |
|---|---|---|
| —— | —— | —— |
| —— | —— | —— |
| —— | —— | —— |
| —— | —— | —— |
| —— | —— | —— |

Elas são mais do que apenas folhas de papel para mim. Cada uma delas representa sonhos, ambições e motivações de alguém que entrou para a empresa. E, assim, damos a essas folhas o nome carinhoso de "diagramas para a alma".

Afixamos os planos de todos, juntamente com uma fotografia, em um grande quadro de cortiça para que possamos vê-los e partilhar nossos sonhos. Cada andar do escritório tem um quadro de cortiça com os planos das pessoas que trabalham lá. Ver todas essas incríveis aspirações reunidas em um lugar emana um poder indescritível. É uma das coisas mais bonitas para observar na Mindvalley – os sonhos coletivos de centenas de funcionários em uma parede gigante.

É também o máximo em transparência: os colegas de trabalho sabem o que impulsiona os outros colegas. Os gerentes sabem o que impulsiona os membros de suas equipes. Eu sei o que impulsiona a todos, e eles sabem o que me impulsiona.

Muitas histórias de sucesso começaram em planos nessa parede. Amir se juntou à Mindvalley vindo do Sudão. Ele fez o exercício quando tinha 22 anos e tinha grandes sonhos. Ele escreveu sobre como queria ser um palestrante profissional e escrever um livro. Esses sonhos eram incrivelmente ousados, considerando suas circunstâncias, mas, aos 26 anos, Amir tinha realizado quase todos. Ele tinha escrito o livro: *My Islam: How Fundamentalism Stole My Mind – And Doubt Freed My Soul* (Meu Islã: Como o fundamentalismo roubou minha mente – e a dúvida libertou minha alma), que a revista *Foreign Policy* recomendou como um dos 25 livros obrigatórios de 2013. Hoje ele escreve, presta serviços de consultoria e realiza palestras em locais renomados, do Google à Columbia University.

Luminita Saviuc se uniu a nossa equipe vinda da Romênia. Em sua lista, ela anotou metas como "ser uma palestrante e escritora de renome mundial" e "ser líder mundial em espiritualidade". As metas chegaram até ela de uma forma muito interessante. Ela tinha escrito um post chamado "15 coisas das quais desistir para ser feliz" em seu blog pessoal, PurposeFairy.com. Cerca de um ano depois, o post ressurgiu e bombou no Facebook. Ele provocou uma reação emocional e 1,2 milhão de pessoas o partilharam. Dentro de alguns meses, ela fechou um acordo para escrever um livro. Duas grandes metas alcançadas.

Essas histórias não são incomuns. Por várias vezes vi grandes metas sendo alcançadas de formas inusitadas.

O melhor de tudo é que este modelo é uma oportunidade para crescer e dar: podemos olhar o quadro, ver o que os outros estão fazendo e dizer, "Adoro isso!" e acrescentá-la aos seus planos. Afinal, não há monopólios de sonhos.

A parede também permite colaboração em visões partilhadas. Mariana, gerente de produto da Ucrânia que trabalhava para nós, sonhava em ir para o Nepal para escalar o Himalaia. Ela procurou em outros quadros e encontrou mais três pessoas que tinham o Nepal em seus planos. Os quatro tiraram uma semana de férias para escalar as montanhas no Nepal, formando vínculos ao se apoiarem uns nos outros na luta para eliminar uma meta da lista.

Falar abertamente sobre seus sonhos e metas finais ajuda a torná-los realidade. É raro as pessoas revelarem seus sonhos – ou mesmo admiti-los para si mesmas. O exercício das Três Perguntas Mais Importantes traz sonhos à tona para o universo – ou seja, para você, para mim e para o misterioso além. É isso que faz o exercício das Três Perguntas Mais Importantes uma das ideias mais poderosas deste livro.

Como dica adicional, lembre-se de que, quando você conhece os planos dos membros de sua equipe ou de um familiar, você sempre pode praticar o ato de dar oferecendo-lhes pequenos presentes ou lembretes para ajudá-los a crescer. Ao longo do tempo, desenvolvi uma técnica de gerenciamento simples que considero uma das ferramentas mais importantes que uso como líder. Eu guardo uma foto dos planos de cada novo contratado no meu smartphone. Então leio os diagramas e os surpreendo com um livro para ajudá-los a alcançar seus sonhos. Por exemplo, uma nova contratada tinha escrito que sonhava em aprender a falar em público e um dia dar uma palestra TEDx. Comprei-lhe uma cópia de *Talk Like TED* e escrevi uma pequena nota de estima dentro do livro. Algo mágico acontece quando você faz isso no trabalho. Você não está apenas mostrando que se importa – você está fazendo alguém se iluminar totalmente ao fazê-lo reconhecer que seus sonhos são apoiados por outros. É uma ótima maneira de construir confiança. Gestos significativos não precisam ser caros; eles simplesmente precisam ser genuínos.

**EXERCÍCIO: FAÇA A SI MESMO AS TRÊS PERGUNTAS MAIS IMPORTANTES**

COMECE MANTENDO A SIMPLICIDADE. Você só precisa de um lugar para anotar as suas respostas – pode ser seu diário, o computador, o smartphone ou qualquer outro lugar. Para cada categoria, ajuste um *timer* ou o seu relógio para cerca de três minutos. Ajustar um *timer* ajuda a fechar a sua mente lógica para que a sua mente intuitiva e criativa possa sair e brincar antes que as sombrias Regras Estúpidas ou modelos de realidade ultrapassados possam aparecer e estragar a brincadeira. Com o *timer*, você pode completar todo o exercício em dez minutos.

NÃO PENSE DEMAIS. Confie em sua intuição para saber o que responder. Não gaste muito tempo, e não se preocupe com a gramática. Simplesmente deixe as palavras fluírem. Se ajudar, faça desenhos. É por isso que o *timer* ajustado em três minutos funciona. Ele força sua mente lógica a se fechar para que a mente intuitiva possa se expressar livremente sobre o que você realmente quer. Você sempre pode voltar depois que os três minutos terminarem e passar algum tempo analisando e pondo a lista em ordem. Mas comece com a regra dos três minutos.

LEMBRE-SE DA DIFERENÇA ENTRE UMA META INTERMEDIÁRIA E UMA META FINAL. O meio mais rápido é se concentrar nos sentimentos. Que sentimentos uma meta vai provocar? Por exemplo, uma meta final focada em sentimentos sobre o seu ambiente pode ser, "Eu quero uma casa em que me sinta profundamente feliz ao acordar todas as manhãs", ou "Pelo menos duas vezes por mês quero sair para uma deliciosa refeição com amigos ou familiares com quem gosto de estar".

SIGA ESSAS CINCO ETAPAS PARA MANTER O CURSO. Use esse guia rápido para verificar duas vezes suas metas para ver se elas estão totalmente alinhadas com o que você realmente quer. Mia Koning, nossa facilitadora-chefe no A-Fest, planejou esses cinco passos, que acrescentaram ainda mais clareza ao processo:

1. Identifique uma meta.
2. Responda a essa pergunta exaustivamente até você não ter mais respostas: Quando eu atingir essa meta, vou poder __, __, __, (etc.).
3. Responda a essa pergunta exaustivamente até não ter mais respostas: Quando eu alcançar tudo isso, vou me sentir __, __, __, (etc.).
4. Identifique os verdadeiros objetivos implícitos de sua meta, baseado nas respostas às perguntas 2 e 3.
5. Compare esses objetivos com a meta original e pergunte:
   - Essa meta original é a única/melhor forma de atingir esses objetivos?
   - Essa meta original é suficiente para atingi-los?
   - Posso atingi-los de modo mais eficiente?

Ao fazer isso, muitas vezes você vai descobrir que o que imaginava ser uma meta final é, na verdade, uma meta intermediária. Você também vai ver com clareza qual é realmente a meta final. Isso vai liberá-lo para assegurar que está mesmo perseguindo a meta final correta.

O QUE FAZER COM A SUA LISTA. Prenda-a em uma parede onde possa vê-la e continue trabalhando consciente e inconscientemente na direção de suas metas. Partilhe-a com outras pessoas para crescer e dar a si mesmo oportunidades para crescer também. Não consigo expressar o quanto este exercício é poderoso para as empresas. Ele é um dos exercícios mais importantes para cultivar uma ótima cultura na Mindvalley, e milhares de empresas estão fazendo o mesmo. Por que não introduzir isso no seu local de trabalho?

## **AS BOAS NOVAS**

As boas novas são que você já está a caminho. Algo surpreendente acontece quando você fixa metas finais importantes e maravilhosas. O seu cérebro se agarra ao que você está vendo e sentindo. Ele passa a trabalhar, abrindo caminho na direção de suas metas. Steve Jobs disse com sabedoria:

> Você não pode ligar os pontos olhando para frente; você só pode ligá-los olhando para trás. Assim, você tem de confiar que os pontos vão se ligar de alguma forma no seu futuro. Você tem de confiar em alguma coisa – seus instintos, destino, vida, carma, o que for. Porque acreditar que os pontos vão se ligar pelo caminho vai lhe dar a confiança para seguir o seu coração, mesmo quando ele o conduzir para longe do caminho muito percorrido; e isso vai fazer toda a diferença.

Quando você fizer as Três Perguntas Mais Importantes da forma correta, você vai "acreditar que os pontos vão se ligar mais adiante". Você vai começar a notar e descobrir os caminhos que o deixam cada vez mais perto de onde deseja estar. Os cientistas podem dar-lhe um nome (como o sistema ativador reticular do cérebro). Os místicos podem dar-lhe outro (o universo, Deus, destino, sincronicidade, a lei da atração, ou o que desejar). Steve Jobs o chama de "seu instinto, destino, vida, carma, o que for".

Eu o chamo de mente extraordinária.

Use essa arma com sabedoria.

Para lhe proporcionar recursos adicionais para as Três Perguntas Mais Importantes, a Mindvalley produziu vário vídeos curtos que você pode acessar em http://www.mindvalley.com/extraordinary:

- Um resumo orientado do processo de brainstorming.
- Como levar as Três Perguntas Mais Importantes para a sua organização: observe como a Mindvalley aplica o processo em sua própria organização. (Acredito realmente que todas as empresas deveriam fazer isso, e todos os gerentes deveriam se interessar pelos planos das almas das pessoas que lideram.)

PARTE IV — TORNANDO-SE EXTRAORDINÁRIO

# MUDANDO O MUNDO

Na Parte I, você aprendeu a observar a paisagem cultural, o mundo a sua volta e vê-lo como ele é.

Na Parte II, você aprendeu que pode escolher o mundo que deseja vivenciar. Hackeando a cultura, você pode escolher os seus próprios modelos de realidade e sistemas de vida.

Na Parte III, você aprendeu sobre o mundo interior e como atingir o equilíbrio entre a felicidade no agora e ter uma visão para o futuro que o coloque em elevados pontos de desempenho.

Na Parte IV, eu utilizo todos esses fatores para levá-lo ao próximo nível. Aqui você aprende a mudar o mundo.

Mentes extraordinárias não ficam satisfeitas em somente estar no mundo. Elas têm uma vocação, um impulso, para mudar as coisas. Nesse ponto de sua jornada na direção do extraordinário, você pode começar a sentir vontade de sacudir a paisagem cultural e criar novos modelos, novas ideias e novos meios de vida que movam as outras pessoas para novos lugares, também. Você passa de escapar à paisagem cultural para voltar a ela e ajudá-la a evoluir. Todas as mentes extraordinárias passam por esse caminho. Elas voltam para chacoalhar e mudar as coisas.

Mas este não é um feito insignificante. Para realizá-lo, você precisa aprender as duas últimas leis.

No Capítulo 9, começamos com a primeira lição. Seja invulnerável. Tentar mudar o mundo exige certo grau de ousadia e coragem. Aqui está como consegui-las.

No Capítulo 10, procuramos encontrar a sua jornada – como saber O QUE mudar. Você vai aprender que não está sozinho e que existe um sistema interno de orientação que virá em seu auxílio.

Finalmente, no Apêndice, você vai aprender a pegar todos os sistemas de vida que partilhei com você e reuni-los em uma prática diária de 15 minutos que vai lhe permitir juntar tudo que aprendeu neste livro.

# 9 SEJA INVULNERÁVEL

## ONDE APRENDEMOS A SER IMUNES AO MEDO

Treine-se para abandonar tudo que teme perder.
**[YODA, GUERRA NAS ESTRELAS, EPISÓDIO III: A VINGANÇA DE SITH]**

### COMO SER UM BONZÃO ESPIRITUAL

Há um grande mito na espiritualidade hoje: que, a fim de ser espiritual, temos de renunciar ao mundo. Em outras palavras, para ser espiritual, deve-se evitar grandes metas, ambições e riqueza.

Besteira. Acredito que as pessoas mais espirituais do mundo hoje são aquelas que estão fazendo coisas para empurrar a raça humana para frente. Ser extraordinário é estar conectado a este aspecto espiritual de si mesmo e senti-lo como algo que o move a criar, mudar, inventar e chocalhar o mundo.

Ken Wilber, talvez o maior filósofo vivo do mundo atual, escreveu um ensaio maravilhoso sobre esse tema chamado "Ausência do Ego". Nele, ele diz:

> As pessoas comuns querem que o sábio espiritual seja menos que uma pessoa, alguém destituído de todas as forças confusas, empolgantes, complexas, pulsantes, desejosas e impulsivas que impulsionam a maior parte dos seres humanos... Nós queremos que nossos sábios sejam intocados por eles. E que essa ausência, essa lacuna, essa menos que pessoal é o que muitas vezes consideramos uma ausência de ego.
>
> Mas essa ausência de ego não significa menos que pessoal; ela significa mais que pessoal. Não pessoal menos, mas pessoal MAIS – todas as qualidades pessoais normais mais algumas transpessoais. Pense nos grandes iogues, santos e sábios, de Moisés a Cristo a Padmasambhava.

Eles não eram frágeis pessoas medrosas, mas agitadores impetuosos e diligentes – de chicotadas no templo ao domínio de países inteiros. Eles chacoalharam o mundo em seus termos, não com uma religiosidade levada por promessas vazias; muitos deles instigaram grandes revoluções sociais que continuaram por milhares de anos.

E eles o fizeram não por que evitaram as dimensões físicas, emocionais e mentais de sua qualidade de seres humanos, e o ego que é seu veículo, mas porque eles as envolveram com um ímpeto e uma intensidade que sacudiu o mundo até suas fundações.

As palavras profundas de Ken Wilber me ajudaram a resolver alguns de meus conflitos interiores sobre ser espiritual. Acho que há muitas formas de ser espiritual, e uma delas é ser intrépido – tomado por uma energia voltada para o futuro e a coragem de desafiar o *status quo*, como os cientistas, empreendedores e titãs que trabalham em projetos para empurrar a humanidade para frente. O que pode ser mais enaltecedor que isso? Não precisamos escolher entre Buda e alguma pessoa belicosa. A ideia é ser ambos. De fato, às vezes a única maneira de ser eficiente como um é aprender a lidar com o outro.

## BUDA OU BONZÃO?

Há uma cena em *Guerra nas Estrelas* em que Yoda faz o zangado adolescente Anakin Skywalker sentar-se e lhe diz: "O medo da perda é um caminho para o Lado Sombrio... Treine a si próprio para deixar ir tudo o que teme perder". Mas parece difícil Anakin seguir esse conselho. Não só ele permanece ligado ao medo de perder sua mulher, mas seu medo aumenta e se torna a força propulsora em sua vida – por fim, transformando-o em Darth Vader. Essa cena foi muito debatida na internet: como Yoda poderia esperar que Anakin não temesse a perda dos seres amados? Esse é um sentimento humano, afinal.

Aqui está o que acho que Yoda quis dizer.

Para ser um grande guerreiro no mundo, você precisa superar os seus medos. É inevitável que você crie um vínculo com as pessoas, com as suas metas e tema perdê-las, mas um verdadeiro Jedi sabe que vínculos com pessoas e metas podem nos atrapalhar. É possível se mover na direção de uma meta ou estar loucamente apaixonado por alguém – sem vínculos. Muitas vezes, o que realmente temermos não é perder o outro, mas perder a parte de nós mesmos que esse alguém ou essa coisa nos faz sentir. Isso ocorre quando ligamos nosso senso de autoestima e felicidade a alguém ou algo fora de nós.

Vá em frente e ame muito. Trabalhe duro para atingir uma meta, mas saiba que, quando você faz seus sentimentos de amor e realização virem de um reservatório interior e não da outra pessoa ou meta, você se torna muito mais forte. Na verdade, você pode descobrir que pode amar melhor e perseguir suas metas com muito mais tranquilidade. Mas tudo começa com um sentimento interior.

Antes de chegarmos à descoberta de sua jornada particular – esse aspecto do mundo que você pode "chocalhar" –, você precisa antes encontrar a sua "belicosidade".

Essa ideia vem de minhas experiências em 40 Anos de Zen, o curso de *biofeedback* onde descobri uma clareza e paz interior mais profunda depois de trabalhar intensamente o perdão. Essa sensação foi a de ser invulnerável. Eu não conheço a origem dessa palavra. Ela começou a aparecer na internet em 2015 na forma de uma imagem acompanhada por esse texto:

> **INVULNERÁVEL:** Quando você está realmente em paz e em sintonia consigo mesmo. Nada que alguém diga ou faça o incomoda, e nenhuma negatividade pode atingi-lo.

Parece bom, não é mesmo?
A questão é: como chegar lá?
Há dois modelos de realidade que podem ajudá-lo a atingir esse estágio. Eles não só vão fazer com que se sinta mais centrado em termos de quem você é, mas também lhe conferem um imenso controle sobre seus sentimentos e estado de espírito.

---

**LEI 9: SEJA INVULNERÁVEL**

Mentes extraordinárias não precisam buscar aprovação de terceiros ou alcançar metas comuns. Em vez disso, elas estão verdadeiramente em paz consigo mesmas e com o mundo à sua volta. Elas vivem sem medo – imunes ao criticismo, exaltadas e alimentadas por sua própria felicidade interior e amor por si mesmas.

## O PRIMEIRO COMPONENTE DE SER INVULNERÁVEL: METAS AUTOIMPULSIONADAS

O que acontece quando você chega onde é possível com metas finais, quando você fica fazendo as perguntas "para", como discutimos no Capítulo 8, até você ter uma sensação genuína que busca sentir consistentemente? Minha revelação sobre isso chegou no meio do deserto em agosto de 2014.

Eu estava em Burning Man (Homem em Chamas), o famoso festival de arte em Black Rock, Nevada, onde pessoas de todo o mundo se reúnem no deserto e criam uma cidade a partir do zero. Milhares de estruturas e instalações de arte são erguidas – um carnaval de criatividade, engenhosidade e cultura para surpreender as mentes e os sentidos –, tudo queimado ou demolido no final à medida que a multidão parte. Mais de 75.000 queimadores, como os participantes do festival se chamam, estiveram no evento de 2014. Muitos o encaram como uma experiência profundamente espiritual.

Cada Burning Man tem uma instalação exclusiva chamada de templo perto do centro do festival. Naquele ano, ele era uma estrutura maravilhosa com o formato de domo em painéis de madeira cortados em forma de flores e objetos da natureza. Milhares de pessoas meditavam e oravam ali todos os dias. Quando a noite caía e o calor diminuía, uma brisa soprava pelo deserto. Eu pedalei na terra empoeirada e dura, como fazia todas as noites desde minha chegada, em direção ao templo onde me sentava na areia macia e meditava entre centenas de queimadores.

O templo está cheio de uma energia incrível e indescritível. Como ele é uma estrutura temporária, todas as superfícies disponíveis estão cobertas com bilhetes escritos a mão com desejos, sonhos e odes a amigos e familiares, mortos ou vivos. O lugar vibra com o poder concentrado do pensamento e emoção humanos.

Fui para o templo para refletir sobre minhas metas e minha vida. Certa noite, enquanto me encontrava meditando, fui atingido por uma revelação que fundamentalmente mudaria o modo pelo qual eu escolhia metas finais:

*Uma boa meta final é algo sobre o que se tem total controle. Nenhum objetivo ou pessoa pode tirá-la de você.*

Agora eu chamo essas metas de metas finais autoimpulsionadas. Por exemplo, vamos olhar para os objetivos finais de um personagem fictício chamado Vanessa, recém-casada com Dan. Vanessa poderia escrever este objetivo:

"Estar loucamente apaixonada por Dan."

Isso é um objetivo final? Pode parecer que sim, mas não é. Por quê? Porque a realização deste objetivo é, em grande parte, dependente de outra pessoa. E se ela e Dan se apaixonarem?

Um objetivo final melhor para Vanessa poderia ser este:

"Estar consistentemente cercada de amor."

A beleza deste objetivo final é que Vanessa o controla. Ele é "autoalimentado". Se ela e Dan têm um casamento longo e saudável, esse objetivo se manifesta. Mas, mesmo que o casamento não dê certo, Vanessa ainda pode estar cercada de amor – de amigos, família, um novo parceiro, ou, melhor de tudo, de seu próprio amor por si mesma. Definir metas expansivas e verdadeiramente poderosas como estas é simples. E metas como estas estão em grande parte sob nosso controle.

Em Burning Man, eu me dei conta de que, quando se tratava de amor, a melhor meta final que eu poderia fixar para mim não era "Ter um relacionamento amoroso com Kristina" ou "Estar próximo dos meus filhos", mas sim "Estar consistentemente rodeado de amor".

Essa meta me libertou de ter de depender dos outros para amar ou querer amor deles. Eu amo meus filhos e minha mulher, mas não posso exigir que eles me amem, e fixar metas para mim mesmo que dependam grandemente de outra pessoa me deixa sem forças. Isso se aplica a todos. Nós não devemos estar presos ao fato de receber amor de alguém.

Uma ideia semelhante pode ser aplicada ao relacionamento com nossos filhos. "Ter um relacionamento próximo e dedicado com meus filhos" parece uma meta final adequada, mas e se seus filhos decidirem com certa idade mudar para longe ou não precisarem mais estar próximos de você? Assim, mudei minha meta de vida familiar de "Estar próximo dos meus filhos" para "Ser o melhor pai que eu puder ser". Por que isso ESTÁ no meu controle, e me encoraja a prestar atenção ao fato de que meus filhos precisam de mim sempre e continuamente.

Quando mudei essas metas, o meu sistema de orientação da mente entrou em ação, empurrando-me para oportunidades e situações para alcançá-las. Meus relacionamentos melhoraram significativamente. Parei de ser carente. Comecei a amar e valorizar o meu próprio eu em um nível que nunca tinha feito antes. Fazer isso me libertou para ser mais amoroso e valorizar mais os outros porque, com o poder do meu próprio amor, parei de exigir amor dos outros.

Depois de muita contemplação, ajustei minha meta sobre viagens e aventuras (eu queria mesmo fazer bungee jump ou estava apenas seguindo uma tendência?) e a substituí por: "Eu sempre vou ter as experiências humanas mais surpreendentes e maravilhosas".

Veja, eu posso controlar o que defini como sendo uma experiência humana maravilhosa. Eu posso chegar aos 90 anos e ser incapaz de usar o meu corpo com a mesma facilidade de agora, mas ainda posso ter experiências humanas surpreendentes, que podem ser pegar meu bisneto no colo ou apreciar um copo de bom uísque com minha mulher.

Com essa nova meta, tomei a decisão de tirar férias especiais com minha família todos os anos para conhecer uma parte surpreendente do mundo. Desde então, viajamos para Edimburgo, Escócia, para a Nova Zelândia e tivemos experiências incríveis. Mas, mesmo quando não posso ou decido que não quero viajar, com essa meta expandida, ainda posso ter experiências humanas maravilhosas simplesmente ficando em casa, brincando com minha filha ou construindo o mais recente Guerra nas Estrelas da Lego com meu filho. Recentemente, eu me vi incrivelmente feliz simplesmente sentado no sofá tomando um ótimo vinho tinto que eu tinha descoberto e comendo um chocolate delicioso (Royce Rum Raisin, para sua informação) enquanto assistia a *The Daily Show* na Comedy Central. É simples assim.

A terceira meta final autoimpulsionada que tenho agora é: "Estou sempre aprendendo e crescendo". Durante muito tempo, fixei metas de aprendizado específicas como "Ler um livro por semana". E não há nada de errado com metas como essa, mas, para mim, isso ficou estressante: entre gerenciar uma empresa com centenas de empregados e ter dois filhos, eu estava encontrando menos tempo para ler. Sentado no templo, eu tive uma intuição de que era hora de reavaliar minhas metas de aprendizado.

Descobri que ler um livro por semana tinha se tornado uma meta intermediária. O que eu realmente queria era ganhar conhecimento.

Quando expandi minha meta, passei a experimentar meios de aprendizado alternativo, como *mastermind groups* (espécie de grupo de apoio), cursos on-line e "intercâmbios cerebrais" em que eu ficava em uma ligação durante 60 minutos com um amigo especialista em um determinado tema e trocávamos ideias sobre nossas melhores práticas.

Quando as suas metas mudam, seus meios de alcançá-las também mudam. Uma boa meta pode abrir formas novas e inovadoras para atingi-la.

## A BELEZA SUPREMA DE METAS FINAIS AUTOIMPULSIONADAS

Abaixo estão as três metas finais expandidas que busco atingir atualmente. Você pode ver o que todas têm em comum?

1. Eu sempre vou estar rodeado por amor.
2. Eu sempre vou ter experiências humanas maravilhosas.
3. Eu sempre vou aprender e crescer.

Todas estão diretamente sob meu controle. *Ninguém* pode tirá-las de mim. Isso significa que nenhum fracasso pode me tolher. Eu posso ficar sem minha casa e sozinho, dormindo nas ruas da cidade de Nova York, mas ainda posso estar cercado por amor porque meu amor vem de dentro. Posso aprender e crescer enquanto puder encontrar um jornal velho ou um livro descartado para ler. Posso até ter experiências humanas maravilhosas porque posso ver a alegria no dia a dia, mesmo apenas caminhando no Central Park.

Quando você identifica metas finais autoimpulsionadas que se colocam em seu poder, você não vai ter nada a perder. Não o amor. Não o aprendizado. Não as maravilhosas experiências humanas. Você vai estar livre para viver de acordo com os seus termos e para explorar oportunidades que podem ter parecido fora de alcance ou inconcebíveis. Muitas pessoas veem seu crescimento tolhido por causa do medo da perda – mas quando você se aprofundar nesse exercício, vai perceber que não há perda. A felicidade está totalmente sob seu controle, e quando você não tem nada a perder, você está livre para pensar e sonhar com ousadia.

Substituir o medo pela coragem é um dos componentes principais de ser invulnerável. A maioria das pessoas vive a vida consistentemente incomodada e preocupada com o fato de não ser amada o suficiente, sobre não ter bastante sucesso, não ser significativo, não ser impressionante, perder coisas que nos fazem felizes. Mas quando você abandona as Regras Estúpidas que o conduzem a prioridades inadequadas, olha além de suas metas intermediárias e cria metas finais autoimpulsionadas, você consegue se proteger dos incômodos com eficiência. Você para de se preocupar com o que os outros vão pensar ou vão tirar de você, e você se liberta para sonhar grande e ser criativo em outras áreas da vida.

Quando você se torna invulnerável, não significa que você está se acomodando para buscar metas pequenas. Em vez disso, significa que você parou de fixar metas para coisas que *acha* que precisa conseguir de outras pessoas. Atualmente, tenho visões poderosas baseadas nas minhas Três Perguntas Mais Importantes. Minhas metas para a Mindvalley são criar uma escola para a humanidade – ter um bilhão de pessoas em uma única plataforma educacional, onde adultos e crianças possam acessar a educação de que verdadeiramente precisam para chegar a um ponto em que podem realmente ser extraordinários –, não só a educação da era industrial que atualmente recebemos. É uma meta grandiosa e eu trabalho muito para torná-la realidade, mas me sinto em paz onde me encontro agora porque minha felicidade não está apenas ligada a construir uma empresa de educação de um bilhão de dólares. Isso certamente me impulsiona e me empolga, mas a felicidade em si vem daquelas três simples metas finais sobre as quais tenho controle todos os dias e que ninguém e nenhuma circunstância podem tirar de mim.

Minha felicidade no agora alimenta minha visão para o futuro, e essa visão alimenta minha felicidade, porque uma parte essencial dela (amor, aprendizado e experiências humanas) já está acontecendo. E estão todos ligados.

Acredito que é isso que os antigos mestres Zen (e Yoda) quiseram dizer com não se ligar às metas. Eles não quiseram dizer "não tenha metas". Tenha metas. Mas a sua felicidade não deve estar ligada à realização delas. Você pode aprender a gerar a sensação que se consegue ao alcançar essas metas *agora*. Quando não se está perseguindo uma meta por um sentimento, o medo da perda desaparece. Você pode explorar cada aspecto de seus sonhos. Seja ousado. Aja sem medo. E seja feliz – agora.

## O SEGUNDO COMPONENTE DE SER INVULNERÁVEL: VOCÊ É SUFICIENTE

No Capítulo 4, eu o apresentei a Marisa Peer, a famosa hipnoterapeuta britânica e o trabalho que ela fez para me ajudar a ver como as inseguranças da infância estavam afetando a fixação e realização das metas na vida adulta.

É praticamente impossível passar pela infância sem que alguma situação ou pessoa o contagie com a crença de que você não é bom o bastante. Marisa Peer, em sua palestra muito assistida no A-Fest, chama os modelos mentais que carregamos conosco que afirmam que não somos bons o bastante de a "Maior Doença que Aflige a Humanidade".

Porque o modelo de realidade de que não somos bons o bastante é muito doloroso, vivemos a vida tentando provar que somos bons. Às vezes, isso pode ser uma vantagem; por exemplo, meu ímpeto de provar que eu era bom me levou a certo grau de sucesso empresarial.

Mas esse não é o melhor caminho, porque trabalhar para desacreditar o modelo de não ser bom o suficiente acarreta um custo oculto. Esse custo é que você vai depender dos outros por aprovação.

Você pode voltar do trabalho e esperar ser recebido ou tratado de uma determinada forma por seu parceiro. Se isso não ocorrer, você vai ficar aborrecido ou se sentir rejeitado.

Talvez você espere ser elogiado, notado ou ter as ideias ouvidas pelo chefe ou supervisor no trabalho. Se isso não acontecer, você decide que não é valorizado, respeitado ou que o chefe é um idiota.

Ou talvez o seu filho não lhe dê muita atenção, ou um irmão se esqueça de seu aniversário. Bum – a sensação volta a se instalar.

Em todas essas situações, as chances são de que você não vai pensar literalmente "Eu não sou bom o suficiente". Não, esse modelo é sorrateiro e, se você o tiver, vai ser difícil admiti-lo – ou até mesmo perceber que ele está lá. Assim, em vez disso, você o enterra e cria um modelo de realidade sobre a pessoa de quem está buscando aprovação. A sua máquina cerebral de fabricação de significados acelera e você decide:

- Às vezes, meu marido é um idiota sem consideração.
- Esse meu filho realmente não me dá valor.
- Minha irmã não liga para a família – que triste.
- Meu chefe é um idiota mal-agradecido.

Este é o modelo mais incapacitante que se pode ter, porque você está culpando circunstâncias externas pelo que acontece em sua vida. Este modelo lhe tira a capacidade de controlar sua vida. Embora você não possa controlar o que os outros fazem, você pode controlar como reagir a eles. A fim de ser verdadeiramente invulnerável, você precisa perder sua necessidade de buscar a validação ou o amor dos outros e de julgá-los ao perceber que eles não estão dando o que você precisa.

## DO VAZIO PARA O TODO

Quando você cria significado ao redor das ações de outras pessoas ou julga pessoas que não lhe oferecem o que você precisa, as chances são de que você realmente esteja apenas compensando um vazio dentro de você do qual elas o fazem lembrar. Em todo caso, a causa raiz disso é um sentimento de insuficiência. Então olhamos para os outros em busca de validação, amor ou elogios, e nos magoamos quando observamos o que acreditamos ser criticismo, julgamento ou descortesia.

Mas lembre-se, você está no controle de preencher o vazio interior.

E aqui está o paradoxo. Quando você fecha esse vazio em seu interior e para de exigir que os outros o preencham, você realmente aumenta as chances de ter o tipo de ótimos relacionamentos que deseja.

Não há nada mais atrativo do que uma pessoa que se ama de tal maneira que seu amor e energia positiva se espalham aos outros e para o mundo.

## TORNANDO-SE IMUNE AOS COMPORTAMENTOS, CRITICISMO OU JULGAMENTO DOS OUTROS

Você sabe que tem um vazio a preencher quando se sente magoado ou encontra significado nas ações de outras pessoas.

Eu tive um momento assim quando adolescente que agora parece engraçado, mas foi tão doloroso na época que ainda me lembro vivamente dele hoje. Foi no ano de 1990. Eu tinha 14 anos, e o sucesso de Vanilla Ice, "Ice Ice Baby", estava nas paradas. Eu adorava a música e, como todos os outros garotos legais da escola, tinha tentado ao máximo decorar a letra.

Um dia, no recreio, vi um grupo de garotos legais com quem todos queriam ficar. Eles estavam sentados em volta de uma mesa cantando "Ice Ice Baby". Eles usavam os bonés de beisebol ao contrário e estavam tamborilando na mesa, com uma aparência tão legal quanto adolescentes dos anos 90 poderiam ter.

Quando chegaram a um determinado verso, eu sabia que era minha chance de provar que eu era da hora. Entrei e cantei o verso. Em voz alta. Com minha cara de rapper.

Mas cantei o verso errado. Os outros garotos pararam e me olharam, de boca aberta. Como eu ousava errar a letra brilhante de Vanilla Ice? Era um sacrilégio. E então a garota bacana do grupo de quem todos procuravam ter aprovação disse: "Puxa, que babaca".

Eu me afastei de cabeça baixa. Arrasado. Um fracasso. A falta de aprovação deles me torturou.

Vinte e cinco anos depois eu ainda me lembro daquele momento. É incrível pensar que conhecer aquela letra e me encaixar no grupo tenha assumido um significado tão grande para mim. Hoje isso não faz sentido para mim (principalmente considerando o histórico musical de Vanilla Ice), mas fazia na época. Se você pensar no passado, provavelmente também vivenciou esse tipo de experiência. (O efeito colateral engraçado é que hoje sei toda a letra de "Ice Ice Baby" de memória. Nunca mais vou confundi-la.)

Se você analisar as experiências formativas de sua vida – quer sejam muito dolorosas ou muito positivas –, é provável que encontre sua máquina de fabricação de significados funcionando a toda. As palavras ou ações de alguém influenciaram você de alguma forma, e você criou um significado em torno delas.

Para sermos invulneráveis, precisamos ser imunes a tais palavras e ações – tanto para elogiar quanto para criticar. Toda vez que você dá a alguém o poder de construí-lo com louvor, você também está inconscientemente dando a essa pessoa o poder de destruí-lo com críticas. Portanto, aceite elogios e críticas como nada mais do que expressões de outros de seus modelos de realidade. Eles não têm nada a ver com quem você realmente é.

Você já é adulto o bastante. E devemos ser capazes de nos sentir seguros e completos em nossa própria pele sem que outros tenham de nos apoiar. Felizmente, existem algumas ferramentas poderosas e práticas para ajudar.

## EXERCÍCIOS PARA SE TORNAR INVULNERÁVEL

Aprendi os seguintes exercícios de vários homens e mulheres notáveis. Estes três exercícios são sistemas de vida que você pode aplicar para realmente criar profundo amor-próprio, profundo apreço por quem você é e centrar-se e remover o medo ou a preocupação. Combinados, ajudam a torná-lo invulnerável.

### EXERCÍCIO 1: A PESSOA NO ESPELHO (PARA CRIAR AMOR-PRÓPRIO)

Aprendi este exercício com Kamal Ravikant, o inventor do Vale do Silício associado à AngelsList.com. Ele também o disponibilizou para mim em uma sessão de treinamento no meu Programa de Engenharia da Consciência.

Kamal se curou de uma doença grave e uma leve depressão quando se deu conta de que a raiz de seu descontentamento era falta de autoestima. Ele conta a história em seu notável pequeno livro *Love Yourself like Your Life Depends on It* (Ame-se como se a sua vida dependesse disso).

Uma das técnicas de Kamal pede que você se olhe no espelho e diga "Eu te amo". Falar consigo mesmo no espelho é como falar diretamente a sua alma – principalmente quando você está olhando diretamente em seus olhos. Você já notou como pode ser embaraçoso olhar alguém nos olhos por muito tempo? Acontece que é incômodo porque traz para fora sentimentos de contato e amor.

Comece concentrando-se em um olho. Quando a sua atenção estiver fixa nesse olho, repita para si mesmo (em voz alta ou em silêncio) "Eu te amo". Faça isso pelo tempo que achar melhor (pouco ou muito).

Kamal sugere que você faça isso todos os dias. Essa deve ser uma prática regular como ir para a academia. Ligue-a ao hábito de escovar os dentes pela manhã. Depois de guardar a escova, aproxime-se, fique à vontade e olhe-se no espelho.

Eu posso testemunhar a favor dessa técnica. Depois que Kamal a contou para mim e eu comecei a praticá-la, experimentei sentimentos notavelmente elevados de autoestima e segurança. Em menos de uma semana, senti-me agindo de maneira totalmente nova com as pessoas a minha volta.

Para aprender mais sobre essa técnica, você pode assistir a Kamal Ravikant falar sobre este modelo em sua palestra no A-Fest em 2013. O vídeo está disponível em http://www.mindvalley.com/extraordinary.

## EXERCÍCIO 2: AUTOGRATIDÃO (PARA APRECIAR A SI MESMO)

Faça questão de realizar o exercício "O que amo em mim" de que falamos no Capítulo 4. Esse exercício é uma forma poderosa de fechar a máquina que fabrica significados. Ele também ajuda a combater a doutrinação negativa da infância que talvez tenha feito com que você se sinta desmerecedor.

Pense simplesmente sobre o que você gosta em si como ser humano. É o seu senso de humor? A maciez de seus cabelos ou o formato de seus pés? Você deixou uma boa gorjeta para o último garçom que o atendeu? Talvez seja o seu comprometimento com o crescimento pessoal diário. Ou o fato de que você tem uma grande quantia em dinheiro em uma conta bancária. Ou talvez seja o fato de você estar duro, mas, mesmo assim, feliz. Você pode identificar qualidades grandes ou pequenas, mas especialmente se a sua máquina de fabricar significados estiver trabalhando excessivamente, certifique-se de encontrar de três a cinco coisas todos os dias que o deixam orgulhoso de ser quem é.

Faço esse exercício todos os dias pela manhã quando acordo. Vá em frente e expresse gratidão pelos acontecimentos do dia ou pela beleza da vida – mas certifique-se de se incluir no inventário da beleza da vida mostrando gratidão por todas essas coisas que fazem de você um ser humano tão maravilhoso. Veja a diferença que isso vai fazer no resto do dia.

## EXERCÍCIO 3: TORNE-SE PRESENTE
## (PARA REMOVER O MEDO REPENTINO E A ANSIEDADE)

De vez em quando, você pode precisar de uma solução rápida para voltar ao estado de ser invulnerável quando tomado por uma ansiedade repentina. Isso também acontece comigo.

Era um domingo normal com a família em novembro de 2015. Halloween tinha acabado de passar e eu tinha voltado recentemente de uma viagem de duas semanas com minha mulher e meus filhos que incluiu uma visita aos estúdios da Universal em Orlando, Flórida, a participação do A-Fest na Costa Rica e uma visita a amigos em Los Angeles e Phoenix. Era bom estar em casa, mas, assim que me sentei em um restaurante local com minha família, senti que algo não estava bem.

Senti o coração batendo estranhamente rápido no peito. Senti uma dor persistente incomum dentro de mim. Era parte medo, parte ansiedade. Ficar longe por duas semanas tinha seu preço. Eu estava voltando para trabalhar como CEO de uma empresa em crescimento, mas estava me sentindo sobrecarregado. Mais de 400 e-mails estavam esperando para serem respondidos. O manuscrito do novo livro – este livro – devia ser entregue em duas semanas. E então havia as tarefas familiares, um bebê adormecido em um carrinho ao meu lado, e uma criança de oito anos que precisava de ajuda para comer e estava fazendo birra e me aborrecendo. Eu me senti desconfortável e muito estressado. Eu senti o peso nos ombros de todas as coisas que deveria fazer *em seguida*.

De repente, eu me lembrei do conselho de uma amiga, a escritora Sonia Choquette: *Esteja presente*.

Desviei a atenção dos medos e preocupações. Em vez disso, concentrei-me nas folhas da planta na mesa do restaurante a minha frente. Notei as estrias sutis que corriam nas folhas e usei os dedos para sentir a textura e flexibilidade da haste. Em um minuto, eu me senti como se tivesse tomado um ansiolítico. Tudo voltou quase ao normal. Este é o poder de ficar concentrado no presente. Ele desvia a sua mente do estresse, medo, crítica, raiva ou frustração que você está sentindo em relação ao mundo ou às pessoas nele – e ele o obriga a lembrar quem você é e estar presente no agora.

Na próxima vez em que você sentir uma clara vontade de perder a calma, ou se sentir julgado, insultado ou magoado por alguém que ama, lembre-se desse rápido hackeamento mental para autocorrigir seu estado mental. Ele pode tirá-lo instantaneamente do estresse e da ansiedade e devolvê-lo à felicidade no agora.

Quando entrevistei Arianna Huffington, ela me deu uma profunda dica de como ela se centra no presente. Concentre-se em sua inspiração e expiração por dez segundos sempre que se sentir tenso, apressado ou distraído. Arianna disse:

> Isso lhe permite ficar totalmente presente em sua vida. Você sabe sobre o fio que Ariadne deu a Teseu para que ele pudesse encontrar o caminho para fora do labirinto depois de matar o Minotauro? Para mim, o fio é minha respiração. Voltar a ela durante o dia, centenas de vezes quando fico estressada, quando fico preocupada, quando surgem críticas, tem sido um presente incrível – e está disponível para todos. Não há ninguém vivo que não respire.

## O PARADOXO DE SER INVULNERÁVEL

Logo depois de filmar Marisa Peer falar em um evento, Al Ibrahim, nosso operador de câmara, percebeu que ele tinha uma pergunta sobre essa questão de ser "suficiente", então ele falou com Marisa a respeito.

Resumindo, a pergunta dele foi a seguinte: Se é verdade que "eu sou suficiente" e se não precisamos ter a aprovação ou elogios dos outros, qual é a força propulsora que nos impele a realizar grandes feitos no mundo? O que poderia nos impedir de simplesmente sermos felizes sentados em um sofá assistindo televisão, sem fazer nada além de usufruir o presente?

Marisa respondeu:

> Se você ficar sentado no sofá o dia inteiro sem fazer nada, é exatamente porque você acha que não é suficiente. Você tem medo. Você tem medo do fracasso. Você tem medo da rejeição. Você tem medo das coisas que vão mostrar que você realmente não é suficiente. Então você não faz nada.

Marisa continuou:

> Mas se você acreditar que é suficiente, vai agir. É quando você sai e tenta algo novo. É quando você se candidata àquele emprego que realmente quer. É quando você pede aquele aumento. Porque você é suficiente. E mesmo que você falhe, você não vai levar a rejeição para o lado pessoal porque não é você – você É suficiente –, então devem ser seus métodos, sua abordagem ou habilidade, ou qualquer outra coisa – e porque você sabe que é suficiente, você sabe que então pode melhorar esses métodos e habilidades e suas abordagens e então tentar de novo.

Acho que este é um paradoxo maravilhoso: saber que somos SUFICIENTES nos dá coragem para ser MAIS, fazer o MELHOR. Quando aprendemos a ser invulneráveis, os maiores medos que detêm tantas pessoas não mais nos incomodam. Nós perseguimos grandes sonhos e metas com ousadia.

Mas nós seríamos felizes mesmo que perdêssemos todas as nossas metas e possessões porque nossas metas finais são metas autoimpulsionadas – sentimentos que desejamos ter, como ser cercados por amor, usufruir belas experiências humanas, ou aprender e crescer.

Quando você aprende a preencher os vazios em seu interior, e não precisa mais da aprovação externa para saber que é suficiente, e quando fixa metas que vêm de seus sentimentos mais profundos sobre viver uma vida de significado, você passa ao próximo nível em se recodificar e no caminho em direção ao extraordinário. Você agora está armado com a força moral de que precisa para fixar apenas metas importantes – metas que mudam a paisagem cultural e criam uma marca no universo.

Quando você se torna invulnerável, todos os problemas menores passam a ser insignificantes. Você não vai mais se preocupar com aquela pessoa que não respondeu ao seu SMS, o aumento do preço da gasolina, ou com o colega de trabalho antagônico. Você tem coisas mais urgentes com que se preocupar.

*O problema com a maioria das pessoas é que*
*seus problemas não são grandes o bastante.*

Você não é derrubado por problemas insignificantes e má conduta, reclamações ou rivalidades de outras pessoas. Você não tem tempo para politicagens, acusações, criação de encrencas, punhaladas nas costas, assédio, mexericos, traições e outras atitudes que tomam o tempo e enchem o dia de pessoas entediadas e infelizes.

Quando você é invulnerável, você fica acima de tudo isso. Em vez disso, você pensa em coisas muito maiores – problemas para resolver que poderiam mudar o mundo e ajudar as pessoas a progredir. A sua meta se torna enfrentar esses problemas.

Podemos chamar essas metas de "sua jornada". Vamos explorá-las no próximo capítulo.

---

Você pode assistir à excelente palestra de Marisa Peer no A-Fest de 2014 sobre "A maior doença que aflige a humanidade: Eu não sou suficiente". O vídeo está disponível em http://www.mindvalley.com/extraordinary.

## 10 ABRACE SUA JORNADA

### ONDE APRENDEMOS A REUNIR TUDO E VIVER UMA VIDA SIGNIFICATIVA

Até mesmo a menor das criaturas pode mudar o curso da história.
[J.R.R. TOLKIEN, O SENHOR DOS ANÉIS]

### DE ONDE VIEMOS

Cada parte deste livro representa algum tipo de evolução. Com cada evolução, você passa a um novo nível em termos de consciência do mundo e da capacidade de influenciá-lo.

Em um diagrama simples, essa progressão de expansão gradativa se pareceria com isso:

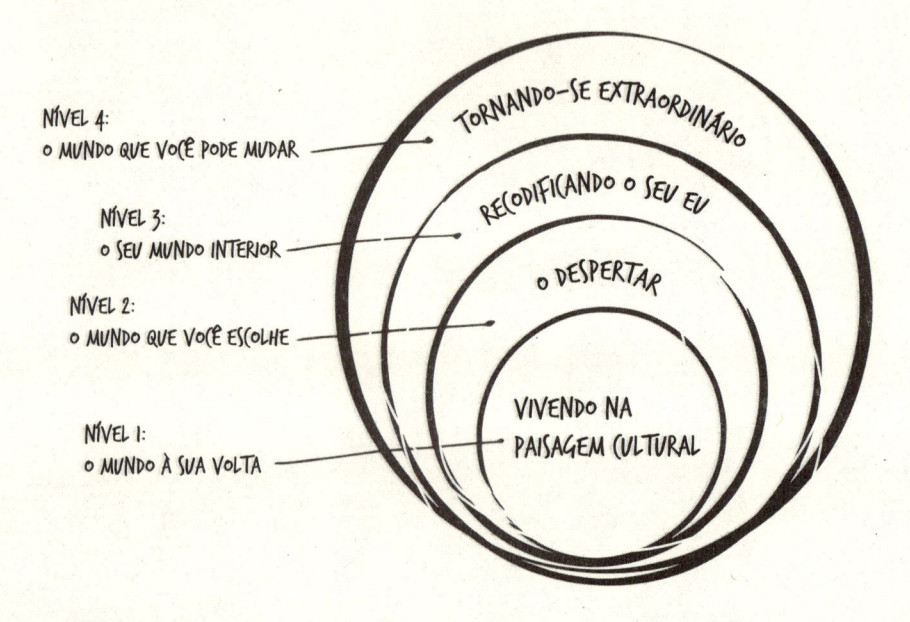

NÍVEL 4: O MUNDO QUE VOCÊ PODE MUDAR — TORNANDO-SE EXTRAORDINÁRIO

NÍVEL 3: O SEU MUNDO INTERIOR — RECODIFICANDO O SEU EU

NÍVEL 2: O MUNDO QUE VOCÊ ESCOLHE — O DESPERTAR

NÍVEL 1: O MUNDO À SUA VOLTA — VIVENDO NA PAISAGEM CULTURAL

## Nível 1: Vivendo na paisagem cultural

Na Parte I deste livro, você ficou ciente de como a paisagem cultural domina muitos de nós. Você aprendeu como as regras das culturas – algumas das quais remontam a milhares de anos – influenciam quem você é hoje. Você aprendeu sobre as Regras Estúpidas e como reconhecê-las e evitá-las.

No Nível 1, você está sendo controlado e moldado pelo mundo que o cerca. A vida acontece PARA você. Mas, à medida que começa a expandir sua consciência e influência, você passa ao Nível 2.

## Nível 2: O despertar

Neste nível, na Parte II, você aprendeu que pode escolher o mundo no qual quer viver. Você toma uma posição e decide que vai *escolher* o mundo que quer vivenciar. A vida acontece conforme a sua ESCOLHA. Isso se chama hackear a cultura. Aqui você começa a praticar a habilidade da engenharia da consciência. Você aprende que os seus modelos de realidade e seus sistemas de vida são os dois componentes que determinam quem você se torna. Você aprende a livrar-se dos modelos ruins e assumir os que lhe dão condições de progredir. Você descobre que pode criar um filtro para que somente os modelos mais apropriados da paisagem cultural cheguem até você. Nesse processo, você começa a perceber que tem a capacidade de fazer mais, pensar grande e ficar no controle de sua própria felicidade. Essa percepção o leva ao Nível 3.

## Nível 3: Recodificando o seu eu

Neste nível, você se conecta com o mundo em seu interior e aprende que a felicidade no agora, combinada com uma visão do futuro, o coloca em um estado de equilíbrio para se avançar poderosamente na direção de suas metas. Você começa a achar que seus sonhos e ambições chegam até você com facilidade. Você se dá conta de que pode influenciar o mundo exterior ao mudar o mundo em seu interior. Você liga o seu motor de força interno. A vida acontece A PARTIR de você. Há uma sensação de oportunidade ilimitada. Você está passando ao Nível 4.

## Nível 4: Tornando-se extraordinário

Neste nível, você se sente seguro e confiante quanto as suas capacidades e forças. Você é invulnerável. Ao mesmo tempo, você começa a realmente mudar o mundo a sua volta para poder contribuir com o crescimento e expansão de outros seres humanos. Você decide que tem um propósito maior e um papel a desempenhar, e decide influenciar o mundo de modo positivo. Você sente um chamado, um impulso para tornar o mundo um lugar melhor. A vida acontece ATRAVÉS de você.

À medida que você sobe de nível, o seu relacionamento com a vida muda:

Primeiro a vida acontece PARA você.

Então a vida acontece conforme a sua ESCOLHA.

Então a vida acontece A PARTIR de você.

Então a vida acontece ATRAVÉS de você.

No Nível 4, a vida está trabalhando através de você para trazer você de volta à vida. Você se torna um servo de um chamado mais elevado. Esse chamado é o que chamamos de sua jornada.

## ABRAÇANDO A SUA JORNADA

Como um personagem de um jogo de computador ou um herói em uma história antiga, você tem percorrido um caminho de intenso aprendizado, reunindo e ajustando suas habilidades e informações em áreas cruciais.

Mas ainda há uma coisa a realizar. Em todas as grandes histórias que cativaram gerações e passaram pelo teste do tempo, o herói não é um herói sem uma jornada. Este capítulo é sobre abraçar a sua jornada.

Não cometa erros: você pode permanecer no Nível 3 e ser um ser humano altamente eficiente. Mas, à medida que você dominar mais a vida com uma habilidade cada vez maior e começar a ver o poder liberado por essa nova forma de vida e começar a se acostumar à sensação de viver dessa forma intensificada, você pode começar a se perguntar se há usos ainda maiores para esse poder em que ainda não pensou.

O Nível 4 – o nível da jornada – espera essas almas curiosas e aventureiras.

## O QUE AS PESSOAS EXTRAORDINÁRIAS TÊM EM COMUM

O que mantém os homens e mulheres cujas histórias contei neste livro numa caminhada contínua, dispostos a assumir grandes riscos e jogadas? Eles são impulsionados por uma visão tão grande que agem em um nível além das regras e limitações convencionais de trabalho e vida. Quando penso nas pessoas extraordinárias que conheço, observo que há algo nelas que é inerentemente positivo. Elas derramam essa energia positiva na missão pela qual estão entusiasmadas. Arianna Huffington dirige um império da mídia, mas ela ainda persegue sua vocação de ajudar pessoas a viver vidas significativas e permanecer saudáveis. O fundador da X Prize, Peter Diamandis, está procurando incentivar avanços para ajudar a solucionar os problemas do mundo. Dean Kamen está trabalhando para levar a ciência e a tecnologia na linha de frente nos Estados Unidos para que as crianças cresçam e se tornem cientistas que possam mudar o mundo. Elon Musk está determinado em tornar a humanidade uma espécie interplanetária.

Aqui está o que aprendi em anos estudando o crescimento pessoal e falando com muitos pensadores e realizadores incríveis:

*As pessoas mais extraordinárias do mundo não têm carreiras. Elas têm vocações.*

Como podemos definir vocação? É muito simples: uma vocação é a sua contribuição para a raça humana. É algo que nos ajuda a melhorar o planeta para nossos filhos. Não tem de ser um novo grande negócio ou uma tecnologia avançada. Pode ser um livro no qual você está trabalhando. Pode ser a dedicação de sua vida a criar filhos notáveis. Pode ser trabalhar para uma empresa com a missão de mudar o mundo de uma forma com que você se identifique.

O segredo está no fato de que, quando você sentir essa vocação, o trabalho se dissolve. O que você faz te estimula. É uma paixão; é significativo para você. Você provavelmente o faria sem ganhar nada. É qualquer coisa, menos trabalho. Uma vez testemunhei alguém perguntando a Richard Branson como ele mantém o equilíbrio entre trabalho e vida, e sua resposta foi: "Trabalho? Vida? É tudo a mesma coisa. Eu chamo isso de VIVER". Quando seu trabalho se torna uma vocação, o velho modelo de trabalho desaparece.

Amy Wrzesniewski, professora associada de comportamento organizacional na universidade de Yale, tem estudado um sistema de classificação que pode ajudá-lo a reconhecer sua inclinação na direção de seu trabalho e obter mais satisfação nele.

Ela define trabalho de três maneiras:

1. UM EMPREGO é um jeito de pagar as contas. Ele é um meio para atingir um fim e você tem pouca ligação com ele.
2. UMA CARREIRA é um caminho na direção do crescimento e da realização. Carreiras têm degraus claros para mobilidade ascendente.
3. UMA VOCAÇÃO é um trabalho que é parte importante de sua vida e proporciona significado. Pessoas com uma vocação geralmente são mais satisfeitas com o trabalho que realizam.

É disso que estou falando quando me refiro a ter uma vocação.

A Mindvalley é minha vocação. A missão é tocar um bilhão de vidas, colocar ideias iluminadas no mundo, chacoalhar o modo de vida e o trabalho das pessoas e cuidar de suas mentes e corpos. Por meio da Mindvalley, eu convido as pessoas a se tornarem extraordinárias pelo crescimento e aprendizado pessoal – um valor pessoal para mim. Educação – a transmissão de conhecimento, enriquecimento e poder de uma pessoa a outra – é uma expressão particular de amor que considero irresistível e maravilhosa. Essa missão faz meu trabalho profundamente significativo e me faz feliz. Mesmo nos primeiros anos magros depois da fundação, quando eu teclava sem parar no meu computador em um minúsculo apartamento na cidade de Nova York, me sentia feliz porque estava realizando minha visão de espalhar a meditação às massas. Obviamente, minha vida hoje é muito diferente. Mas, embora haja um limite para as recompensas do dinheiro, não há limite para as recompensas de ter e perseguir uma missão.

## A DESTRUIÇÃO MARAVILHOSA

Se você tem refletido e praticado o que falei nos últimos capítulos, já está a caminho dessa etapa.

Encontrar a sua vocação começa com a identificação de suas metas finais. À medida que você fizer o exercício das Três Perguntas Mais Importantes no Capítulo 8 e criar a sua lista de experiências, oportunidades de crescimento e contribuições, você estará preparando o caminho para que algo mágico aconteça. Você talvez não saiba exatamente como chegar ao seu destino final ou até que destino é esse. Mas há algo misterioso na mente humana: quando você escolhe um destino, muitas vezes a sincronia, as oportunidades e as pessoas certas surgem em sua vida para você chegar lá. Algumas pessoas chamam isso de sorte. Peço o direito de discordar. Acredito que temos controle sobre a sorte. Quando você persegue as metas finais adequadas enquanto se certifica de que é feliz no agora, a felicidade abre a porta para a sorte entrar.

Na verdade, muitas vezes você tem a impressão de não encontrar sua missão. Em vez disso, a missão *encontra você*.

O caminho pode não ser uma linha reta. Talvez você tenha Regras Estúpidas, modelos de realidade e sistemas de vida antigos (seus e talvez de terceiros) a serem desafiados ou destruídos primeiro. Você pode experimentar quedas, paradas, freadas e lombadas. Mas tudo faz parte do processo. Essas lombadas muitas vezes são avisos destinados a desviar você para o lado certo e fazer com que avance na direção de sua vocação. A recodificação de sua vida nem sempre vai ser límpida e clara. Lembre-se:

> *Às vezes, você tem de destruir parte de sua vida*
> *para deixar o próximo grande evento entrar.*

Eu chamo isso de *destruição maravilhosa*. A confiança é a chave para atravessá-la. Certa vez fiz a Arianna Huffington a mesma pergunta que fiz a Elon Musk: "O que a faz ser Arianna? Se você pudesse se destilar e tentar extrair a sua essência, o que a faz ser quem é?".

Arianna respondeu:

> Eu diria que é confiança. Tenho uma incrível confiança na vida. Uma de minhas citações preferidas é um pouco incorreta: "Viva a vida como se tudo estivesse funcionando a seu favor". Eu acredito profundamente que tudo o que aconteceu na minha vida, incluindo as grandes dores

de corações partidos, as maiores decepções, foram exatamente do que eu precisava para me ajudar a atingir o próximo estágio de minha evolução e meu crescimento pessoal. Eu sempre tive essa impressão, mas agora acredito nisso profundamente. Posso literalmente ver as bênçãos ocultas em cada fato desagradável que ocorreu.

Há nomes para esses pequenos cutucões que o empurram na direção de sua vocação.

### CONHECENDO *KENSHO* E *SATORI*

Meu amigo dr. Michael Bernard Beckwith, o inspirado fundador do Centro Espiritual Internacional Agape, em Los Angeles, fala de dois diferentes caminhos para o crescimento da vida: *kensho* e *satori*. *Kensho* é o crescimento pela dor. *Satori* é o crescimento pelo despertar.

*Kensho* é um processo gradual que muitas vezes acontece por meio das tribulações da vida. Um relacionamento termina, mas você aprende com ele e o seu coração se torna mais resiliente. Você perde uma empresa, mas usa a sabedoria conquistada a duras penas para começar uma nova. Você perde o emprego, mas aprende quem você é além da carreira. Você sofre de um problema de saúde, mas descobre reservas pessoais que desconhecia possuir. *Kensho* é o universo lhe dando amor árduo.

Resultado: você passa por algum tipo de sofrimento ou dificuldade onde aprende diferentes meios de sentir, pensar e ser. Você talvez nem mesmo note essas mudanças enquanto elas ocorrem. Imagine as mudanças tectônicas dos continentes. Não podemos vê-las acontecer, mas, mapeadas ao longo do tempo, está claro que o mundo mudou.

Em retrospecto, você até pode ver esses eventos dolorosos como forças positivas que o impeliram a desafiar crenças e sistemas que o estavam impedindo de um jeito que você não tinha percebido (o que muitas vezes chamamos de "bênção disfarçada" ou a "bonança após a tempestade"). O dr. Beckwith sugere que *kensho* é a forma pela qual a nossa alma nos faz crescer.

*Kensho* foi ter meu salário cortado pela metade no trabalho depois que voltei da lua de mel. Fui obrigado a abrir uma empresa que depois se transformou na Mindvalley.

*Kensho* foi perder o meu visto americano. Ele me fez mudar para a Malásia, onde eu não tinha ideia do impacto que exerceria no empreendedorismo naquele país.

*Kensho* foi a Mindvalley quase falir em maio de 2008, levando-me a descobrir novos modelos para usar minha mente que provocaram um crescimento de 400% na receita da empresa.

Em comparação, o dr. Beckwith define momentos *satori* como grandes inspirações que ocorrem repentinamente e o mudam para sempre. Elas podem acontecer a qualquer momento, em qualquer lugar – enquanto você está em meio à natureza, ouvindo música ou admirando obras de arte inspiradoras, segurando a mão de uma pessoa amada, em calma contemplação ou se encontrando em uma situação de crescimento pessoal, como com um terapeuta, professor ou médico. Quando você tem um momento *satori*, as coisas que costumavam amedrontá-lo ou reprimi-lo são deixadas para trás. Você passou a um nível mais elevado e pode agir em um plano totalmente novo. Se você fosse demonstrar seu crescimento pessoal como *sabedoria ao longo do tempo*, os momentos *satori* se pareceriam com repentinos impulsos ascendentes, enquanto os momentos *kensho* começariam com um mergulho e então dispararam para cima enquanto você se recupera e depois assimila os novos ensinamentos.

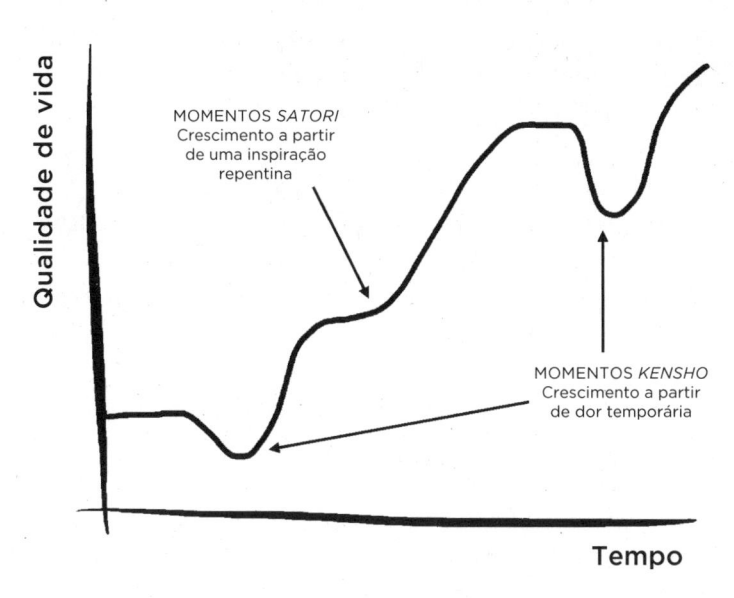

Gráfico: eixo vertical "Qualidade de vida", eixo horizontal "Tempo".

MOMENTOS *SATORI*
Crescimento a partir de uma inspiração repentina

MOMENTOS *KENSHO*
Crescimento a partir de dor temporária

Assim, note que aqui temos um novo modelo para compreender os problemas que ocorrem na vida. Pode ser que nossos problemas não sejam nada mais do que um universo inamistoso sussurrando em nossos ouvidos: "Ei, você está no caminho errado. Verifique a nossa visão a partir *desse* ângulo".

O dr. Beckwith certa vez partilhou comigo essa pequena bomba de sabedoria durante uma entrevista:

> Atrás de cada problema, há uma pergunta tentando se elucidar.
> Atrás de cada pergunta, há uma resposta tentando se revelar.
> Atrás de cada resposta, há uma ação tentando acontecer.
> E atrás de cada ação, há um modo de vida tentando nascer.

Esse novo modo de vida que tenta nascer é a sua vocação. E quem sabe como essa vocação pode influenciar o mundo e os que o rodeiam?

## VOCÊ É O ESCOLHIDO

Você escolhe sua vocação, ou é a vocação que escolhe você? Há um modelo de realidade emergindo que sugere que o universo está chamando – e sua tarefa é ouvir.

Minha amiga Emily Fletcher, uma instrutora de meditação maravilhosa e vivaz que fez palestras na faculdade de Administração de Harvard e na Google, contou-me em uma entrevista esta história sobre a lenda da música pop Michael Jackson e o universo, que ela chama de "natureza".

> Se você assistir ao documentário, *Michael Jackson – This Is It*, vai ver a entrevista com seu agente. Ele disse que Michael costumava chamá-lo o tempo todo às três, quatro ou cinco da madrugada. E o agente dizia que Mike dizia: Vagalumes. Precisamos de vagalumes. E o agente respondia: Michael, são quatro da madrugada. Falamos sobre isso amanhã. E Michael dizia: Não, você precisa anotar isso. Preciso que você levante e anote. Vagalumes. E o agente disse, Por quê? Falamos disso pela manhã. E ele respondeu, Se não fizermos isso, Prince vai fazer.
> Gosto desta história porque ela ilustra que Michael sabia que se não agisse, se ele não estivesse à frente com a criação, essa natureza procuraria outra pessoa. É como se a natureza apenas tentasse criar o tempo todo, e estivesse procurando pessoas que estão acordadas. Ela

está procurando pessoas dispostas a erguer as mãos e trazer algo do não manifesto para o manifesto. E não acho que ela seja exigente por causa disso. É como se: "Bem, se você não o fizer, tudo bem. Vou escolher outra pessoa". E assim é que, quanto mais criamos, mais apoio da natureza conseguimos. É como imaginar que a natureza é o CEO de uma empresa e que todos somos seus empregados. E se você for o CEO de uma empresa, a que empregados você vai dar um aumento? A quais empregados vai delegar tarefas mais importantes? Para aquele que não está fazendo nada ou para aquele que está criando, realizando e apresentando novas ideias todos os dias?

Emily está dizendo que, quando uma missão precisa se manifestar, o universo (ou a natureza, como ela o chama) pode bater a sua porta e abençoá-lo com essa intuição. Mas depende de você agarrar a oportunidade. Se não o fizer, o universo vai passar à próxima pessoa. O universo não liga para quem vai mudar o mundo. Ele só quer alguém que aceite a ideia e a coloque em prática.

No Livro *Big Magic: Creative Living Beyond Fear* (Grande Magia: vivendo além do medo), Elizabeth Gilbert fala sobre um fenômeno semelhante. Gilbert fala sobre como ela tinha uma ideia muito específica para um livro e então algo acontecia na vida para desviá-la da tarefa de trabalhar nele. Mais tarde, ela via exatamente o mesmo livro surgindo da mente de outro escritor – um escritor que decidira agir.

Gilbert escreve: "Acredito que a inspiração sempre vai tentar ao máximo trabalhar com você – mas se você não estiver pronto ou disponível, ela pode, de fato, escolher deixar você e procurar um colaborador humano diferente".

Existe até um nome para esse tipo de acontecimento. É chamado de descoberta múltipla. Gilbert a descreve como:

> ... inspiração apostando em dois lados, mexendo os ponteiros, trabalhando em dois canais ao mesmo atempo. A inspiração pode fazer isso, se quiser. Na verdade, a inspiração pode fazer o que bem entender e não é obrigada a justificar seus motivos para ninguém. (Na minha opinião, já somos afortunados pelo fato de a inspiração falar conosco; é demais pedir que ela também se explique.)

Assim, digamos que este modelo seja verdadeiro – que o universo realmente nos chame. Bem, então, é melhor você obedecer as suas ordens!

Mas há uma ideia que me faz sorrir. Se for verdade que o universo chama e escolheu você para seu grande novo projeto, seja ele qual for, então significa que exatamente como qualquer grande herói de uma lenda, um filme ou dos melhores jogos de computador, você é literalmente O Escolhido para a sua jornada em especial.

Isso é incrível, não é?

Você pode acessar toda a sessão comigo e Emily Fletcher discutindo a fundo essa ideia em http://www.mindvalley.com/extraordinary.

## A TEORIA DAS DEUSÍCULAS

À medida que você sobe os níveis e chega ao Nível 4, vários modelos novos únicos e maravilhosos de realidade vão se abrir para você. Acho que os modelos abaixo são consistentes em todas as pessoas que entrevistei para este livro. Cada um é um modelo único para abordar a vida e cada um leva ao outro:

1. Pessoas extraordinárias sentem uma ligação e uma afinidade únicas com toda a vida.
2. Pessoas extraordinárias estão abertas a revelações intuitivas que obtêm por meio dessa ligação.
3. Pessoas extraordinárias permitem que sua intuição os conduza a uma visão que os impulsione para frente.
4. À medida que pessoas extraordinárias atendem a esse chamado, o universo as abençoa com a sorte.

Essa sensação de ser afortunado reforça seu senso de ligação e afinidade com toda a vida. É um círculo virtuoso pois cada parte se liga a outra. O sentimento de ser afortunado ou abençoado leva a um sentimento de conexão ainda maior com o mundo à medida que você procura compartilhar essas bênçãos. Ilustrado, ele se parece com isto:

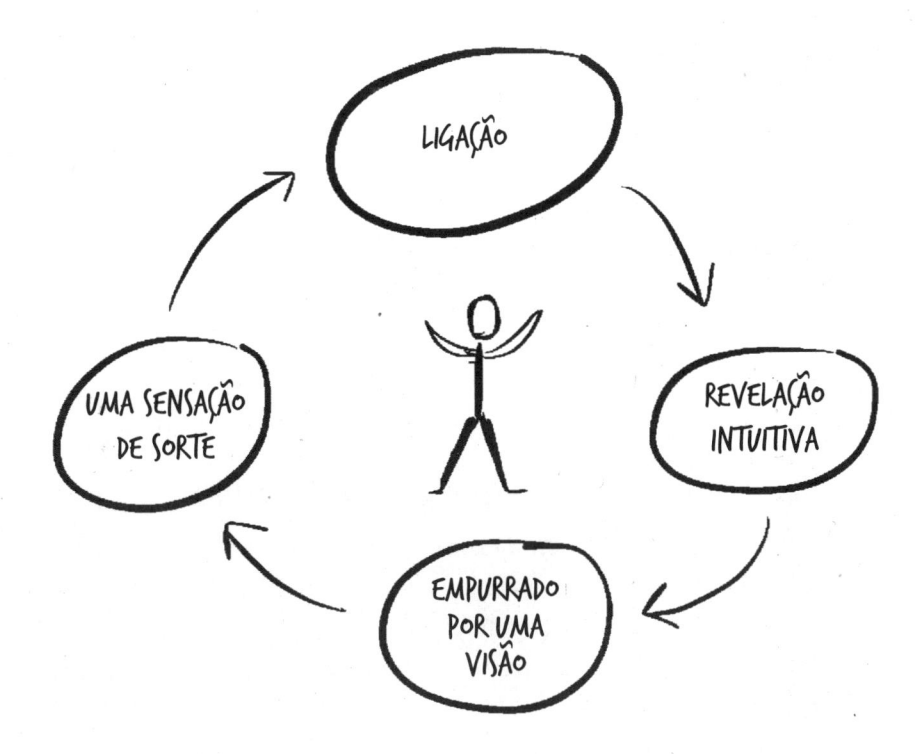

```
        LIGAÇÃO
  ↗              ↘
UMA SENSAÇÃO    REVELAÇÃO
  DE SORTE      INTUITIVA
  ↖              ↙
       EMPURRADO
       POR UMA
         VISÃO
```

Combinado, eu chamo esse modelo de realidade de Teoria das Deusículas. Aqui está a ideia: se existe um Deus, ou Universo, ou Força da Vida, ou como quer que escolhemos chamá-la, acredito que ela está profundamente conectada com toda a vida e toda a humanidade.

Sendo assim, somos partículas desse "Deus". Chamo essas partículas de Deusículas. A ideia é que você, eu e todos os outros seres humanos neste planeta somos Deusículas experimentando a criação.

Se você quiser interpretar isso no sentido de que nós somos a essência metafísica de Deus ou somos feitos de poeira de estrela, a escolha é sua. De qualquer maneira, é um modelo de realidade que nos dá poder. (Lembre-se, os modelos da realidade não precisam ser cientificamente verdadeiros. Você pode assumir um modelo como uma filosofia se ele o capacita.)

A Teoria das Deusículas é interessante para mim por causa do que implica:

> Primeiro, que todos nós estamos conectados, toda a vida está conectada, e estamos todos juntos nisso.

Segundo, se todos estamos conectados, então seremos capazes de insights intuitivos por meio dessa conexão.

Terceiro, há uma mente coletiva superior que busca novas visões para o aprimoramento de si mesma e que escolhe Deusículas individuais para trabalhar nelas. Essas Deusículas experimentam esta vocação como sua "busca".

E, finalmente, se formos partículas de Deus, então é lindo pensar que somos dotados de certos poderes semelhantes aos d'Ele.

Talvez seja por isso que às vezes parecemos dobrar a realidade quando estamos perseguindo nossa busca.

Tudo isso, claro, é apenas teoria. É um modelo espiritual pessoal com o qual eu jogo. Mas também vem da observação das pessoas extraordinárias que conheci. Eles incorporam essas ideias. Você também. Você apenas tem que sair da paisagem cultural e ir adiante.

Vejamos como os elementos da Teoria das Deusículas poderiam alçar sua vida ao nível 4.

## 1: Você sente uma ligação com toda a vida

Neste nível, você começa a sentir uma profunda ligação com o mundo. Toda a humanidade – todas as culturas, todas as nações e todas as pessoas parecem se identificar com você como parte de uma única família. Ken Wilber descreve esse fenômeno como passar à consciência centrada no mundo. Resumindo, as pessoas no Nível 4 começam a ver além das Regras Estúpidas que as dividem e compreendem que diferentes culturas, diferentes religiões e diferentes países não são tão diferentes afinal. Somos uma espécie em um planeta. Você começa a ver que as diferenças existem principalmente em nossa cabeça. No Nível 4, você pode ter um patriotismo ardente por seu país, um apreço por sua religião; mas igualmente admira e respeita outras culturas, nações e religiões. É interessante notar que a grande maioria das pessoas que conheço e que estão no Nível 4 é humanista, sem aderir a nenhuma religião do mundo, mas têm um apreço e uma reverência pela humanidade como um todo.

É importante fazer uma declaração qualitativa nesse ponto de nossa jornada. Muitos homens e mulheres ao longo da história tiveram um senso de missão extrema, mas, em vez de empurrar a humanidade para frente, eles acabaram iniciando guerras, envolvendo-se em grandes experimentos sociais fracassados (pense em Joseph Stalin), ou tornando-se propensos a adotar ideias perigosas, como o fundamentalismo religioso. Todos eles têm uma coisa em comum – eles viram uma determinada ideia ou grupo de pessoas como sendo superiores a outro grupo. Isso é o oposto da verdadeira ligação, pois a verdadeira ligação não reconhece fronteiras, cor ou outros modelos de diferenciação. Os verdadeiramente extraordinários têm reverência pela humanidade como um todo.

## 2: Você tem uma conexão com a intuição

A sua intuição neste nível torna-se incrivelmente forte. Você se sente atraído por pessoas ou oportunidades como se tivesse um rastreador. Muitas vezes, você acorda com ideias fantásticas flutuando em sua mente. Esses impulsos intuitivos parecem guiá-lo na direção das oportunidades e ideias certas.

Concordo com a magnífica ideia do dr. Beckwith de que quando estamos neste estado, o chamado não vem de nós. Ele vem *através* de nós. Acredito que a intuição seja um condutor para isso. É por esse motivo que a Disciplina do Contentamento é o alimento da intuição. Quando você está estressado ou temeroso, a sua intuição se fecha.

Graças à intuição, quando você fixa metas finais, você não precisa necessariamente saber COMO alcançá-las. Muitas pessoas se prendem nas correntes das metas realísticas porque se recusam a ver além do COMO. Não se preocupe com o COMO. Comece com O QUE e o POR QUÊ. Quando você souber o que quer criar no mundo e POR QUE quer fazê-lo, tome sua decisão. Depois tome as medidas que a intuição lhe indicar.

## 3: Você é empurrado por uma visão

Neste nível, as suas metas estão ligadas a uma missão maior. A missão fornece o alimento que nos mantém avançando. Sem ela, o trabalho é apenas uma palavra. Com ela, o trabalho se dissolve. Como dizem muitos trabalhadores orientados por uma missão, suas tarefas deixam de ser trabalho e se tornam algo que aumenta sua qualidade de vida, em vez de diminuí-la.

Assim sendo, metas tradicionais não o motivam, em vez disso, você é puxado por visões maiores para servir o mundo. O dr. Beckwith partilhou essa ideia comigo sobre viver com um propósito:

> É uma forma muito mais elevada de existir. Assim, você não desiste de metas, não desiste de tarefas... você ainda as conserva, mas elas não o dominam... Quando você está vivendo sob um modelo orientado para metas, você é empurrado; você precisa de motivação. (Mas) quando você está vivendo o seu propósito, você então é empurrado por uma visão.

Neste nível, você acorda diariamente entusiasmado com o seu trabalho. Pode ser o seu emprego, pode ser um projeto em que atua como voluntário ou um empreendimento que está tentando fazer decolar. Seja o que for, o chamado para servir é forte. Ele o impulsiona. Ele acende uma fogueira debaixo do seu traseiro para você se mexer. No velho paradigma das metas, você precisava de motivação para persegui-las. Toda uma indústria de ferramentas motivacionais foi criada para apoiar tais esforços. Mas a motivação só é necessária quando se está perseguindo uma Regra Estúpida – uma meta intermediária. Quando você persegue metas finais, especialmente metas finais relacionadas com a sua vocação, você não precisa mais "estar motivado". Em vez disso, você é IMPULSIONADO por sua visão.

## 4: Você se sente como se a sorte estivesse ao seu lado

Neste nível, todos os tipos de coincidência, simultaneidades e golpes de sorte parecem acontecer para empurrar você para frente. Assim, você tende a ser positivo, entusiasmado e otimista sobre o mundo e a vida.

Quando você está trabalhando em uma meta que não está alinhada com a sua vocação, muitas vezes você vai encontrar barreiras. É por esse motivo que, às vezes, não alcançamos nossas metas. Mas pense nessas barreiras como momentos *kensho* – como pequenos toques para tirar a venda para que você possa ver o que realmente deveria estar fazendo com sua vida.

Aqui está um novo modelo que vale a pena considerar. Muitas vezes, o fracasso não é nada mais do que a boa sorte disfarçada: a destruição de um velho modo de vida para que você possa criar a próxima grande visão de si mesmo. Quando você finalmente entrar no caminho certo, voltado para a missão que a vida o escolheu para cumprir, como os escolhidos de inúmeros filmes, você começa a encontrar imensos reservatórios de força e apoio não utilizados. Algumas pessoas chamam isso de sorte. Você sabe melhor.

Isso nos leva à Lei 10:

> **LEI 10: ABRACE SUA JORNADA**
> Mentes extraordinárias são motivadas por uma busca ou um chamado – um impulso de criar uma mudança positiva no mundo. Esse impulso as impele para frente na vida e as ajuda a ganhar significado e fazer uma contribuição importante.

## COMEÇANDO

Quando se trata de encontrar a sua missão, é útil lembrar essas duas ideias da paisagem cultural como Regras Estúpidas em potencial que podem impedir o seu avanço.

### Regra Estúpida 1: Você tem de ser um empreendedor

Quando faço palestras, principalmente para alunos universitários, fico perplexo com quantas pessoas acreditam que têm de ser empresárias para realizar uma contribuição significativa na vida. Quando lhes digo, "Não, você não precisa ser um empresário para cumprir sua missão", quase consigo ouvir os suspiros de alívio. Há uma Regra Estúpida sendo aceita há alguns anos que afirma que os maiores realizadores se tornam empresários, e empregados são apenas subordinados. Não é verdade. Eu costumava defender o fato de ser um empresário, mas comecei a questionar essa Regra Estúpida quando notei que muitas das melhores pessoas que contratei na Mindvalley eram ex-empresárias. Às vezes, elas realizaram essa mudança porque começaram negócios somente para ganhar a vida, mas descobriram que algo – a missão – estava faltando. Outros tiveram negócios com uma missão educacional, mas deram-se conta de que ser parte de uma entidade maior e mais bem estabelecida alavancaria sua força, de modo que vieram a bordo conosco.

Muitas das pessoas mais importantes do mundo atualmente não são empresárias. Muitos cientistas, engenheiros e inovadores importantes que estão mudando o mundo o fazem como empregados em organizações grandes, bem-dirigidas e orientadas por uma missão.

O empreendedorismo é uma meta intermediária, não uma meta final. A meta final geralmente é viver uma vida de propósitos, combinada com as experiências que a liberdade e o dinheiro podem propiciar. Hoje em dia, porém, pode-se conseguir essas coisas trabalhando para a empresa certa. Pessoas extraordinárias concentram-se em quaisquer medidas que devem tomar para fazer sua missão progredir. Assim, em vez de pensar "Preciso me tornar um empresário para poder cumprir minha missão", concentre-se na missão como meta final e deixe que ela o guie. Resultado: o empreendedorismo não é uma meta em si. Ele é o efeito colateral de fixar as metas finais corretas.

### Regra Estúpida 2: O mito da carreira

Vamos falar sobre a sua carreira. Você está mesmo na carreira certa? Com muita frequência, as pessoas perseguem carreiras somente por dinheiro ou títulos. Ambos podem ser perigosos para a sua felicidade de longo prazo. Ser sugado por esses modelos pode acontecer a qualquer um que escolha um caminho profissional porque se formou em determinado campo na faculdade, ou os pais o empurraram para ele, ou a paisagem cultural sugere uma determinada carreira como o caminho adequado – e não porque é significativo para ele. Você pode estar se condenando a um trabalho que devora sua alma durante anos ou décadas nesse tipo de emprego.

Sei que às vezes não se tem escolha – você precisa pagar as contas, assim como eu fiz quando aceitei o emprego de vendas por telefone. Se isso acontecer com você, é importante fazer coisas em outras partes de sua vida que reflitam um movimento na direção de uma missão em que você acredita. No meu caso, por exemplo, comecei a ensinar meditação como ocupação secundária porque achei que me dava o significado que meu trabalho não me proporcionava.

Mas, do outro lado, empregos em empresas podem ter um lado negativo. Se você encontrar uma empresa que corresponde a sua missão, você pode ter uma carreira incrivelmente recompensadora. Mas você precisa escolher a companhia certa. Se trabalhar para uma empresa é a situação que você vive no momento ou para onde está se dirigindo, veja quais pontos observar:

*A sua empresa é uma empresa que soma ou subtrai algo à humanidade?*

Acho que o segredo da felicidade para uma carreira de longo prazo é a capacidade de diferenciar entre ambientes que somam ou subtraem algo à humanidade. Veja como eu defino esses termos.

Empresas que subtraem à humanidade muitas vezes são companhias que existem somente para auferir lucros. Não há nada de errado com isso, mas é mais difícil ficar empolgado com a missão de uma empresa quando ela não agrega nenhum valor ao mundo, ou pior, se a companhia vende produtos prejudiciais, como alimentos não saudáveis, ou está envolvida em práticas não sustentáveis, como combustíveis fósseis.

Outras empresas que subtraem são fundadas em demanda artificial – isto é, vendem produtos de que não precisamos realmente e que podem até ser potencialmente prejudiciais, mas são comercializados como necessidades para o bem-estar ou a felicidade. Você sabe do que estou falando. Nós os vemos em anúncios na televisão todos os dias.

Em comparação, as empresas que acrescentam algo à humanidade impulsionam a raça humana para frente. Alguns exemplos incluem companhias focadas em fontes de energia limpa e renovável, que promovem alimentação e vida saudável, ou empresas que trabalham em novas formas de elevar e melhorar a vida no planeta. O ideal é trabalharmos, apoiarmos e começarmos essas empresas.

Você pode trabalhar para uma companhia em um ramo tradicional, como aviação, seguros, eletricidade e outras, e essa empresa ainda ter uma missão poderosa que inspire você e outras pessoas. Pense na Southwest Airlines, por exemplo – é uma indústria tradicional, mas eles estão contribuindo para o mundo inovando radicalmente os serviços ao cliente e as experiências do cliente quando ele viaja.

Qualquer que seja a sua missão – quer seja começar a sua própria empresa, trabalhar para uma organização, perseguir uma causa fora do trabalho, deixar sua luz criativa brilhar para o mundo, ou se dedicar a criar filhos maravilhosos, há somente uma coisa de que você deve se lembrar:

*Você não precisa salvar o mundo.*
*Só não provoque uma desordem para a próxima geração.*

## ENCONTRANDO A SUA MISSÃO

Como começar a encontrar a sua missão?

Esta técnica vem de meu amigo, escritor e palestrante Martin Rutte, criador da projectheavenonearth.com. Martin sugere que você se faça essas três perguntas a fim de ajudá-lo a identificar a sua vocação – depressa. Eu as testei com pessoas e é surpreendente a rapidez com que elas descobrem um propósito ou missão que gostariam de explorar.

A primeira pergunta é: Lembre-se de uma época em que experimentou o Céu na Terra. O que aconteceu?

A segunda pergunta é: Imagine que você tenha uma varinha mágica e com ela você possa criar o Céu na Terra. O que é o Céu na Terra para você?

E a pergunta final: Que medidas simples, fáceis e concretas você tomaria nas próximas 24 horas para tornar o Céu na Terra real?

Quando você se faz essas perguntas, que palavras e frases vêm a sua mente? Que imagens você vê? Anote todas. Faça desenhos. Grave seus pensamentos se isso o ajudar a fazer as ideias fluir.

Enquanto faz isso, preste atenção a suas reações emocionais. (Lembre-se: verdadeiras metas finais costumam ser sentimentos.) Você sente seu coração se abrir ou bater mais rápido? Você sente uma reação visceral? A respiração fica presa ou se acelera? A empolgação o deixa sem fôlego? Esses são os primeiros sinais para a sua missão. Lembre-se das palavras de Steve Jobs:

> Tenha a coragem de seguir o seu coração e sua intuição. De alguma forma, eles já sabem o que você realmente quer se tornar. Todo o resto é secundário.

---

Oriente-se: consegui com Martin Rute que o guie nesse processo. Você pode acessar um vídeo em www.mindvallwy.com/extraordinary.

## CONSELHOS PARA A ALMA EXTRAORDINÁRIA

Talvez chegue o momento em que você decida dar o mergulho. Saiba que o sucesso pode não vir depressa ou com facilidade. Às vezes, parece que muitas pessoas tiram a sorte grande rapidamente. Não é verdade.

Falei com meu amigo Peter Diamantis, um dos homens mais influentes do Vale do Silício, para que me contasse o que "torna alguém extraordinário". Peter é o fundador da Universidade Singularity e da X Prize Foundation. Ele tem sido considerado um dos principais líderes do mundo atual. Peter se associa a homens como Larry Page, da Google, e Elon Musk (que faz parte de sua diretoria) – então perguntei a ele o que acha que faz esses indivíduos, assim como ele, tão bem-sucedidos. Veja o que Peter disse:

> Eu lhe digo que é perseverança; é ter uma paixão profunda e movida pela emoção – algo que você quer resolver no planeta que o acorda pela manhã e o mantém acordado à noite. Para outras pessoas, pode ser algo que eles desprezam ou alguma injustiça no mundo que querem corrigir. Sei que grande parte do tempo, que fazer algo grande e ousado no mundo é difícil, a menos que você tenha essa estrela emocional, essa paixão que o orienta – a maior parte das pessoas falha ao desistir – não por algo que os impede.

Observe dois aspectos que Peter mencionou. Não vai ser fácil. Mas se você tiver uma paixão que o faça avançar, vai ter uma vantagem. Esse é outro motivo pelo qual identificar a sua vocação em especial – algo que inflame essa paixão em sua mente, coração e alma – é tão importante.

Peter também me disse certa vez: "Se eu pudesse escolher um superpoder, seria a persistência. Precisei de dez anos para fazer a X Prize decolar".

Elon Musk me disse algo semelhante: "Tenho uma grande tolerância à dor".

Se você se lembra de minha história, vai notar um padrão semelhante. Muitas vezes, meus fracassos e contratempos foram tão espetaculares quanto meus sucessos. Eu aceitei muitos empregos só para manter corpo e mente juntos. Meu caminho profissional parece estranhamente comum antes da súbita explosão de sucesso nos anos seguintes.

Aqui está minha lista de empregos em várias idades. Observe como minha carreira foi plana e simples, e os vários mergulhos no meio. Eu espero que esta lista o inspire a saber que, se você está em um mergulho atualmente, pode apenas ser um momento *kensho*.

- Ator de anúncios de TV – 18 (anos)
- Ator de teatro – 19
- Lavador de pratos – 19
- Ajudante de teatro – 19
- Web designer – 20
- Diretor de teatro – 21
- Programador Java – 21
- Fotojornalista – 21
- Bug tester na Microsoft – 22
- Vice-presidente de uma empresa sem fins lucrativos – 23
- Desempregado – 24
- Vendas on-line – 25
- Desempregado de novo – 25
- Vendas por telefone – 25
- Diretor de vendas – 26
- Instrutor de meditação – 27
- Dono de pequeno website – 28
- Fundador de empresa – 29
- CEO na Mindvalley – 35

Apesar da caminhada estafante, eu continuei em frente. Assim, mantenha-se firme – mas, para garantir que você possa lidar com os tropeços e quedas, certifique-se de que a sua missão seja algo que o sustente.

Quando nos separarmos, espero que você veja a maravilha que o espera. Talvez como eu, você tenha crescido em um mundo onde se perguntava às crianças: "O que você vai ser quando crescer?". Essa é uma armadilha perfeita para uma vida baseada em Regras Estúpidas. Acredito que no futuro vamos perguntar às crianças: "Que marca positiva você quer deixar no mundo em sua vida?".

Lembre-se de que você pode fazer esta pergunta a si mesmo agora. Nunca é tarde demais.

"Há alguma desvantagem?", talvez você pergunte.

Talvez as pessoas lhe digam que você está louco. Elas vão se preocupar com você. Elas vão tentar fazer você mudar de ideia.

Mas algumas pessoas vão querer se juntar a você. Não há nada mais cativante do que uma pessoa vibrando vida, paixão e curiosidade. Elas surgem do fato de ter metas finais que trazem significado e de ser feliz no agora. Pessoas que irradiam essa energia são magnéticas porque estão vivendo vidas significativas e ajudando outras a fazer o mesmo. Quando você viver no nível do extraordinário, vai atrair outras pessoas que também querem viver ali. E, juntos, vocês vão criar um mundo melhor para as gerações futuras:

*A sua verdadeira grandeza vem quando você se concentra não em construir uma carreira, mas em abraçar a sua jornada.*

## ENTÃO DÊ UM PASSO E CONFIE

Gostaria de partilhar alguns conselhos sábios do livro *Pense e Enriqueça*, de Napoleon Hill. Basicamente, ele diz que se você não tem certeza do que fazer, apenas dê um passo – um minúsculo passo. Quando o universo o chamar, mesmo que você não conheça o caminho exato para o sucesso, dê um pequeno passo.

Pequenos passos mostram intenção. Eles mostram que você está em posição de sentido e recebeu ordem para marchar. Você talvez não conheça o melhor caminho para chegar onde deve, mas as suas botas estão calçadas e você está em movimento. Talvez você entre no grande e amplo desconhecido, mas vai obedecer às ordens de marchar mesmo assim.

E algo vai advir disso. Você vai receber algum feedback e dar o próximo passo. Se for na direção errada, não se preocupe. Um pouco de *kensho*, ou um cutucão da intuição, vai estar lá para orientá-lo. E então você vai dar outro passo, que talvez o leve a uma pessoa que possa ajudá-lo ou a um recurso que você nem sabia que existia.

Dê passos tão pequenos quanto devam ser enquanto você examina o terreno. Um dos meus primeiros passos minúsculos foi registrar o nome da companhia *Mindvalley*. Eu tinha um pedaço de papel dizendo que eu era dono dessa pequena empresa. Eu não tinha nada mais que isso, mas receber esse pedaço de papel permitiu que eu começasse a criar uma visão ao redor de uma companhia que ao menos tinha um nome. Passos minúsculos são mais poderosos do que você pensa. Eles telegrafam suas intenções para o universo: "Ouvi você em alto e bom som. Vá em frente, garoto! Diga-me o que precisa ser feito. Eu vou cuidar para que aconteça".

Assim, não se preocupe se você não souber exatamente como atingir suas metas. Apenas dê um pequeno passo por vez.

1. Saia da paisagem cultural.
2. Livre-se das Regras Estúpidas.
3. Agarre suas ferramentas para a engenharia da consciência.
4. Apanhe seus modelos de realidade que lhe dão condições de avançar.
5. Não se esqueça de colocar seus sistemas de vida na mala.
6. Mantenha a mente firme em dominar a realidade.
7. Caminhe com a disciplina do contentamento.
8. Segure suas metas finais nas mãos com firmeza.
9. Seja invulnerável.
10. Abra essa porta e marche firmemente na direção de sua jornada.

O mundo mal pode esperar para ver o que você vai fazer em seguida.

## apêndice
# FERRAMENTAS PARA SUA JORNADA

### PRATIQUE A TRANSCENDÊNCIA: ONDE SE APRENDE A INTEGRAR SISTEMAS-CHAVE DESTE LIVRO A UMA PRÁTICA PESSOAL PODEROSA

Parece-me, portanto, que pessoas instruídas não têm mais o direito a qualquer forma de provincialismo espiritual. As verdades da espiritualidade ocidental agora não são mais ocidentais do que as verdades das ciências orientais são orientais. Estamos meramente falando sobre consciência humana e seus possíveis estados. Meu propósito... é encorajá-lo a investigar certas inspirações contemplativas para si mesmo, sem aceitar as ideias metafísicas que elas inspiraram em pessoas ignorantes e isoladas do passado.
[SAM HARRIS, WAKING UP (DESPERTANDO)]

## O QUE É TRANSCENDÊNCIA?

Transcendência é o ato de ir além do mundo físico para acolher o que não pode ser visto. Em capítulos anteriores, você aprendeu sobre práticas transcendentais como a gratidão e o perdão. Aqui vamos nos aprofundar e criar uma prática estruturada ao redor dessas ferramentas. Você aprendeu uma tonelada de novos sistemas de vida neste livro. Aqui os reuniremos em um hábito diário.

Muitas vezes, as pessoas me perguntam: "Vishen, o que você faz diariamente para integrar essas ideias – qual é a sua prática diária?". Neste capítulo, vou partilhar uma prática transcendente que personalizei e utilizo. Eu a chamo de Seis-Fases. A Seis-Fases unifica várias ideias básicas deste livro em uma prática diária de pensamento integrada de 15 minutos. Você pode usá-la como meditação, embora ela seja muito mais do que apenas isso.

A Seis-Fases se baseia em estudos pessoais e científicos. A Seis-Fases não vai apenas deixar você mais feliz e menos estressado, mas também mais saudável e forte. Vários times esportivos profissionais estão usando-a atualmente como parte de seu treinamento mental, assim como vários empresários importantes.

Nos últimos dez anos, montei muitos dos melhores programas e aplicativos de meditação, tornando-me um dos maiores promotores da meditação no planeta. Dei aulas em Nova York e Londres, lancei várias marcas de meditação, como a OmHarmonics, e meu aplicativo de meditação Omvana, que se tornou número um entre os aplicativos de saúde e bem-estar na iTunes em mais de 30 países. Estou lhe contando isso para que você saiba que não sou um amador no assunto. Tenho pesquisado e inovado em práticas de meditação há uma década. No entanto, a Seis-Fases NÃO é meditação por definição convencional. As pessoas que ficam entediadas com meditação ou que simplesmente não podem meditar prosperam com a Seis-Fases. E muitas pessoas que praticam a meditação tradicional mudam para a Seis-Fases porque descobrem que obtêm os mesmos resultados de saúde que a meditação, mas, como um bônus, também veem seu desempenho na vida e no trabalho se elevar muito. É por isso que eu prefiro chamá-la de prática transcendental em vez de prática de meditação.

O que estou prestes a partilhar com você é SIMPLESMENTE A MELHOR abordagem para combinar práticas transcendentais que descobri. Vou explicá-las para você e dar-lhe instruções claras sobre como experimentá-las.

Essas práticas vão ajudá-lo a:

- Tornar a Disciplina do Contentamento parte de sua vida diária e aumentar seus níveis de felicidade durante o dia.
- Focar as metas finais e nos passos que precisam ser dados para que você chegue lá.
- Tornar-se invulnerável afastando a ansiedade e praticando o perdão.
- Conectar-se com a sua intuição e voz interior, encontrar o melhor caminho para a sua jornada, e ficar longe das Regras Estúpidas. Muitas vezes, durante a Seis-Fases, você vai ter lampejos de revelações, ideias e momentos de descoberta.
- Ganhar resiliência para suportar os inevitáveis solavancos na estrada para a sua vocação.

E isso é só o começo. Você também vai obter os benefícios de uma prática de meditação. Os números dos benefícios da meditação neste ponto são tão vastos que é impossível citar todos aqui. Saiba apenas que, na época em que este livro foi publicado, foram realizados cerca de 1.400 estudos sobre os benefícios da meditação.

## O PROBLEMA COM A MEDITAÇÃO

Há milhares de diferentes estilos de meditação, mas todos caem em uma de duas categorias: métodos de meditação derivados de práticas monásticas e práticas de meditação planejadas para o ser humano moderno.

Toda meditação é benéfica, mas, a menos que você seja um monge, você não vai querer meditar como um. É ineficaz e lento. Muitas dessas práticas ainda se originam em dogmas e não foram atualizadas há séculos.

Segundo Emily Fletcher, que fundou a escola de meditação Ziva em Nova York, o maior equívoco sobre a meditação é que seu propósito não é impedir a mente de pensar. Simplesmente tente parar de pensar. Difícil, não é? Como Emily diz, quando as pessoas tentam isso, geralmente é "O começo e fim de uma carreira na meditação". Ela continua:

> Mas se aceitarmos que o objetivo da meditação é ter uma boa vida – não fazer uma boa meditação, e se aceitarmos a realidade de que ninguém pode dar um comando para que a mente pare, então ela é muito mais inocente, muito mais prazerosa e muito mais agradável. Tentar dar um comando para a mente parar de pensar é tão eficaz quanto ordenar que o coração pare de bater – isso não funciona.

A Seis-Fases se baseia em muitos métodos para produzir uma ótima experiência de meditação que você pode personalizar e adaptar aos seus horários, suas necessidades e sua vida. Ela deriva da ciência e permite que você incorpore todas as ideias deste livro a sua vida em apenas 15 minutos por dia. E não lhe será pedido que você limpe a mente.

## INTRODUZINDO A SEIS-FASES

A Seis-Fases é um hackeamento mental para levá-lo para o próximo nível do extraordinário mais depressa do que antes.

Cada etapa da Seis-Fases é desenhada para melhorar uma das seis habilidades essenciais. As três primeiras contribuem para a felicidade no agora. As três seguintes contribuem para a sua visão do futuro.

1. Compaixão
2. Gratidão
3. Perdão
} **Felicidade no agora**

4. Sonhos futuros
5. O dia perfeito
6. A bênção
} **Uma visão para o futuro**

Veja aqui por que nos concentramos nas seis fases:

1. COMPAIXÃO. Acredito que todos os seres humanos precisam de amor e de compaixão em suas vidas. Essa fase trata de ajudar você a ser mais generoso com os outros e consigo mesmo. É uma poderosa ferramenta de amor-próprio.

2. GRATIDÃO. Podemos ter muitas metas, mas é importante valorizar e ser feliz com o que conquistamos até agora. A gratidão tem uma forte relação com o bem-estar e a felicidade.

3. PERDÃO. Estar em paz com o mundo e com as pessoas a sua volta é uma das formas mais eficientes para manter a Disciplina do Contentamento. Além disso, ela a torna invulnerável.

4. SONHOS FUTUROS. Como você aprendeu nos capítulos 7 e 8, ter uma visão que o impulsione para frente – uma imagem de como você quer que a sua vida se desdobre no futuro – proporciona uma grande energia.

5. O DIA PERFEITO. Essa fase lhe dá uma sensação de controle sobre como a vida se desenrola todos os dias. Ela traduz seus sonhos futuros em passos realizáveis.

6. A BÊNÇÃO. Precisamos nos sentir apoiados, saber que tudo vai ficar bem, não importa que projetos estejamos realizando. Esta fase é sobre fazer você se sentir seguro e apoiado em sua jornada.

Primeiro vamos rever cada fase para que você possa se familiarizar com a forma que elas se desenvolvem. Depois vou dizer exatamente como executar cada fase.

No final deste capítulo, também vou disponibilizar um aplicativo e um vídeo que você pode assistir que vai guiá-lo facilmente por essa meditação sempre que quiser.

### Fase 1: Compaixão

Esta fase trata de se sentir conectado aos outros e experimentar um senso de afinidade e generosidade por toda a vida, o que discutimos no Capítulo 10. Nesta fase, você expressa a sua intenção de estender mais compaixão e amor para um círculo sempre maior de seres humanos, começando com sua família, amigos e, então, alargando-o para envolver todo o planeta. Práticas de compaixão o tornam um ser humano melhor, e alguns estudos descobriram que homens e mulheres acham compaixão e generosidade um aspecto atraente no sexo oposto (de modo que isso também pode melhorar a sua vida amorosa).

### Fase 2: Gratidão

A ciência mostra que a gratidão aumenta a energia, reduz a ansiedade, melhora o sono e cria sentimentos de conexão social – é por isso que vários exercícios deste livro se concentram nela. Nesta fase, pense apenas em três coisas pelas quais está grato em sua vida pessoal, três coisas pelas quais está grato em sua vida profissional e três coisas pelas quais está grato em si mesmo. Estas últimas são importantes. Muitas vezes, procuramos amor em outras pessoas, mas falhamos em realmente nos amar.

### Fase 3: Perdão

Como falei no Capítulo 7, o perdão é essencial para a Disciplina do Contentamento e os estados máximos necessários para uma vida extraordinária. Aqui você vai incorporar o exercício do perdão daquele capítulo a sua prática diária.

Hoje a ciência mostra que o perdão pode levar a profundos benefícios de saúde, incluindo redução de dor nas costas, melhor desempenho atlético, melhor saúde cardíaca e maiores sentimentos de felicidade. Um estudo com um pequeno grupo de pessoas com dores nas costas crônicas mostrou que aquelas que meditaram focadas em passar da ira à compaixão relataram menos dores e ansiedade comparadas com as que faziam um tratamento comum. Outro estudo descobriu que perdoar alguém melhorava a pressão arterial e reduzia a carga de trabalho do coração. É interessante notar que livrar o coração de negatividade literalmente o ajuda.

Uma pesquisa sobre o impacto do perdão realizada por Xue Zheng, da Escola de Administração Rotterdan da Universidade Erasmus, mostra que o perdão deixa o corpo aparentemente mais forte. "Nossa pesquisa mostra que quem perdoa percebe o mundo como um lugar menos assustador e apresenta melhor desempenho em tarefas físicas", disse Zheng.

Em um estudo, os participantes poderiam realmente dar pulos altos depois de escrever um relato sobre perdoar alguém que os tinha prejudicado. Em outro estudo conduzido por Zheng, os participantes que tiveram de adivinhar o grau de ingremidade de uma colina descreveram que ela era menos íngreme depois de terem relatado por escrito um incidente em que tinham perdoado alguém. Em outra seção, descrevi minhas próprias experiências poderosas com o perdão durante a meditação. É por isso que o perdão é um dos componentes da Seis-Fases – ele fortalece não apenas seu corpo, mas também sua alma.

## Fase 4: Sonhos futuros

Até aqui, você se concentrou no presente. Nesta fase, você expressa suas intenções para a felicidade futura. Responsabilizo essa fase pelo grande crescimento e alegria que experimentei em minha carreira. Anos atrás, visualizei a vida que levo hoje. Hoje, visualizo anos à frente enquanto ainda estou feliz no agora. Fazer isso diariamente parece ajudar meu cérebro a encontrar os melhores caminhos para a realização de meus sonhos.

Quando visualizo minha vida futura, penso três anos adiante, e sugiro que você faça o mesmo nesta fase. E o que quer que você veja três anos à frente, dobre-o. Porque o seu cérebro vai subestimar o que você pode fazer. Tendemos a subestimar o que podemos fazer em três anos e superestimar o que podemos fazer em um ano.

Algumas pessoas pensam que ser "espiritual" significa estar contente com a vida atual. Besteira. Você deve ser feliz não importa onde esteja. Mas isso não deve impedi-lo de sonhar, crescer e contribuir.

Escolha uma meta final de suas respostas às Três Perguntas Mais Importantes no Capítulo 8 e passe alguns minutos só imaginando e pensando com alegria sobre como a vida seria se já a tivesse alcançado.

### Fase 5: O dia perfeito

Sabendo como quer que a vida se pareça daqui a três anos, o que você precisa fazer hoje para que ela aconteça? Esta fase o leva ao dia perfeito – hoje –, e você pode ver como gostaria que seu dia se desenrolasse: começar o dia alerta e empolgado, ter uma ótima reunião com colegas fantásticos, sentir-se cheio de ideias, faturar aquela apresentação, encontrar amigos depois do trabalho, ter um jantar delicioso com sua companheira, brincar com as crianças antes de dormir.

Quando você vir o dia perfeito se desenrolando, vai estar preparando o sistema ativador reticular (RAS) do cérebro para notar os fatos positivos. O RAS é aquele componente do cérebro que o ajuda a notar padrões. Em um exemplo comum, quando você compra um carro novo, por exemplo, um Tesla Modelo S, branco, de repente você começa a notar mais Modelos S nas ruas. O mesmo efeito ocorre aqui. Assim, digamos que você imagine que o almoço de negócios vá bem – grandes ideias, ótima comida, ambiente fantástico. Algumas horas depois, você realmente está nessa reunião – e o garçom erra seu pedido. Como você imaginou uma realidade maravilhosa, é mais provável que o seu RAS preste mais atenção ao ambiente, à companhia e à comida do que à falha, porque foi o que você lhe disse. Entendeu? Você está treinando o seu cérebro para ignorar o negativo e abraçar o positivo. Você não tem de mudar o mundo. Você só precisa mudar o que pensa sobre ele. E acontece que isso é imensamente poderoso.

### Fase 6: A benção

Você pode executar esta fase final quando estiver altamente espiritual ou nem um pouco espiritual. Se você acredita em um poder maior, você imagina que pode recorrer a ele, invocá-lo, e sentir a energia de seu poder mais alto fluindo para dentro de você, por sua cabeça e por todo o corpo até a ponta dos pés – você se sente amado e apoiado. É isso. Leva 30 segundos. Se você não acreditar em um poder superior, você pode imaginar que está se reiniciando, ajustando-se, ou recorrendo a sua força interior. Da mesma forma, você sente essa energia passando por você. Você agora está pronto para disparar em busca de sua jornada.

## INDO ALÉM DA "MEDITAÇÃO" COM O SEIS-FASES

Se a meditação traz tantos benefícios, por que somente 20 milhões de americanos meditam todos os dias? Fiz essa pergunta para mais de 70.000 seguidores no meu perfil do Facebook, e muitos responderam à pesquisa. Constatei que, se você não estiver meditando diariamente, é provável que esteja adotando um dos três modelos desatualizados de realidade sobre meditação abaixo. Aqui está um resumo de cada um e como vamos reescrevê-lo.

### 1. "Estou ocupado demais para meditar"

Chamo isso de o paradoxo dos negócios, porque não tem lógica. É como dizer "Estou faminto demais para comer". Pessoas que meditam regularmente – como Arianna Huffington, o futurista Ray Kurzweil e eu – sabem que o incrível impacto benéfico da meditação em sua produtividade compensa os 15 minutos diários que se gasta meditando. E não estou nem contando outros benefícios, como o aumento da expectativa de vida, a melhora na criatividade e na solução de problemas, ou o fato de que a meditação o deixa mais feliz durante o dia. Se eu começar meu dia de trabalho sem ela, eu simplesmente não vou ser tão eficiente ou produtivo. No entanto, muitas pessoas aceitam esse paradoxo. O motivo não é bem que elas não podem gastar 15 minutos, mas que elas não sabem exatamente como meditar ou o que fazer. A Seis-Fases acrescenta horas ao seu dia preparando sua mente para ser mais produtiva e eficiente. Não vale a pena deixar de fazê-lo.

## 2. "Não sei fazer isso direito"

O problema com a meditação, ao contrário de, por exemplo, a corrida, é que, ao correr, é fácil saber se você a está fazendo direito. Você foi do ponto A ao ponto B em X tempo. No entanto, com a meditação, você pode sentir-se flutuando de pensamento a pensamento, adormecendo, ficando entediado ou só esperando que ela acabe. Assim, você pode concluir que a meditação é ineficaz, mas essas coisas só acontecem porque você não está utilizando o sistema correto. O sistema correto – a Seis-Fases – mantém você envolvido, não é entediante e, realmente, lhe dá marcos para alcançar durante a sessão de 15 minutos. Isso faz uma diferença incrível.

## 3. "Essa coisa de limpar a mente nunca funciona para mim"

Existe um velho ditado chinês: "A mente é como um macaco embriagado sempre pulando de uma árvore a outra". Isso é verdade. Não pense que você deve limpar a mente a fim de meditar. Esse é um dos maiores mitos sobre a meditação. Talvez tenha sido mais fácil para ermitões séculos atrás ficar sentados em suas cavernas e limpar a mente. Eles não tinham emprego, carreiras, famílias, filhos, mensagens de texto, ou alertas do Facebook com que lidar. Nosso mundo é diferente, e a meditação precisa se adaptar. Assim, não defendo começar com métodos que peçam para "limpar a mente". A Seis-Fases absorve a sua mente. Ela até pode ser usada para solucionar problemas. Se houver um problema urgente no trabalho ou em sua vida pessoal, você pode levar o pensamento para a meditação e transformar o *problema* em um *projeto*. Neste estilo de meditação, a sua mente está ativa, mas você AINDA está meditando e está colhendo todas as recompensas do silêncio.

Muitos empresários extremamente ocupados e pessoas com DDA (distúrbio de déficit de atenção) que nunca puderam meditar antes agora o fazem diariamente, graças ao método Seis-Fases e aos desafios comuns de meditação que ele resolve. Eu recebo cartas sobre o assunto todos os dias.

John Davy, um empresário britânico que fundou e vendeu o maior clube de comédia do mundo, me disse isso na primeira vez que nos encontramos:

> Comecei a fazer a Seis-Fases durante cerca de 100 dias sem parar. E então me senti normal, e parei. De repente, poucas semanas depois de parar,

meus amigos vinham e diziam, John, o que aconteceu? Você está todo irritado de novo. Você está estressado de novo. E então eu compreendi. Enquanto eu fazia a Seis-Fases, eu estava me modificando drasticamente. Quando parei, parte do velho estresse e comportamento voltou. Meus amigos pensaram que eu tinha parado de tomar os remédios. Voltei a meditar. E não vou parar de novo. É surpreendente.

Pronto para começar?

## COMO PRATICAR A SEIS-FASES

Há muita liberdade para executar este método, mas há algumas diretrizes a serem seguidas:

QUANDO FAZÊ-LO. Normalmente, é mais fácil fazê-lo pela manhã ou à noite antes de dormir. Algumas pessoas conseguem fazê-lo no escritório. O principal é encontrar 10 ou 20 minutos de tempo sem interrupções. Eu gosto de fazê-lo pela manhã porque carrega minha energia para o dia. Mas você pode fazê-lo à noite, se for melhor para você: apenas visualize o próximo dia se desenrolando, uma ótima noite de sono e então explodir em seu dia.

COMO SE SENTAR. Você pode sentar-se do jeito que quiser. Não há nenhum método para isso.

FICAR CONCENTRADO E DESPERTO. Muitas pessoas têm pensamentos aleatórios durante a meditação ou adormecem. A Seis-Fases se adapta ao modo que a mente trabalha naturalmente – que é sempre estar ativa. Você não precisa silenciar a mente. Se surgir um pensamento ao acaso, tudo bem. Simplesmente afaste-o. Ou talvez você possa usá-lo em uma fase posterior. Há alguma meta pela qual você esteja empolgado? Ótimo! Guarde-a para a Fase 4: Sonhos futuros. Está com uma reunião de trabalho na cabeça? Ensaie-a na Fase 5: O dia perfeito. Há fatos que o preocupam? Derrame o poder da benção sobre eles.

Muitas pessoas cochilam durante a meditação convencional porque ela fica monótona. Você vai ter menos probabilidade de adormecer durante a Seis-Fases porque a sua mente está ativa. Se você ainda tiver problemas, não tenha receio, você pode fazer o download do áudio (veja abaixo) e ser guiado pelas fases.

## Vamos começar

Nesta seção, eu explico exatamente o que fazer em cada fase. Se você estiver executando este processo pela primeira vez, comece devagar. Comece com a Fase 1 no Primeiro Dia. No Segundo Dia, faça a Fase 1 e acrescente a Fase 2, e assim por diante, até que no Sexto Dia você esteja fazendo toda a Meditação da Seis-Fases.

Leia as instruções a seguir antes de começar. Se você preferir ouvir as instruções, montei um curso simples de seis dias que você pode baixar gratuitamente e que vai treiná-lo do Primeiro ao Sexto Dia para dominar todo o processo da Seis-Fases. No Sexto Dia, você estará executando toda a meditação. Nesse ponto, você pode continuar com a prática ouvindo a sequência da Seis-Fases oferecida no capítulo final do curso.

Agora, vamos explorar exatamente o que você deve fazer em cada fase.

### *Fase 1: Compaixão*

Pense em alguém que você realmente ama – um rosto ou um sorriso que faz seu coração se enternecer. Para mim, é minha filha, Eve. No momento, ela está com dois anos de idade. O sorriso de Eve é uma questão que eu poderia passar a vida toda respondendo. Eu começo visualizando seu rosto e seu sorriso.

Ao visualizar alguém que ama – um parceiro, um pai, um filho, um amigo íntimo, um mentor, ou até um animal de estimação –, tome nota mentalmente das sensações de compaixão e amor que se formam. Essa sensação se torna uma âncora.

Agora, imagine esse amor como uma bolha que o rodeia. Veja-se em uma bolha branca de amor.

Agora, imagine essa bolha se expandindo para encher todo o aposento. Se houver mais alguém no aposento, imagine-o incluído em sua bolha de compaixão e amor.

Agora, imagine a bolha enchendo toda a casa. Mentalmente, projete uma sensação de amor por todos nessa casa. Você pode "sentir" o amor sendo enviado a eles. Ou você pode apenas repetir mentalmente uma afirmação como: "Estou lhe enviando amor e compaixão e desejo o seu bem".

Agora, imagine a bolha enchendo toda a vizinhança ou prédio...

Toda a cidade...

Todo o país...

Todo o continente...

E agora todo o planeta Terra.

Em cada um, veja-se enviando amor e compaixão para todos os seres vivos dentro dessa bolha.

Não se preocupe em *como* você vê ou sente a bolha. Só o pensamento de enviar amor e compaixão para todos os cidadãos da Terra é suficiente.

Você acaba de completar a fase da compaixão. Agora, vamos à Fase 2.

### Fase 2: Gratidão

Comece pensando de três a cinco coisas pelas quais você está grato em sua vida pessoal. Pode ser o fato de você ter uma cama quente ou ter um emprego incrível. Também pode ser algo simples, como o fato de ter uma xícara de café quente aguardando na cozinha.

Agora, pense em três ou cinco coisas pelas quais está grato em sua vida profissional. Talvez o meio de transporte fácil a sua disposição. Ou o colega cujo sorriso sempre o ilumina. Ou um chefe que o valoriza.

Até agora, tudo bem.

Agora, a parte mais importante. Pense em três ou cinco coisas pelas quais está grato sobre si mesmo.

Pode ser o fato de que você parece ótima no seu vestido preferido. Ou que você realmente fica tranquilo nas reuniões. Ou que você nunca esquece o aniversário de um amigo. Ou o seu intelecto notável e sua aptidão de escolher livros incríveis para ler.

Amor-próprio é algo de que todos precisam em abundância.

### Fase 3: Perdão

O perdão é como um músculo: quanto mais você o flexiona, mais forte ele fica. Deixe-o muito forte e você vai se tornar invulnerável – pessoas e eventos negativos simplesmente não vão afetá-lo muito.

Comece com a lista de pessoas ou acontecimentos a serem perdoados feita no Capítulo 7. Sempre que você fizer a Seis-Fases, concentre-se em apenas *uma* pessoa ou acontecimento. Lembre-se de que a "pessoa" poderia ser você.

Você pode estar perdoando a si mesmo por algo que fez no passado que ainda o incomoda.

Em seguida, imagine a pessoa ou o acontecimento.

Agora, você vai repetir os três passos discutidos no exercício de perdão do Capítulo 7.

PASSO 1 É CRIAR A CENA. Visualize a cena ou imagem em que você vai fazer o exercício de perdão. Por exemplo, quando eu estava me perdoando por uma má decisão de negócios que me custou milhões, eu imaginei uma versão mais jovem de mim mesmo olhando-me no escritório em 2005.

PASSO 2 É SENTIR A RAIVA E A DOR. Por não mais que dois minutos (não tem problema em calcular), permita-se sentir a dor e a raiva. Está bem inclusive gritar ou socar o travesseiro. Solte as emoções, mas não gaste muito tempo nisso.

PASSO 3 É PERDOAR E AMAR. Pratique fazendo as perguntas que mencionei no Capítulo 7: *O que aprendi com isso? Como essa situação melhorou minha vida?* Também se lembre da ideia de que "pessoas magoadas magoam pessoas". Pergunte: *O que poderia ter acontecido no passado a essa pessoa para fazê-la me magoar desse jeito?*

Quando você começar a fazer essas perguntas, vai aprender a ver as situações sob outro ângulo. O perdão pode não surgir em uma sessão, mas não importa o quanto o dano tenha sido grave, o perdão pode vir. Só requer prática.

Muitas vezes, quando o perdão acontece, ele é tão profundo e completo que pode surpreender. Como Khaled Hosseini escreveu em *O Caçador de Pipas*: "Fiquei imaginando se era assim que brotava o perdão; não com as fanfarras da epifania, mas com a dor juntando as suas coisas, fazendo as trouxas e indo embora, sorrateira, no meio da noite".

Agora você terminou a primeira metade da Seis-Fases. Este segmento deve ter levado de seis a quinze minutos. Geralmente eu o faço em sete. Agora vamos passar às Fases 4 a 6 – todas tendo a ver com a sua visão do futuro.

### Fase 4: Sonhos futuros

Você se lembra das respostas às Três Perguntas Mais Importantes do Capítulo 8? Aqui você começa a usá-las. Tome um dos três itens da lista de respostas.

Agora, simplesmente deixe-se devanear. Veja-se tendo as experiências, o crescimento e a habilidade para contribuir que anotou na lista. Lembre-se de ter uma visão de longo prazo – eu sugiro três anos.

Busque as emoções. As emoções são essenciais. Se você estiver se vendo visitando um novo país, imagine a admiração e o entusiasmo que sentiria ao fazer tal viagem. Ou imagine o orgulho e senso de realização que vai sentir à medida que aprende a nova técnica.

Gosto de passar de três a cinco minutos nessa fase. Se você tiver problemas com a visualização, não se preocupe. Em vez de ver a meta, pense em usar uma técnica chamada de perguntas enaltecedoras da escritora Christie Marie Sheldon. Aqui você exprime a visão que quer para si mesmo como uma pergunta no tempo presente. Por exemplo: *Por que tenho tanta facilidade em visitar países incríveis? Por que sou tão bom em fazer, conservar e multiplicar dinheiro? Por que sou tão bem-sucedido no amor? Por que estou com o peso ideal?* Para muitas pessoas, é mais fácil criar as frases do que a visualização. Ou você pode combiná-los. No final, o importante é ter o pensamento. Para que você possa ouvir, ver e até cheirar a ideia... e tudo vai dar certo.

### *Fase 5: O dia perfeito*

Aqui você começa com uma pergunta simples: *O que devo fazer hoje para começar a realizar os itens da lista das minhas Três Perguntas Mais Importantes?*

Agora, pense no desenrolar de seu dia – o trajeto, a reunião matinal com sua equipe, seu compromisso ao meio-dia, então o almoço de negócios... todo o processo de ir para o trabalho, ir para casa e meditar ou ler antes de ir para a cama.

Para cada uma dessas pequenas parcelas do seu dia, imagine o momento correndo *com perfeição*. A escritora Esther Hicks sugere que, se você é propenso ao ceticismo ou a pensamentos negativos, comece com a frase "Não seria maravilhoso se _____". Por exemplo, pergunte-se: *Não seria maravilhoso ir para o trabalho sem estresse no trânsito, ouvindo minhas músicas preferidas?*

Faça isso para cada segmento do dia até a hora de dormir.

Enquanto faz isso, apenas imagine, finja, que você tem o poder sobre como a sua vida e seu dia vão se desenrolar. Só o fato de fingir ter esse poder lhe dá mais controle e poder e vai levá-lo a vivenciar mais experiências positivas ao longo do dia, mesmo que você esteja simplesmente notando experiências positivas em detrimento das negativas.

Agora chegamos à Fase 6.

*Fase 6: A bênção*

Aqui você imagina que há um poder superior pronto para apoiá-lo em sua jornada. Não importa se você é ateu ou que religião segue. O seu poder superior pode ser o seu deus cultural ou mitológico, seus santos ou profetas, ou até um ser espiritual ou angelical. Se você for ateu, o seu poder superior pode simplesmente ser as suas reservas internas de força e fortitude.

Sinta esse poder superior fluir do alto de sua cabeça para a testa, os olhos, o rosto, o pescoço, os braços, o abdômen, os quadris, as coxas, as pernas e os pés.

Imagine-se protegido e cercado por uma força que está pronta para protegê-lo e mantê-lo no caminho certo para os seus sonhos.

Agora se imagine agradecendo esse poder ou energia superior e veja-se preparado para enfrentar o dia.

Quando estiver pronto, abra os olhos. E você terminou.

## OS RESULTADOS QUE VOCÊ VÊ E OS QUE NÃO VÊ

Quando você pratica a Seis-Fases, você começa a colher todos os benefícios da meditação sobre os quais talvez tenha lido. Mas como esse sistema vai além de um simples relaxamento, você também colhe as recompensas da compaixão, do perdão e muito mais.

A Seis-Fases vai lembrá-lo de que você pode ser feliz e tranquilo, mas que você ainda pode ser a força para uma mudança positiva no mundo. E que nós não devemos nunca, jamais, parar de tentar alcançar sonhos maravilhosos.

Eu acho que a Seis-Fases é a coisa mais importante que faço todos os dias. É o segredo número um para o meu sucesso e a habilidade mais importante que ensino. Não tenho palavras para enfatizar o quanto ela é *poderosa*. Espero ansiosamente para saber como ela o beneficiou. Escreva-me em hellovishen@mindvalley.com e conte suas histórias e experiências.

Eu atualizo e aperfeiçoo a Seis-Fases em média a cada seis meses. (Essa é minha taxa de renovação para a Seis-Fases.) Estou continuamente experimentando e melhorando. Assim, você pode descobrir que algumas gravações antigas do exercício na internet são um pouco diferentes do que viu neste livro. Saiba que a versão mais moderna e atual do exercício sempre vai estar na plataforma de aprendizado da Mindvalley. Simplesmente se inscreva em http://mindvalley.com/six-phase para receber um curso grátis de seis dias e uma meditação guiada.

# apêndice
# FERRAMENTAS PARA SUA JORNADA

## SEGUINDO O CÓDIGO DA MENTE EXTRAORDINÁRIA

Aqui está uma lista de todas as leis e principais exercícios do livro para usar como guia de referência.

### CAPÍTULO 1: TRANSCENDA A PAISAGEM CULTURAL

Vivemos em dois mundos. Há o mundo das verdades absolutas – as coisas com que todos nós concordamos (o fogo é quente) – e o mundo das verdades relativas – as ideias, modelos, mitos e regras que desenvolvemos e passamos de geração a geração. É aqui que residem conceitos como casamento, dinheiro e religião. Verdades relativas não são verdadeiras para *todos* os seres humanos, no entanto, costumamos viver de acordo com elas como se fossem verdades absolutas. Elas podem ser incrivelmente capacitantes ou incrivelmente limitantes. Eu chamo esse mundo de verdades relativas de paisagem cultural.

> **LEI 1: TRANSCENDA A PAISAGEM CULTURAL**
> Mentes extraordinárias são boas em ver a paisagem cultural e são capazes de escolher seletivamente as regras e condições a seguir em comparação com aquelas que devem questionar ou ignorar. Portanto, elas tendem a tomar o caminho menos percorrido e inovar sobre a ideia do que significa *viver* verdadeiramente.

### CAPÍTULO 2: QUESTIONE AS REGRAS ESTÚPIDAS

Muitos de nós vivemos de acordo com regras antiquadas impostas pela paisagem cultural. Eu as chamo de Regras Estúpidas. Uma Regra Estúpida é uma regra imbecil que a sociedade adota para simplificar sua compreensão do mundo. Questionar as Regras Estúpidas é dar um passo na direção do extraordinário.

### Regras estúpidas comuns que vale a pena desafiar

1. A REGRA ESTÚPIDA DA FACULDADE. Devemos ter um diploma universitário para garantir nosso sucesso.
2. A LEALDADE PARA COM A REGRA ESTÚPIDA DE NOSSA CULTURA. Devemos nos casar dentro de nossa religião ou etnia.
3. A REGRA ESTÚPIDA DA RELIGIÃO. Devemos adotar uma única religião.
4. A REGRA ESTÚPIDA DO TRABALHO DURO. Devemos trabalhar duro para sermos bem-sucedidos.

### EXERCÍCIO: O TESTE DA REGRA ESTÚPIDA

Como reconhecer rapidamente uma Regra Estúpida? Faça essas cinco perguntas a si mesmo:

Pergunta 1: Ela é baseada em confiança e esperança na humanidade?

Pergunta 2: Ela viola a Regra de Ouro?

Pergunta 3: Eu a tirei da minha cultura ou da minha religião?

Pergunta 4: Ela é baseada em escolhas racionais ou em contágio?

Pergunta 5: Ela satisfaz a minha felicidade?

---

**LEI 2: QUESTIONE AS REGRAS ESTÚPIDAS**

Mentes extraordinárias questionam as Regras Estúpidas quando sentem que elas não estão alinhadas com seus sonhos e desejos. A diferença entre ser um simples rebelde e ser um visionário é o tamanho da Regra Estúpida que está disposto a questionar e as medidas que vai tomar para mudá-la.

## CAPÍTULO 3: PRATIQUE A ENGENHARIA DA CONSCIÊNCIA

Pense na engenharia da consciência como um sistema operacional para a mente humana – um que você pode controlar. Os seus modelos de realidade são como o hardware: eles são suas crenças sobre si mesmo e o mundo. Os seus sistemas de vida são como o software: como você "faz funcionar" a sua vida – de hábitos diários a como solucionar problemas, criar os filhos, fazer amigos, fazer amor, divertir-se. Constantemente fazemos um upgrade em nossos modelos e sistemas eletrônicos, mas muitos de nós vivemos com crenças e hábitos antiquados sem mesmo ter conhecimento disso. Quando você se livra de modelos e sistemas velhos e vencidos que o limitam, você está elevando a sua consciência e abrindo o caminho para uma vida extraordinária.

### EXERCÍCIO: AS DOZE ÁREAS DE EQUILÍBRIO

Para cada categoria das Doze Áreas de Equilíbrio a seguir, classifique a sua vida em uma escala de 1 a 10, onde 1 é "muito fraco" e 10 é "extraordinário":

1. SEU RELACIONAMENTO AMOROSO. Essa é a medida do quanto você é feliz no estado atual do relacionamento. Sua classificação: _____

2. SUAS AMIZADES. Essa é a medida do quanto a sua rede de apoio é forte. Sua classificação: _____

3. SUAS AVENTURAS. Quanto tempo você dedica a experimentar o mundo e fazer coisas empolgantes? Sua classificação: _____

4. O SEU AMBIENTE. Essa é a qualidade de sua casa, seu carro, seu local de trabalho, do espaço em que vive, das acomodações de viagem etc. Sua classificação: _____

5. SUA SAÚDE E BEM-ESTAR. Como você classificaria a sua saúde, considerando sua idade e quaisquer problemas físicos? Sua classificação: _____

6. SUA VIDA INTELECTUAL. Quanto e com que rapidez você está aprendendo e crescendo? Sua classificação: _____

7. SUAS HABILIDADES. Você está desenvolvendo as habilidades que o tornam único ou está estagnado? Sua classificação: _____

8. **SUA VIDA ESPIRITUAL.** Quanto tempo você devota a práticas espirituais, meditativas e contemplativas para que se sinta equilibrado e em paz? Sua classificação: _____

9. **SUA CARREIRA.** Você está crescendo ou preso na rotina? Sua classificação: _____

10. **SUA VIDA CRIATIVA:** Você participa de alguma atividade que canalize a sua criatividade? Sua classificação: _____

11. **SUA VIDA FAMILIAR.** Como está o relacionamento com seu companheiro, seus filhos, pais e irmãos? Sua classificação: _____

12. **SUA VIDA COMUNITÁRIA.** Você desempenha um papel na comunidade? Sua classificação: _____

---

**LEI 3: PRATIQUE A ENGENHARIA DA CONSCIÊNCIA**

Mentes extraordinárias compreendem que seu desenvolvimento depende de dois fatores: os modelos de realidade que adotam sobre o mundo e seus sistemas de vida. Elas avaliam os modelos e sistemas mais capacitantes e se atualizam frequentemente.

---

## CAPÍTULO 4: REESCREVA SEUS MODELOS DE REALIDADE

Depende de nós escolher em que queremos acreditar sobre nós mesmos e nossa vida – e dar aos nossos filhos o poder de fazer o mesmo. Os exercícios a seguir vão ajudá-lo a renovar seus modelos de realidade. Tente fazê-los com seus filhos também – e se eles não puderem pensar em algo que amam sobre si mesmos, diga-lhes algo que ama neles.

**EXERCÍCIO: O EXERCÍCIO DA GRATIDÃO**

Pense de três a cinco coisas pelas quais você está grato hoje – elas podem ser pequenas, como um sorriso, ou grandes, como uma promoção no trabalho.

## EXERCÍCIO: O EXERCÍCIO DO "O QUE AMO EM MIM"

Pense em três a cinco coisas que você ama em si mesmo. Talvez seja uma qualidade ou uma ação que o deixou orgulhoso hoje. Ou talvez seja o seu senso de humor, a sua calma durante uma crise, o seu cabelo, ou sua habilidade no basquete. Durante alguns minutos todos os dias, reconheça o quanto "você" é ótimo.

### Modelos externos de realidade

Nossos modelos internos de realidade, ou nossas crenças sobre nós mesmos, são imensamente poderosos. Mas nossos modelos externos – o que acreditamos sobre o mundo – são igualmente poderosos. Aqui estão quatro dos novos modelos externos que acredito agregaram imenso valor a minha vida:

- Todos possuem intuição humana.
- Há poder na cura da mente-corpo.
- A felicidade no trabalho é a nova produtividade.
- É possível ser espiritual sem ser religioso.

## EXERCÍCIO: EXAMINANDO SEUS MODELOS DE CRENÇAS NAS DOZE ÁREAS DE EQUILÍBRIO

1. SEU RELACIONAMENTO AMOROSO. O que você espera dar e receber de um relacionamento amoroso? Você acha que merece ser amado e apreciado?
2. SUAS AMIZADES. Como você define amizade?
3. SUAS AVENTURAS. Qual é sua ideia de aventura?
4. SEU AMBIENTE. Onde você se sente mais feliz? Você está satisfeito com onde e como vive?
5. SUA SAÚDE E BEM-ESTAR. Como você define saúde física? Como você define uma alimentação saudável? Você acha que está envelhecendo bem ou mal?
6. SUA VIDA INTELECTUAL. Quando você está aprendendo e crescendo?

7. **SUAS HABILIDADES.** O que o impede de aprender coisas novas?

8. **SUA VIDA ESPIRITUAL.** Em que tipo de valores espirituais você acredita?

9. **SUA CARREIRA.** Qual é sua definição de trabalho? Você sente que tem o que é preciso para ser bem-sucedido?

10. **SUA VIDA CRIATIVA.** Você acha que é criativo?

11. **SUA VIDA FAMILIAR.** O que você considera que seja seu papel principal como parceiro ou filho? Está satisfeito com sua vida familiar?

12. **SUA VIDA COMUNITÁRIA.** Qual você acha ser o maior propósito de uma comunidade? Você acha ser capaz de contribuir?

## Duas ferramentas para reescrever seus modelos de realidade

Aqui estão duas técnicas instantâneas que você pode aplicar para remover modelos de realidade negativos possivelmente desenvolvidos no dia a dia. Ambas são baseadas na ideia de ativar a mente racional antes que você adote um modelo inconscientemente. Faça as seguintes perguntas a si mesmo:

Pergunta 1: O meu modelo de realidade é uma verdade absoluta ou relativa?

Pergunta 2: Isso realmente significa o que acho que significa?

---

**LEI 4: REESCREVA SEUS MODELOS DE REALIDADE**

Mentes extraordinárias têm modelos de realidade que lhes permitem sentir-se bem consigo mesmas e poderosas para mudar o mundo para que corresponda às visões em suas mentes.

---

## CAPÍTULO 5: ATUALIZE SEUS SISTEMAS DE VIDA

Muitos de nós estamos tão ocupados *fazendo*, que nunca paramos e pensamos em *como* estamos fazendo – ou *por que* estamos fazendo. Mentes extraordinárias sempre estão tentando descobrir e renovar seus sistemas de vida. Então elas os avaliam e verificam se estão funcionando bem.

Como estão funcionando os seus sistemas de vida para você? É hora de atualizá-los?

## EXERCÍCIO: QUAL É O SEU RITMO DE RENOVAÇÃO?

Você atualizou os sistemas em qualquer uma das Doze Áreas de Equilíbrio recentemente? Enumerei as doze áreas abaixo junto com um bom livro ou curso para cada qual que pode oferecer uma nova perspectiva:

1. SEU RELACIONAMENTO AMOROSO. *Homens são de Marte, Mulheres são de Vênus*, de John Gray.
2. SUAS AMIZADES. *Como fazer amigos e influenciar pessoas*, de Dale Carnegie.
3. SUAS AVENTURAS. *Perdendo minha virgindade*, de Richard Branson.
4. SEU AMBIENTE. *The magic of thinking big* (A mágica de pensar grande), de David J. Schwartz.
5. SUA SAÚDE E BEM-ESTAR. *Bulletproof: a dieta à prova de bala*, de Dave Asprey (para homens) e *The Virgin Diet*, de JJ Virgin (para mulheres).
6. SUA VIDA INTELECTUAL. Que forma mais adequada para otimizar a sua vida intelectual do que através do aprendizado dinâmico e da melhoria da memória? Recomendo os cursos de Jim Kwik.
7. SUAS HABILIDADES. *Trabalhe quatro horas por semana*, de Timothy Ferriss.
8. SUA VIDA ESPIRITUAL. *Conversando com Deus*, de Neale Donald Walsch, e *Autobiography of a yogi* (Autobiografia de um iogue), de Paramahansa Yogananda.
9. SUA CARREIRA. *How to be a star at work: 9 breakthrough strategies you need to succeed* (Como brilhar no trabalho), de Robert E. Kelley.
10. SUA VIDA CRIATIVA. *The war of art* (A guerra da arte), de Steven Pressfield.
11. SUA VIDA FAMILIAR. *The mastery of love: a practical guide to the art of relationship* (O domínio do amor), de Don Miguel Ruiz.
12. SUA COMUNIDADE. *Satisfação garantida*, de Tony Hsieh.

### EXERCÍCIO: OS SEUS PARÂMETROS NÃO NEGOCIÁVEIS

Quando você renovar seus sistemas de vida, use parâmetros não negociáveis para evitar cair para trás e avançar na direção de níveis ainda mais elevados de realização.

*Passo 1: Identifique as áreas de sua vida em que quer criar parâmetros*

Escolha algumas áreas entre as Doze Áreas de Equilíbrio que gostaria de ver progredir.

*Passo 2: Determine seus parâmetros*

Fixe metas específicas e *realizáveis* nessas áreas.

*Passo 3: Teste seus parâmetros e corrija-se se errar*

Se você se desviar do parâmetro estabelecido, realize um procedimento de correção (veja o Passo 4).

*Passo 4: Aumente a temperatura – de um jeito bom*

Se você se desviar do parâmetro estabelecido, realize um procedimento de correção – *e um pouco mais*. Agora você não apenas impediu a estagnação, você está realmente crescendo.

## Os sistemas do futuro

Prestamos mais atenção a sistemas para cuidar de nosso corpo do que para cuidar da mente e do espírito. Criamos uma sociedade em que se considera normal acordar com sensações de estresse, ansiedade, medo e preocupação. Mas não é. Podemos instalar sistemas de vida para nos livrar delas. Chamo esses sistemas de práticas transcendentais. Elas incluem gratidão, meditação, compaixão, contentamento e outras práticas. Apenas alguns minutos por dia vão clarear a sua mente e lhe dar energia, otimismo e clareza para enfrentar o dia a sua frente.

> **LEI 5: MELHORE SEUS SISTEMAS DE VIDA**
> Mentes extraordinárias consistentemente passam tempo descobrindo, melhorando e medindo novos sistemas para serem aplicados à vida, ao trabalho, ao coração e à alma. Elas estão em um perpétuo estado de crescimento e inovação pessoal.

## CAPÍTULO 6: Dobre a realidade

À medida que você começar a trabalhar com a engenharia da consciência, questionando as Regras Estúpidas e experimentando novos modelos de realidade e sistemas de vida, a vida começa a parecer ampla e estimulante. Você está caminhando em direção a uma melhoria poderosa. Eu chamo isso de dobrar a realidade. Há duas sensações importantes que você experimenta neste estado:

- Você tem uma visão ousada do futuro que o impulsiona para frente.
- Você está feliz no AGORA.

A sua visão o empurra para frente continuamente, mas você não sente que está trabalhando. Parece que está jogando um jogo do qual adora participar.

**EXERCÍCIO: AS OITO DECLARAÇÕES**

O simples conjunto de declarações abaixo vai ajudá-lo a avaliar se você está no caminho certo para dobrar a realidade. Não há respostas certas ou erradas. Isso serve apenas para que você verifique onde se encontra agora.

1. Adoro meu emprego atual a ponto de ele não parecer um emprego.
   FALSO    ÀS VEZES VERDADEIRO    TOTALMENTE VERDADEIRO

2. Meu trabalho é importante para mim.
   FALSO    ÀS VEZES VERDADEIRO    TOTALMENTE VERDADEIRO

3. Há momentos no trabalho em que fico tão feliz que o tempo passa voando.
   FALSO    ÀS VEZES VERDADEIRO    TOTALMENTE VERDADEIRO

4. Não me preocupo nem um pouco quando as coisas dão errado. Simplesmente sei que há algo de bom no horizonte.
   FALSO    ÀS VEZES VERDADEIRO    TOTALMENTE VERDADEIRO

5. Fico empolgado com o futuro, sabendo que coisas melhores acontecerão.

    FALSO    ÀS VEZES VERDADEIRO    TOTALMENTE VERDADEIRO

6. Estresse e ansiedade não parecem me incomodar muito. Confio em minha habilidade de atingir as metas.

    FALSO    ÀS VEZES VERDADEIRO    TOTALMENTE VERDADEIRO

7. Espero o futuro com ansiedade porque tenho metas únicas e ousadas no horizonte.

    FALSO    ÀS VEZES VERDADEIRO    TOTALMENTE VERDADEIRO

8. Passo muito tempo pensando animadamente em minhas visões para o futuro.

    FALSO    ÀS VEZES VERDADEIRO    TOTALMENTE VERDADEIRO

> Se você respondeu "Totalmente verdadeiro" para as declarações de 1 a 4, você provavelmente está feliz no agora.
> Se você respondeu "Totalmente verdadeiro" para as declarações de 5 a 8, você provavelmente tem uma boa visão para o futuro.
> Se você pode respondeu "Totalmente verdadeiro" para todas as oito declarações, você provavelmente está no estado de dobrar a realidade.
> A maior parte das pessoas, contudo, acha que são capazes de responder "Totalmente verdadeiro" para declarações relacionadas à felicidade ou para as questões relacionadas à visão, mas não para ambas.

---

**LEI 6: DOBRE A REALIDADE**

Mentes extraordinárias são capazes de dobrar a realidade. Elas têm visões ousadas e estimulantes para o futuro, no entanto sua felicidade não está atrelada a essas visões. Elas são felizes no agora. Esse equilíbrio lhes permite mover-se na direção de suas visões em um ritmo muito mais rápido ao mesmo tempo em que se divertem ao longo do caminho. Para quem está de fora, eles têm "sorte".

---

## CAPÍTULO 7: PRATIQUE A DISCIPLINA DO CONTENTAMENTO

Você sabia que há um sistema simples para dominar a felicidade no agora e sentir-se realmente satisfeito? Eu o chamo de Disciplina do Contentamento: a disciplina do contentamento diário. Ele consiste em três sistemas básicos:

Sistema da Disciplina do Contentamento 1: O Poder da Gratidão

Sistema da Disciplina do Contentamento 2: Perdão

Sistema da Disciplina do Contentamento 3: A Prática de Dar

A felicidade não é um estado amorfo fora de seu controle. Ela é uma habilidade treinável. Os exercícios abaixo são caminhos poderosos para a Disciplina do Contentamento.

## EXERCÍCIO: GRATIDÃO DIÁRIA

Quase todos nós olhamos para o futuro quando procuramos a felicidade. Mas a felicidade está bem ao nosso alcance. Concentrar-se em coisas boas que já aconteceram em nossas vidas proporciona felicidade instantânea no agora. Dedique alguns minutos todas as manhãs e noites pensando sobre:

Três a cinco coisas pelas quais você é grato em sua vida pessoal.

Três a cinco coisas pelas quais você é grato em sua vida profissional.

Elas podem ser grandes ou pequenas, contanto que sejam significativas para você. Passe cerca de 10 a 20 minutos deixando sentimentos positivos se formarem em relação a cada coisa. Tente partilhar esse contentamento: tente fazer os exercícios com seus filhos ou seu parceiro.

## EXERCÍCIO: LIBERE-SE E PERDOE COM SINCERIDADE

Esquecer o ressentimento e a raiva é um meio marcante para atingir um estado de ânimo relaxado e poderoso. Como a felicidade, o perdão é uma habilidade treinável. Ele é o segredo para dominar a Disciplina do Contentamento. Aqui está uma variação simplificada do exercício que aprendi no programa 40 anos de Zen.

### *Preparação*

Faça uma lista das pessoas que você acha que o magoaram ou de situações em que foi prejudicado. Pode não ser fácil fazer isso, principalmente se for algo muito doloroso ou uma situação que perdura há muito. Seja delicado consigo mesmo. Quando estiver pronto, escolha uma pessoa da lista e comece o exercício.

*Passo 1: Prepare o ambiente*

Com os olhos fechados durante uns dois minutos, sinta-se no momento em que o fato ocorreu. Imagine o ambiente.

*Passo 2: Sinta a raiva e a dor*

Enquanto você imagina a pessoa que o magoou, deixe as emoções fluírem, mas não faça isso por mais que alguns minutos.

*Passo 3: Perdoe e ame*

Ao imaginar a pessoa, sinta compaixão por ela. Que dor ou angústia ela pode ter sofrido que a fez fazer o que fez? Pergunte-se: *O que aprendi com isso? Como essa situação fez minha vida melhorar?*

Depois, você deverá sentir uma carga um pouco menos negativa em relação a essa pessoa. Repita o processo até se sentir à vontade para perdoar e amar. Para uma ofensa grave, isso poderá levar horas ou dias. "Perdoar e amar" não significa simplesmente esquecer. Você ainda precisa se proteger e tomar as medidas que forem necessárias. Atos criminosos, principalmente, devem ser relatados às autoridades. Mas com o perdão, a dor do que aconteceu não ficará mais machucando você.

**EXERCÍCIO: MODOS DE DAR**

*Passo 1: Enumere todas as coisas que você pode dar aos outros*

Sugestões incluem: tempo, amor, compreensão, compaixão, habilidades, ideias, conhecimento, energia, ajuda física e o que mais?

*Passo 2: Analise e entre em detalhes*

Que habilidades (contabilidade, suporte técnico, aulas, assistência jurídica, redação, habilidades administrativas ou artísticas)? Que tipos de conhecimento (orientar profissionalmente; trabalhar com crianças; ajudar terceiros com a experiência que você teve, como passar por uma doença; cuidar de um idoso; ter sido vítima de um crime)? Que tipos de ajuda física (consertar coisas, ajudar idosos, cozinhar, ler para os cegos)?

*Passo 3: Pense em onde poderia ajudar*

Na sua família ou parentes de seu parceiro? No trabalho? Na vizinhança? Na cidade? Empresas locais? Comunidade espiritual? Biblioteca local? Organizações de juventude? Hospitais e asilos? Organizações políticas ou sem fins lucrativos? Que tal iniciar um grupo ou despertar a consciência sobre uma causa negligenciada?

*Passo 4: Siga a sua intuição*

Reveja a lista e marque os itens pelos quais sentir uma onda de entusiasmo.

*Passo 5: Aja*

Sonde o ambiente, procure coincidências que colocam oportunidades no seu caminho e explore as possibilidades.

> **LEI 7: PRATIQUE A DISCIPLINA DO CONTENTAMENTO**
> Mentes extraordinárias compreendem que a felicidade vem de dentro. Elas começam com a felicidade no agora e a usam como combustível para impulsionar todas as suas outras visões e intenções para si mesmas e para o mundo.

## CAPÍTULO 8: CRIE UMA VISÃO PARA SEU FUTURO

Quase todos nós precisamos escolher uma carreira antes mesmo de poder comprar uma cerveja. Como é possível saber o que queremos da vida nessa idade? Mas, mesmo quando tentamos ser "maduros" e sistemáticos quanto a fixar uma meta, podemos acabar insatisfeitos porque a maioria dos métodos para fixar metas é fundamentalmente falha.

Somos treinados para fixar "metas intermediárias" – metas que são meios para atingir um fim – e geralmente elas se relacionam com atender ou corresponder às Regras Estúpidas da sociedade. Em comparação, "metas finais" seguem nosso coração, nos estimulam e inspiram, e deixam nosso objetivo final à vista. Perseguir metas finais acelera o impulso na direção do extraordinário. O exercício das Três Perguntas Mais Importantes pode ajudá-lo a ir direto para as metas finais que realmente importam em sua vida.

## EXERCÍCIO: FAÇA AS TRÊS PERGUNTAS MAIS IMPORTANTES A SI MESMO

*Pergunta 1: Que experiências você quer ter?*

Se tempo e dinheiro não fossem um problema e eu não tivesse de pedir permissão a outra pessoa, por que tipos de experiências minha alma anseia?

- SEUS RELACIONAMENTOS AMOROSOS. Imagine vivamente o seu relacionamento amoroso ideal. Ao lado de quem você gostaria de acordar pela manhã?
- SUAS AMIZADES. Imagine sua vida social em um mundo perfeito – as pessoas, os lugares, as conversas, as atividades.
- SUAS AVENTURAS. Que tipos de aventura fariam seu coração bater mais forte?
- SEU AMBIENTE. Evoque as sensações de estar em ambientes que você adora. Como seriam a sua casa, seu carro, seus destinos de viagem ideais?

*Pergunta 2: Como você quer crescer?*

A fim de ter as experiências acima, como devo crescer? Que tipo de pessoa preciso me tornar?

- SUA SAÚDE E BEM-ESTAR. Descreva como você quer se sentir e estar todos os dias. E daqui a cinco, dez ou vinte anos?
- SUA VIDA INTELECTUAL. O que você precisa aprender para ter as experiências listadas acima? O que você adoraria aprender?
- SUAS HABILIDADES. Que habilidades o ajudariam a progredir no trabalho? Se você quiser mudar seu rumo profissional, o que precisaria fazer para consegui-lo? Que habilidades você gostaria de aprender apenas por diletantismo?
- SUA VIDA ESPIRITUAL. Qual é a sua maior aspiração quanto a uma prática espiritual?

*Pergunta 3: Como você quer contribuir?*

Se eu tiver as experiências acima e tiver me desenvolvido de maneira notável, o que posso devolver ao mundo?

- SUA CARREIRA. Quais são suas visões para sua carreira? Que contribuição ao seu ramo você gostaria de fazer?
- SUA VIDA CRIATIVA. Que atividades criativas você gosta de fazer ou aprender? De que forma você pode dividir sua criatividade com o mundo?
- SUA VIDA FAMILIAR. Imagine-se estando com sua família, não como você acha que "deveria", mas de forma que o encha de felicidade. Que experiências maravilhosas vocês teriam juntos? Como você pode contribuir com sua família que seja especial para você? Lembre-se, a sua família não precisa ser do tipo tradicional – defina "família" como aqueles que você realmente ama e com quem quer passar tempo junto.
- SUA VIDA COMUNITÁRIA. A sua comunidade pode ser formada por seus amigos, seus vizinhos, sua cidade, seu estado, sua nação, comunidade religiosa, etnia ou a comunidade mundial. Observando tudo que faz de você quem é, que marca você quer deixar no mundo e que o estimula e satisfaz profundamente?

---

**LEI 8: CRIE UMA VISÃO PARA O SEU FUTURO**
Mentes extraordinárias criam uma visão para o futuro que não está baseada em metas que a paisagem cultural sugere que atinjam. Em vez disso, elas criam uma visão com base em suas próprias metas finais – metas que sabem que são determinantes para sua felicidade.

---

## CAPÍTULO 9: SEJA INVULNERÁVEL

Mentes extraordinárias são cheias de energia e estão preparadas para enfrentar o mundo a fim de manifestar suas metas e visões ousadas. Se você quiser fazer o mesmo, precisa superar seus medos. Felizmente, como muita coisa que você aprendeu neste livro, tornar-se invulnerável é uma habilidade treinável. Ela envolve a compreensão de dois modelos específicos de realidade:

METAS AUTOIMPULSIONADAS. São metas finais sobre as quais você tem total controle. Ninguém pode tirá-las de você. Exemplo: estar constantemente cercado de amor.

VOCÊ É SUFICIENTE. Sentir que você precisa provar seu valor infectará a sua vida com a necessidade de procurar validação do mundo exterior. Você perde o controle sobre sua vida. Saber que você é suficiente impede você de ter um buraco no coração e faz com que tenha um coração inteiro – e com o coração inteiro, você vai ter muito mais para dar à vida, ao amor, a si mesmo e ao planeta.

### EXERCÍCIO 1: A PESSOA NO ESPELHO

Fique em frente a um espelho, olhe direto em seus olhos e repita: "Eu te amo". Faça isso quantas vezes achar necessário.

### EXERCÍCIO 2: AUTOGRATIDÃO

Certifique-se de fazer o exercício "O que amo em mim" todos os dias (veja o Capítulo 4).

### EXERCÍCIO 3: AUTOCORREÇÕES PARA MEDOS E ANSIEDADES REPENTINAS

Use o foco no presente para sair da situação de estresse e ansiedade e voltar para a felicidade no agora. Simplesmente passe cerca de um minuto concentrando-se em um detalhe específico no momento presente: a forma como a luz incide sobre um objeto, o formato bonito de sua mão, ou o movimento de sua respiração.

---

**LEI 9: SEJA INVULNERÁVEL**

Mentes extraordinárias não precisam buscar aprovação de terceiros ou alcançar metas comuns. Em vez disso, elas estão verdadeiramente em paz consigo mesmas e com o mundo à sua volta. Elas vivem sem medo – imunes ao criticismo, exaltadas e alimentadas por sua própria felicidade interior e amor por si mesmas.

---

## CAPÍTULO 10: ABRACE A SUA JORNADA

Quando penso nas pessoas extraordinárias que conheço, o fato inigualável sobre elas é que são movidas por uma visão tão grandiosa que elas funcionam além das limitações convencionais do trabalho e da vida. Sua energia é inerentemente positiva e elas a derramam para uma missão pela qual nutrem grande entusiasmo.

> *As pessoas mais extraordinárias do mundo não têm carreiras. Elas têm uma vocação.*

Uma vocação é a sua contribuição para a raça humana. É algo que nos ajuda a deixar um planeta melhor para nossos filhos. Pode ser um livro em que você esteja trabalhando. Pode ser dedicar sua vida a criar filhos notáveis. Pode ser trabalhar para uma empresa com uma missão de mudar o mundo de forma com a qual você se identifique. Quando se vai ao encalço de uma vocação, a sua vida se enche de entusiasmo e significado. Com as práticas corretas, qualquer um pode alcançar esse estágio de realização suprema.

## Encontrando a sua Missão

Como começar a encontrar a sua missão? Eu conheço duas abordagens: a abordagem do cérebro e a abordagem do coração. Você também pode combinar as duas.

O escritor e palestrante Martin Rutte, criador de projectheavenonearth.com (projeto Céu na Terra), sugere que você faça a si mesmo essas três perguntas a fim de ajudá-lo a identificar a sua vocação – depressa.

A primeira pergunta é: Lembre-se de um momento em que você experimentou o Céu na Terra. O que estava acontecendo?

A segunda pergunta é: Imagine que você tenha uma varinha mágica e com ela você pode criar o Céu na Terra. O que é o Céu na Terra para você?

E agora a pergunta final: Que passos simples, fáceis e concretos você daria nas próximas 24 horas para criar um verdadeiro Céu na Terra?

---

**LEI 10: ABRACE SUA JORNADA**

Mentes extraordinárias são motivadas por uma busca ou um chamado – um impulso de criar uma mudança positiva no mundo. Esse impulso as impele para frente na vida e as ajuda a ganhar significado e fazer uma contribuição importante.

---

# O CÓDIGO DA MENTE EXTRAORDINÁRIA: A EXPERIÊNCIA ON-LINE

## CRIE SUA CONTA PARA TER UMA EXPERIÊNCIA INÉDITA COM O LIVRO – TOTALMENTE GRÁTIS

### O APLICATIVO: APROFUNDE OS TÓPICOS QUE MAIS LHE INTERESSAM

Este livro vem com um aplicativo personalizado com horas de conteúdo adicional, práticas, treinamento e muito mais. Você gosta especialmente de uma ideia particular de um dos pensadores que eu mencionei no livro? Você pode usar o aplicativo para mergulhar mais fundo e ouvir minha entrevista completa com eles. Inspirado por uma técnica particular que eu compartilhei? O aplicativo permitirá que você reproduza um vídeo meu guiando-o através da técnica. Você encontrará belas imagens, fotos, ideias e muito mais, tudo na experiência on-line disponível para web, Android e iOS. Você pode, portanto, ler este livro em algumas horas, ou pode optar por passar dias explorando e mergulhando profundamente no conteúdo completo. Acesse www.mindvalley.com/extraordinary.

### A PLATAFORMA DE APRENDIZAGEM SOCIAL: FALE COM VISHEN E COM OUTROS LEITORES

Como este livro trata de questionar a vida, enquanto o escrevia comecei a questionar a maneira como os livros tradicionais são feitos. Um dos meus grandes aborrecimentos com a ideia do "livro" no mundo de hoje é que você não pode interagir facilmente com outros leitores ou com o autor. Para este livro, eu decidi corrigir essa falha. Eu tinha uma equipe desenvolvendo uma plataforma de aprendizagem social para permitir que os autores e leitores interagissem e aprendessem uns com os outros. Tanto quanto eu sei, é a primeira vez que fazem algo assim no mundo. Você pode interagir com outros leitores, compartilhar ideias e até mesmo se comunicar comigo diretamente de seu telefone ou computador quando você se inscrever para a experiência on-line. Isso torna este livro talvez um dos volumes mais tecnologicamente conectados na história. Você pode acessar a Social Learning Platform (Plataforma de Aprendizagem Social) através da Experiência On-line em www.mindvalley.com/extraordinary.

*Para começar, basta visitar: www.mindvalley.com/extraordinary e criar uma conta.*

## DEZ COISAS QUE VOCÊ PODE DESCOBRIR NA EXPERIÊNCIA ON-LINE

1. **Um curso on-line** que orienta você através dos exercícios-chave em cada capítulo. Obtenha vídeos, áudio e instruções mais profundas.

2. **O Six-Phase On-line Program** (Programa On-line Seis-Fases) treina você a aplicar muitas das práticas transcendentais discutidas neste livro. Faça o download para Android ou iPhone ou reproduza em seu computador.

3. **Entrevistas completas em áudio e vídeo** de figuras-chave neste livro, incluindo Peter Diamandis, Arianna Huffington, Ken Wilber, Michael Beckwith, Emily Fletcher e muito mais.

4. **Vídeos da A-Fest** de figuras-chave neste livro discutindo as ideias compartilhadas aqui em mais detalhes, incluindo Morty Lefkoe e Marisa Peer.

5. **Um belo curso chamado Extraordinary by Design** (Extraordinário por Design), que irá guiá-lo na criação consciente de resultados extraordinários em todas as doze áreas de sua vida.

6. **Exercício orientado sobre Três Perguntas Mais Importantes** para ajudá-lo a criar seu diagrama em menos de dez minutos.

7. **Exercício guiado na Ferramenta do Céu na Terra** para ajudá-lo a identificar sua jornada.

8. **Junte-se à nossa comunidade on-line** de leitores que discutem e praticam o Código em nossa Plataforma de Aprendizagem Social personalizada. Você pode compartilhar suas aprendizagens e ideias e aprender com outros leitores.
9. **Bastidores** dos encontros e histórias descritas neste livro, dos encontros com Branson à visita à Floresta Amazônica.
10. **Atualizações gratuitas e comunicações** minhas, incluindo futuros capítulos, vídeos e insights todos fornecidos na Plataforma de Aprendizagem on-line.

### EXPERIMENTE UM LIVRO COMO NUNCA ANTES

Obtenha todos os vídeos e outros treinamentos gratuitos, além de interagir com Vishen e outros leitores em nossa plataforma de aprendizagem única. Basta visitar: www.mindvalley.com/extraordinary.

### CONECTE-SE COM VISHEN LAKHIANI

Eu amo estar em contato com meus leitores. Veja como se conectar comigo:

1. Siga-me no Facebook. Este é o verdadeiro eu. Não é uma fanpage. Acesse www.facebook.com/vishen. Esta é de longe a melhor maneira de se conectar comigo. Eu compartilho posts com insights e pensamentos provocadores semanalmente.
2. Junte-se à comunidade on-line para o Código da Mente Extraordinária. Frequentemente respondo perguntas e compartilho ideias. Visite www.mindvalley.com/extraordinary para se conectar.
3. Cadastre-se para o meu boletim informativo em VishenLakhiani.com.
4. Para comentários ou ideias, você pode escrever para mim em hellovishen@mindvalley.com.

# GLOSSÁRIO

À PROVA DE BALA: Realinhar a felicidade pessoal de modo que ela venha de fatores que a pessoa tenha condições de realizar (conhecido como metas finais autoimpulsionadas), proporcionando a felicidade no agora e visões ousadas para o futuro.

ARMADILHA DA REALIDADE ATUAL: O estado de se sentir feliz no agora, mas sem uma visão para o futuro. Embora esse estado possa trazer felicidade temporária, não vai trazer realização.

ARMADILHA DO FAZER-FAZER: A condição de estar tão ocupado *fazendo* que não há tempo de recuar e pensar em *como* e *por que* alguém está fazendo as coisas.

CENTRADO-NO-PRESENTE: Ficar concentrado no presente como uma técnica para encontrar a felicidade no agora e elevar o parâmetro de felicidade de uma pessoa.

DISCIPLINA DO CONTENTAMENTO: A Disciplina do Contentamento Diário. O processo de aumentar o nível de felicidade conscientemente pela adoção de sistemas de vida específicos, incluindo práticas transcendentais. Veja também Práticas Transcendentais.

DOZE ÁREAS DE EQUILÍBRIO: Doze domínios essenciais da vida, adaptadas do Livro da Vida de Jon Butcher: seu relacionamento amoroso, suas amizades, suas aventuras, seu ambiente, sua saúde e bem-estar, sua vida intelectual, suas habilidades, sua vida espiritual, sua carreira, sua vida criativa, sua vida familiar, sua comunidade.

EMPRESA QUE ACRESCENTA À HUMANIDADE: Uma empresa que faz a raça humana avançar para frente; por exemplo, empresas focadas em fontes de energia limpa e renovável, que provem uma vida saudável ou que trabalham em novas formas para se viver no planeta.

EMPRESA QUE SUBTRAI À HUMANIDADE: Uma empresa que existe somente com fins de auferir lucros, está envolvida em práticas não sustentáveis ou está baseada em uma demanda artificial; ou seja, vende produtos que não são verdadeiramente necessários e que podem ser prejudiciais, mas são comercializados como necessidades.

ENGENHARIA DA CONSCIÊNCIA: Um método para otimizar o aprendizado e hackear a paisagem cultural obtendo consciência dos modelos de realidade e sistemas de vida que podem ter sido adotados intencionalmente ou não da paisagem cultural.

ESPIRAL NEGATIVA: O estado doloroso de não estar feliz no agora e não ter uma visão para o futuro.

FALHA FUNDAMENTAL DE ATRIBUIÇÃO (FAE): A prática de uma pessoa atribuir motivos negativos para as ações de alguém, mas atribuir motivos positivos quando ela mesma realiza essas ações.

INVULNERÁVEL: Segundo o marqueteiro Joe Polish, definido como: "Quando você está realmente em paz e em contato consigo mesmo. Nada que alguém diga ou faça o incomoda e nenhuma negatividade pode atingi-lo".

*KENSHO*: Um processo gradual de crescimento pessoal positivo que muitas vezes ocorre por meio das tribulações da vida. Esse crescimento positivo pode não ser perceptível enquanto está ocorrendo. Veja também *Satori*.

LACUNA REVERSA: Como explicado por Dan Sullivan, o espaço, ou lacuna, entre o passado e o presente e os acontecimentos que o preenchem – o melhor lugar para se concentrar quando praticar a gratidão e uma fonte muito mais confiável de felicidade do que se concentrar na lacuna à frente (antecipando a felicidade no futuro), como a maioria das pessoas faz.

MÁQUINA DE FABRICAR SIGNIFICADOS: Uma sintaxe no cérebro humano que tenta dar significado a situações que, muitas vezes, são aleatórias, não têm significado implícito ou não têm o significado que foi ligado a elas.

MEDITAÇÃO DE SEIS-FASES: Um programa de meditação originado na ciência que leva apenas 15 minutos por dia e que se baseia em diferentes métodos para proporcionar aos praticantes uma experiência de meditação recompensadora e otimizada que eles podem personalizar de acordo com seus horários, necessidades e vida.

# GLOSSÁRIO

META FINAL: Um objetivo ou destino final – muitas vezes visto como seguir o coração e os sentimentos; o contrário de uma meta intermediária. Veja também Meta Intermediária.

META INTERMEDIÁRIA: Uma meta (às vezes, uma Regra Estúpida) erradamente identificada e perseguida como um fim em si mesmo, quando, na verdade, ela simplesmente é um meio para chegar a um fim maior e mais gratificante. Veja também Regra Estúpida e Meta Final.

MODELOS DE REALIDADE: Crenças sobre o mundo que se manifestam em nossas experiências do mundo, conscientemente ou não, como o hardware em um computador. Veja também Sistemas de Vida.

DOBRANDO A REALIDADE: O conceito de que as crenças de alguém sobre o mundo se tornam reais.

PAISAGEM CULTURAL: O mundo da verdade relativa, que é composto de ideias, culturas, mitologias, crenças e práticas humanas.

PARADOXO DOS NEGÓCIOS: A falácia de pensar que alguém está ocupado demais para meditar – semelhante a dizer: "Estou faminto demais para comer".

PARÂMETROS: Formas de medir e manter a eficiência de sistemas de vida específicos.

PARÂMETRO DE FELICIDADE: O padrão de felicidade de uma pessoa – um nível específico de felicidade ao qual ela tende a voltar após acontecerem coisas boas ou ruins.

PENSAMENTO COMPUTACIONAL: Um processo que generaliza a solução para problemas abertos. Problemas abertos encorajam respostas completas e significativas baseadas em múltiplas variáveis, que requerem o uso de decomposição, representação de dados, generalização, modelação e algoritmos.

PERGUNTAS ENALTECEDORAS: Um método de fazer perguntas positivas durante uma prática transcendental, como descrito pela escritora Christie Marie Sheldon; uma alternativa a afirmações e práticas de crescimento pessoal focadas em problemas; por exemplo, *Como estou encontrando tantas maneiras de dar e receber amor?* em vez de *Por que não posso encontrar um relacionamento amoroso?*

PRÁTICAS TRANSCENDENTAIS: Sistemas otimizados de vida que alimentam a mente e o espírito e levam os praticantes além ou acima do âmbito das experiências humanas normais ou meramente físicas. Exemplos incluem exercícios de gratidão, meditação, compaixão e contentamento. Veja também Disciplina do Contentamento.

PROJETO PARA A ALMA: As respostas escritas de uma pessoa às Três Perguntas Mais Importantes.

QUATRO ESTADOS DA VIDA HUMANA: Quatro condições de vida, cada qual com um diferente nível ou equilíbrio (sendo impelido para frente por uma visão ousada para o futuro e ser feliz no agora): 1) a espiral negativa, 2) a armadilha da realidade atual, 3) estresse e ansiedade, e 4) dominando a realidade.

REGRA ESTÚPIDA: Uma regra de m****. Um elemento da paisagem cultural que um indivíduo decide ignorar e rejeitar como sendo incorreta ou irrelevante para a sua visão de mundo.

RMV: Renda Mínima para Viver.

*SATORI:* Um repentino aumento do crescimento pessoal positivo que acontece pelo despertar; uma descoberta que muda a vida que ocorre sem aviso e eleva a pessoa imediatamente a um novo plano. Veja também *Kensho*.

SISTEMA DE ATIVAÇÃO RETICULAR (RAS): O componente do cérebro que registra padrões; certas práticas transcendentais preparam o RAS para notar fatos positivos em detrimento dos negativos nas situações de vida.

SISTEMAS DE VIDA: Hábitos e processos estruturados para experimentar aspectos da vida, do lazer ao trabalho e ao crescimento. Um padrão repetido (e, idealmente, otimizado) para fazer as coisas; análogo a um software em um computador ou aplicativos. Veja também Modelos de Realidade.

SOL-OOPS: Uma forma de representar o equilíbrio na vida de uma pessoa entre o tempo gasto no Estado do Ilimitado (State of Limitless – SOL, também uma palavra que significa sol em espanhol) *versus* Fora do Estado Perfeito (Out of Perfect State – OOPS – como em "ops!"). A meta é passar mais Tempo em SOL e menos em OOPS, com picos mais altos em SOL e espaços menores em OOPS.

TAXA DE RENOVAÇÃO: A frequência com que a pessoa atualiza seus sistemas de vida.

TRÊS PERGUNTAS MAIS IMPORTANTES: Três perguntas essenciais para fixar metas amplas e gratificantes no caminho para dobrar a realidade.

# REFERÊNCIAS

## CAPÍTULO 1

"Adult Obesity Facts". Centers for Disiease Control and Prevention. Última revisão da página, 21 set. 2015. Disponível em: <http://www.cdc.gov/obesity/data/adult.html>. Acesso em: 22 dez. 2015.

"Bill Gates, Founder and Technology Advisor". Disponível em: <http://news.microsoft.com/exec/bill-gates/>. Acesso em: 13 ago. 2015.

Gates, Bill. "About Bill". Gatesnotes (o blog de Bill Gates). Disponível em: <http://www.gatessnotes.com/Global/Pages/bio>. Acesso em: 13 ago. 2015.

Gregoire, Carolyn. "Happiness Index: Only 1 in 3 Americans Are Very Happy, According to Harry Poll". *Huffington Post*, Postado: 1 jun. 2013. Atualizado: 5 jun. 2013. Disponível em: <http://www.huffingtonpost.com/2013/06/01/happiness-index-only-1-in_n_3354524.html>. Acesso em: 29 novembro de 2015.

Harari, Yuval Noah. *Sapiens*. Nova York: Harper Collins, 2015.

Holland, Kelley. "Eight in 10 Americans Are in Debt: Study". CNBC Personal Finance, 29 jul. 2015. Disponível em: <http://www.cnbc.com/2015;07/29/eight-in-10-americans-are-in-debt.html>. Acesso em: 22 dez. 2015.

Loria, Kevin. "No One Could See the Color Blue Until Modern Times". *Business Insider*, 27 fev. 2015. Disponível em: <http://www.businessinsider.com/what-is-blue-and-how-do-we-see-color-2015-1>. Acesso em: 10 ago. 2015.

"Marriage & Divorce". American Psychological Association, adaptado de *Encyclopedia of Psychology*, n.d. Disponível em: <http://www.apa.org/topics/divorce/>. Acesso em: 29 nov. 2015.

Smith, Chandler. "Gallup Poll: 70% of Americans Hate Their Stupid Jobs". *RYOT*. Disponível em: <http://ryot.org/gallup-poll-70-americans-disengaged-jobs/376177>. Acesso em: 29 nov. 2015.

## CAPÍTULO 2

Bryant, Adam. "In Head-Hunting, Big Data May Not Be Sucha a Deal". *New York Times*, 19 jun. 2013. Disponível em: <http://wwwnytimes.com/2013/06/20/business/in-head-hunting-big-data-may-not-be-such-a-big-deal.html?_r=1>. Acesso em: 29 nov. 2015.

Friedman, Thomas L. "How to Get a Job at Google". *New York Times*, Sunday Review, 22 fev. 2014. Disponível em: <nytimes.com/2014/02/23opinion/Sunday/firedman-how-to-get-a-job-at-google.html?hp&rref=opinion&_r=1>. Acesso em: 30 ago. 2015.

Harari, Yuval Noah. *Sapiens*. Nova York: Harper Collins, 2015.

Marsden, P. "Memetics and Social Contagion: Two Sides of the Same Coin?". *Journal of Memetics Evolutionary Models of Information Transmission*, vol. 2, 1998. Disponível em: <cfpm.org/jom-emit/1998/vol2/marsden_p.html>.

Milgram, Stanley. "Behavioral Study of Obedience". *The Bobbs-Merril Reprint Series in the Social Sciences*, p. 521. Reimpresso de *The Journal of Abnormal and Social Psychology*, vol. 67, n. 4, 1963. Copyright 1963, American Psychology Association, Inc. Disponível em: <Columbia/edu/cu/psychology/terrace/w101/readings/milgram.pdf>. Acesso em: 17 out. 2015.

"Millennial". Investopedia.com. n.d. Disponível em: <investopedia.com/terms/m/millennial.asp>. Acesso em: 1 set. 2015.

"Original sin". n.d. Disponível em: <merriam-webster.com>. Acesso em: 14 nov. 2015.

"Our Founder". n.d. Disponível em: <dekaresearch.com>. Acesso em: 13 nov. 2015.

Ravo, Nick. "Our Towns; From L. I. Sound, A New Nation Asserts Itself". *New York Times*, 22 abr. 1988. Disponível em: <nytimes.com/1998/04/22/nyregion/our-towns-from.li-sound-a-new-nation-asserts-tiself.html>. Acesso em: 26 ago. 2015.

Sanchez, Hanna. "Ernst and Young Removes College Grades from Recruitment Criteria, Saying it Dos Not Guarantee Success Later in Life". iSchoolGuide, 29 set. 2015. Disponível em: <ischoolguide.com/articles/27528/20150929/erns-young-college-grades-recruitment-criteria-success.htm>. Acesso em: 23 dez. 2015.

Urban, Tim. "The Cook and the Chef: Musk's Secret Sauce". Waitbuywhy.com, 6 nov. 2015. Disponível em: <waitbuywhy.com/2015;11/the-cook-and-the-chef-musks-secret-sauce.html>. Acesso em: 22 nov. 2015.

"Vision & Mission". Usfirst.org, n.d. Disponível em: <usfirst.org/aboutus/vison>. Acesso em: 14 nov. 2015.

## CAPÍTULO 3

Crum, Alia J. e Langer, Ellen J. "Mind-set matters: Exercise and the placebo effect". *Psychological Sciente* 18, n. 2, p. 165-17. 2007. Disponível em: <dash;harvards.edu/bitstream/handle/1/3196007/Langer_ExercisePlaceboEffect.pdf?sequence=>. Acesso em: 26 ago. 2015.

Shea, Christopher. "Mindful Exercise". *New York Times* Magazine, 9 dez. 2007. Disponível em: <nytimes.com/2007/12/09/magazine/09midfulexrecise.html?_r=>. Acesso em: 26 ago. 2015.

Steineckert, Rachel. "Achuar Rituals: Nurturing a Connection with Pachamama". *Pachamama Alliance*, 9 set. 2014. Disponível em: <pachamama.org/blog/achuar-rituals--connecton-pachamama>. Acesso em: 26 ago. 2015.

## CAPÍTULO 4

Crum, Alia J. e Langer, Ellen J. "Mind-set matters: Exercise and the placebo effect". *Psychological Science* 18, n. 2, p. 165-17, 2007. Disponível em: <dash.harvard.edu/bitstream/handle/1/3196007/Langer_ExercisePlaceboEffect.pdf?sequence=1>. Acesso em: 26 ago. 2015.

Dewey, PhD, Russel A. "Psychology: na Introduction". *Psych Web*, 2007-2014. Disponível em: <intropsych.com/ch15_social/expectancy.html>. Acesso em: 16 set. 2015.

Epstein, Greg M. *Good Without God*. Nova York: William Morrow, 2010.

Feloni, Richar. "Branson: Wild Parties Are Essential to a Company's Success". *Business Insider*, 1 jan. 2015. Disponível em: <businessinsider.sg/Richard-branson-on-the-importance-of--parties-2014-12/#.VlyzPXtu7lo>. Acesso em: 30 nov. 2015.

Newport, Cal. *So Good They Can't Ignore You*. Nova York: Grand Central Publishing, 2012.

Silberman, Steve. "Placebos Are Getting More Effective. Drugmakers Are Desperate do Know Why". *Wired*, 24 ago. 2009. Disponível em: <archive.wired.com/medtech/drugs/magazine/17-09/ff_placebo?effect?currentPage=all>. Acesso em: 14 nov. 2015.

Talbot, Margaret. "The Placebo Prescription". *New York Times* Magazine, 9 jan. 2000. Disponível em: <nytimes.com/2000/01/09/magazine/the-placebo-prescription.html>. Acesso em: 26 ago. 2015.

Turner, PhD, Kelly. "The Science Behind Intuition". *Psychology Today*, 20 maio 2014. Disponível em: <psychologytoday.com/blog/radical-remission/201405/the-science-behind-intuition>. Acesso em: 26 ago. 2015.

Yao, W. X.; Ranganathan, V. K.; Allexandre, D.; Siemionow, V. G. H. "Kinesthetic imagery training of forceful muscle contractions increases brain signal and muscle strength". *Frontiers in Human Neuroscience* 7, n. 561, 2013. Disponível em: <doi.org/10.3389/fnhum.2013.00561.ncbi.nlm.nih.gov/pmc/articles/PMC3783980/>. Acesso em: 14 nov. 2015.

# CAPÍTULO 5

Jensen, Bill. *Future Strong*. Carlsbad, Califórnia: Motivational Press, 2015.

# CAPÍTULO 7

"12: The Elements fo Great Managing". Gallup.com, n.d. Disponível em: <gallup.com/press/176450/elements-great-managing.aspx>. Acesso em: 8 nov. 2015.

Achor, Shawn. *The Happiness Advantage*. Nova York: Crown Business, 2010.

Baumeister, Roy F.; Vohs, Kathleen D.; Aaker, Jennifer L.; Garbinsky, Emily N. "Some Key Differences Between a Happy Life and a Meaningful Life". Forthcoming. *Journal of Positive Psychology*. Disponível em: <faculty-gsb.stanford.edu/aaker/pages/documents/somekeydiferrendeshappylifemeaningfullife_2012.pdf>. Acesso em: 8 out. 2015.

"Item 5: My Supervisor Cares About Me". *Business Journal*, gallup.com, 19 abr. 1999. Disponível em: <gallup.com/businessjournal/493/item-suprvisor-cares-about.aspx>. Acesso em: 8 nov. 2015.

Owen, Jo. *The Mindset of Success*. Londres: Kogan Page, 2015.

Robbins, Ocean. "The Neuroscience of Why Gratitude Makes Us Healthier". *Huffington Post*, 4 nov. 2011, atualizado em 4 jan. 2012. Disponível em: <huffingtonpost.com/ocean-robbins/having-gratitude-_1073105.html>. Acesso em: 6 out. 2015.

Sullivan, Dan. "Escape 'The Gap' Coach Insider, Strategic Coach", n.d. private. Disponível em: <strategiccoach.com./enews/ci_gap20130117.html>. Acesso em: 26 dez. 2015.

Wagner, Rodd; Harter, Jim. "The Fifth Element of Great Managing". *Business Journal*, adaptado de *12: The Elements of Great Managing*, gallup.com, 13 set. 2007. Disponível em:

<gallup.com/businessjounral/28561/fifth-element-great-managing.aspx>. Acesso em: 8 nov. 2015.

## CAPÍTULO 9

"How to Love Yourself", treinamento por Kamal Ravikant com Vishen Lakhiani. Programa de Engenharia da Consciência, 2014.

"Unleash Your Intuition", treinamento de Sonia Choquette com Vishen Lakhiani. Programa de Engenharia da Consciência, 2014.

Wilber, Ken. *The Essential Ken Wilber*. Boulder, Colorado: Shambhala, 1998.

## CAPÍTULO 10

Gilbert, Elizabeth. *Big Magic*. Nova York: Riverhead Books, 2015.

"Meditation for Performance", treinamento de Emily Fletcher com Vishen Lakhiani. Programa de Engenharia da Consciência, 2015.

"The Firencly Universe with Michael Beckwith", treinamento de Michael Beckwith com Vhisen Lakhiani. Programa de Engenharia da Consciência, 2015.

## APÊNDICE

Carson, J. W.; Keefe, F. J.; Goli, V.; Fras, A. M.; Lynch, T. R.; Thorp, S. R. e Buechler, J. L. "Forgiveness and Chronica Low Back Pain: A Preliminary Study Examining the Relationship of Forgiveness to Pain, Anger, and Psychological Distress". *The Journal of Pain*, vol. 6, n. 2, p. 84-91, 2005.

Gregoire, Carolyn. "Kindness really does make you more attractive". Disponível em: <huffingtonpost.com/2013/10/29/kindness-attractive_n_6063074.html>. Acesso em: 28 dez. 2015.

Jacobs, Tom. "The Tangible Benefits of Forgiveness". *Pacific Standard*, 6 jan. 2015. Disponível em: <psmag.com/books-and-cultura/tangible-benefits-forgiveness-97627>. Acesso em: 28 dez. 2015.

Westervelt, Amy. "Forgive to Live: New Research Shows Forgiveness Is Good for the Hear". *Good*, 25 ago. 2012. Disponível em: <magazine.good.is/article/forgive-to-live-new-research-shows-forgiveness-is-good-for-the-heart>. Acesso em: 2 dez. 2015.

# AGRADECIMENTOS

Meus agradecimentos a:

Ajit Nawalkha e Kshitij Minglani – por serem alguns dos melhores conselheiros de negócios que eu poderia esperar.

Minha equipe de liderança em Mindvalley: Veena Sidhu, Hannah Zambrano, Ezekiel Vicente, Eric Straus, Klemen Struc, Jason Campbell, Troy Allen e Gareth Davies, por garantirem que a nossa empresa corresse tão suavemente enquanto me afastei brevemente de ser um CEO para escrever este livro.

Aliados, apoiadores e professores que ao longo dos anos estavam lá para mim e me ensinaram muito, incluindo: Juan Marthagui, Luminita Saviuc, Mia Koning, Kadi Oja, Tanya López, Khailee Ng, Amir Ahmad, Ngeow Wu Han, Mike Reining, Cecilia Sardeo, Ewa Wysocka, Justyna Jastrzebska, Renee Airya e Carl Harvey.

Professores e curandeiros na minha vida: Christie Marie Sheldon, Yanik Silver, Greg Habstritt, Burt Goldman, Jose Silva, Harv Eker, Jack Canfield e Neale Donald Walsch.

Minha colaboradora Toni Sciarra Poynter, por me manter no rumo, chutar meu traseiro e ir acima e além de tudo o que eu esperava para ajudar a tornar este livro um sucesso.

Minha editora, Leah Miller, e a equipe da Rodale por acreditarem em mim. E Maria Rodale por seu apoio.

Celeste Fine e John Maas, meus agentes na Sterling Lord Literistic, que começaram esta jornada para mim.

Minha equipe técnica e de produção do livro: Colton Swabb, Gavin Abeyratne, Chee Ling Wong, Paulius Staniunas, Ronan Diego, Krysta Francoeur, Siddharth Anantharam, Tania Safuan, Mariana Kizlyk, Shafiu Hussain, John Wong e TS Lim pela transcrição, websites e tecnologia que fizeram deste um livro especial.

Ashley e Carrie e a equipe de Triple 7 PR.

A produção de filmes da Mindvalley, por seu trabalho gravando a experiência on-line: Cristal Kay, Anton Veselov, Kuhan Kunasegaran, Mildred Michael, Matej Valtrj, Al Ibrahim, Mimi Thian, Shan Vellu, Khairul Johari, Triffany Leo, Alexandria Miu, Angela Balestreri e Jacqueline Marroquín.

Toda a equipe da Mindvalley, nossos clientes, assinantes e fãs.

Minha tribo da A-Fest, estudantes da Engenharia da Consciência, e fãs do Facebook por serem estudantes incríveis e fazerem com que eu ame meu trabalho todos os dias.

Peter Diamandis, Anousheh Ansari e membros do X Prize Innovation Board por sempre me inspirarem a alcançar as estrelas e sonhar mais.

Membros do Conselho de Liderança Transformacional por me ajudarem a aprender e crescer a partir de algumas das almas mais sábias da Terra.

A tripulação do AIESEC Michigan: Jon Opdyke, Vardaan Vasisht, Cindy Vandenbosch, Jennifer Starkey, Hana Malhas e Omar Kudat.

Os professores que proporcionaram sabedoria para este livro: Richard Branson, por sugerir que eu escrevesse este livro; Sua Santidade o 14º Dalai Lama, por viver a verdade; Elon Musk, por ser uma poderosa particular de Deus; Arianna Huffington, por ser um modelo para minha filha; Dean Kamen, inventor americano, por sua inspiração; Jon Butcher, por compartilhar seu Lifebook; Ken Wilber, por me ensinar modelos para entender o mundo; Michael Bernard Beckwith, por me apresentar a incrível sabedoria; Marisa Peer, pelas sessões de hipnoterapia transformacional; Dave Asprey, por 40 anos de Zen; Patrick Grove, por me inspirar a pensar impossivelmente grande; Emily Fletcher, por me dar grandes insights sobre a verdade da meditação; Christie Marie Sheldon, pelas curas; Tony Robbins, por me convidar a aprender em seu resort privado; T Harv Eker, pela amizade e orientação; Shelly Lefkoe, por me fazer um pai melhor; Mike Dooley, por me inspirar com suas notas diárias; Sonia Choquette, por me ensinar a usar minha intuição;

## AGRADECIMENTOS

Joe Vitale, por me ensinar inspiração *versus* intenção; JJ Virgin, por colocar as rodas em movimento para este livro; Joe Polish, pelas conexões e por seu gigantesco coração; Lisa Nichols, por acreditar em mim; e Bob Proctor, por me empurrar para um sonho maior.

Para Morty Lefkoe. Espero que você esteja tendo uma explosão no céu. Sinto-me honrado por poder compartilhar seus últimos discursos e entrevistas com o público deste livro.

**grupo novo século**

*Compartilhando propósitos e conectando pessoas*
Visite nosso site e fique por dentro dos nossos lançamentos:
www.novoseculo.com.br

**figurati**

facebook/editorafigurati
@figuratioficial

Fonte: Alegreya
Edição: 1 (reimpressão – abr. 2021)

gruponovoseculo.com.br